*Sous la direction de*
**Christian Heslon, Even Loarer**
et **Jean-Luc Bernaud**



# Psychologie de la retraite

DUNOD

Mise en page : Belle Page

**NOUS NOUS ENGAGEONS EN FAVEUR DE L'ENVIRONNEMENT :**

Nos livres sont imprimés sur des papiers certifiés pour réduire notre impact sur l'environnement.

Le format de nos ouvrages est pensé afin d'optimiser l'utilisation du papier.

Depuis plus de 30 ans, nous imprimons 70 % de nos livres en France et 25 % en Europe et nous mettons tout en œuvre pour augmenter cet engagement auprès des imprimeurs français.

Nous limitons l'utilisation du plastique sur nos ouvrages (film sur les couvertures et les livres).


11 rue Paul Bert - 92240 Malakoff
ISBN 978-2-10-085265-9

# Liste des auteurs

## Ouvrage sous la direction de :

**Christian Heslon** Spécialiste des âges de la vie adulte, il est professeur de l'enseignement supérieur en psychologie, directeur de l'École de psychologues praticiens (Paris et Lyon), chercheur titulaire au Laboratoire CRTD (EA 4132, CNAM-Paris), membre de la chaire Unesco *Lifelong guidance for decent work and sustainable development* (Wroclaw, Pologne et Joensuu, Finlande) et de l'*International Research Group on Psychology* de l'IFCU. Il a notamment publié aux éditions Dunod *Petite psychologie de l'anniversaire* (2007), *Accompagner le grand âge* (rééd. 2015) et *Psychologie des âges de la vie adulte. Vie plurielle et quête de soi* (2021).

**Even Loarer** Professeur titulaire de chaire honoraire en psychologie au Conservatoire National des Arts et Métiers (CNAM)-Paris, il a été durant 10 ans directeur de l'Institut National d'Étude du Travail et d'Orientation Professionnelle (INETOP) et directeur éditorial de la revue *L'Orientation Scolaire et Professionnelle*. Ses travaux de recherche portent sur l'accompagnement des parcours professionnels, en lien avec le développement de l'expérience et des compétences aux différents âges de la vie et sur les méthodes d'évaluation. Chercheur titulaire au Laboratoire CRTD (EA 4132, CNAM-Paris), il représente les organisations françaises de psychologues dans les instances européennes (EFPA) et internationales (International tests commission) pour les questions d'évaluation et de tests psychométriques. Il a publié de nombreux articles et ouvrages sur ces sujets, notamment « Évaluer l'intelligence logique » (avec P. Chartier, 2008) et « Psychologie du conseil en orientation » (avec V. Guillon et I. Olry-Louis, 2013).

**Jean-Luc Bernaud**

Professeur des universités en psychologie au Conservatoire National des Arts et Métiers (CNAM)-Paris, il est directeur de l'INETOP (Institut National d'Études du Travail et d'Orientation Professionnelle). Ses activités pédagogiques l'ont amené à créer et à diriger plusieurs masters en psychologie du travail et de l'orientation Il a été professeur invité et a entrepris des collaborations avec de nombreux pays (Belgique, Suisse, Allemagne, Italie, Canada, Cameroun, Togo, Maroc, Moldavie, Danemark, Inde, etc.). Impliqué dans des revues scientifiques, il a été rédacteur en chef de la revue *Psychologie du travail et des organisations*, directeur de la publication de la revue *Pratiques Psychologiques.* Il est actuellement éditeur associé de la revue internationale *Australian Review of Career Development.* Ses travaux portent sur les méthodes et processus en jeu dans l'efficacité du conseil, le sens de la vie et du travail, et les perspectives existentielles dans le développement des personnes et des organisations. Il a publié plus de 150 articles, chapitres et livres sur ces thématiques.

## Avec la collaboration de :

**Donatienne Desmette**

Professeur de psychologie sociale et du travail à l'Université Catholique de Louvain (Belgique). Ses recherches portent sur les groupes vulnérables ou de bas statut au travail, comme les travailleurs âgés et les employés qui reprennent le travail après une maladie de longue durée, dans l'objectif de comprendre l'influence des facteurs organisationnels (climat et pratiques RH, conditions de travail, etc.) et psychosociaux (discrimination, relations intergroupes, etc.) sur le bien-être et les attitudes au travail des membres de ces groupes. Ses travaux sont publiés dans des revues comme *Career Development International ; Le Travail Humain ; Work, Aging and Retirement.*

**Ariane Froidevaux** Professeur Assistante de management à l'Université du Texas à Arlington, États-Unis. Après l'obtention de son doctorat (Ph.D.) en psychologie à l'Université de Lausanne, elle a visité l'Université de Floride grâce à deux bourses de mobilité postdoctorale décernées par le Fonds national suisse de la Recherche scientifique. Ses recherches portent sur la retraite et le vieillissement au travail, les transitions de carrière, et la négociation identitaire ; ses enseignements sur la gestion des ressources humaines et le comportement organisationnel. Ses travaux ont été publiés dans des journaux tels que le *Journal of Applied Psychology,* le *Journal of Organizational Behavior,* le *Journal of Vocational Behavior,* et *Work Aging and Retirement.* Elle fait partie des comités éditoriaux du *Journal of Vocational Behavior* et du journal *Work, Aging and Retirement.*

**Emmanuel Gratton** Maître de conférences habilité à diriger des recherches en psychologie clinique sociale à l'Université d'Angers, il est psychologue et sociologue clinicien. Il a notamment publié *L'homoparentalité au masculin* (PUF, 2008) et codirigé *Nouvelles figures de la filiation* (PUR, 2017), ainsi que le numéro thématique « Les grands-parents » de la revue *Dialogue* (2020).

**Ivana Jovanovska** Psychologue conseillère en orientation rattachée à l'OFPC de Genève, qui offre des prestations de conseils et d'information en matière d'orientation, de formation et d'emploi. Après l'obtention de son master en psychologie du conseil et de l'orientation à l'Université de Lausanne, elle a exercé à l'OFPC dans diverses prestations, comprenant des établissements scolaires publics, des structures aidant les jeunes à réintégrer une formation, et des consultations d'orientation pour adultes.

**Dominique Kern**

Professeur des universités en sciences de l'éducation à l'université de Haute Alsace et membre du Laboratoire interuniversitaire des Sciences de l'Éducation et de la Communication LISEC (UR 2310), ses recherches portent sur la formation des adultes dans la deuxième partie de la vie. Le focus de son travail s'oriente sur l'évolution de la recherche en interrogeant plus particulièrement les approches épistémologiques. En tant que vice-président délégué « Nouvelles pédagogies – nouveaux apprentissages » et porteur du PIA DémoES ANR (DémoUHA), il contribue à la transformation numérique responsable de l'établissement et au développement de la formation « tout au long de la vie ».

**Émilie Lessard**

Docteur en psychologie et dirigeante du cabinet Réalis'Avenir, est spécialiste des questions identitaires au moment des transitions professionnelles. Elle intervient à tous les âges de la vie et s'intéresse dans ses travaux de recherche aux secondes parties de carrières et à la retraite.

**Inger-Lise Lund Petersen**

Associate Professor à l'University College Copenhagen au Danemark où elle est responsable du service de formation continue du département Travail Orientation Formation ; elle est membre associée du CRTD (CNAM-INETOP), depuis 2017. Au Danemark, elle mène des recherches sur les séniors dans la transition vers la vie de retraite. Membre de NoRNet (Réseau de recherche nordique sur les transitions, la carrière et l'orientation), de VALA (Réseau des fournisseurs de formations en orientation dans les Pays baltes et nordiques) ainsi que du Réseau danois de recherche en orientation, elle est l'auteure de : *Eksistentiel Vejledning* (2020, Dansk Psykologisk Forlag), *Eksistentielle samtaler* (in print, Akademisk Forlag) et coéditrice avec Bo Klindt Poulsen de *L'Anthologie sur l'orientation professionnelle et la carrière* (en préparation, Akademisk Forlag).

**Jonas Masdonati**

Professeur associé à l'Institut de psychologie de l'Université de Lausanne, où il dirige le Centre de recherche en psychologie du conseil et de l'orientation (CePCO) et le Service de consultations en conseil et orientation. Il est également président de l'*European Society for Vocational Designing and Career Counseling* (ESVDC), directeur adjoint de la revue *L'Orientation Scolaire et Professionnelle* et *consulting editor* du *Journal of Career Assessment*. S'appuyant principalement sur des méthodologies qualitatives, ses travaux portent notamment sur les transitions et reconversions professionnelles, sur le rapport au travail, sur le travail décent et digne, sur la formation professionnelle et sur le *counseling* d'orientation.

**Isabelle Olry-Louis**

Professeur des universités en psychologie à l'Université Paris Nanterre où elle codirige le parcours de Master « Psychologie de l'orientation, de l'évaluation et du conseil ». Membre du Laboratoire parisien de Psychologie sociale, elle étudie les processus psychosociaux propres aux bifurcations et aux transitions professionnelles, en lien avec la construction identitaire, les émotions et l'anticipation de soi. Elle a publié plus de 80 articles, chapitres et ouvrages scientifiques, dont *Le Sens des transitions et des bifurcations professionnelles* (In Press, 2022) et *L'Orientation tout au long de la vie : théories psychologiques et pratiques d'accompagnement* (L'Harmattan, 2020). Directrice éditoriale adjointe de la revue *L'Orientation scolaire et professionnelle*, elle est experte auprès d'une vingtaine de revues scientifiques et d'instances nationales ou internationales.

**Thi-Van Patillon** Après une quinzaine d'années de pratique dans le domaine du conseil et de l'accompagnement en orientation (bilan de compétences et d'orientation des publics jeunes et adultes), elle rejoint le CNAM-INETOP Paris en 2008 en qualité d'enseignant-chercheur assimilé. Elle est l'auteure d'une thèse qui a trait à la relation entre la compétence à s'orienter et la créativité (soutenue en 2014). Membre associée du CRTD, équipe INETOP-Psychologie de l'Orientation, ses publications couvrent un large spectre de sujets. Elle consacre actuellement ses travaux de recherche aux questions du sens (Sens de la Vie et Sens du Travail – SVST) situé dans le champ de l'Orientation Tout au Long de la Vie (OTLV), en partenariat avec l'université College Copenhagen, au Danemark.

**Laurence Ruiu-Renard** Docteur en psychologie au CNAM-INETOP. Situées dans les champs de la psychologie de l'orientation et du travail, ses recherches portent sur la transition emploi-retraite et le concept de sens. Chargée d'enseignement (École des psychologues praticiens, Université Paris-Nanterre, IGS, etc.), elle intervient également en entreprise, en tant que consultante formatrice sur les thématiques qualité de vie et des conditions de travail, diversité et inclusion, accompagnement du changement. Diplômée en sciences politiques (IEP de Lyon) et titulaire d'un master 2 en psychologie du travail et des transitions professionnelles (CNAM-INETOP), elle est également coach professionnel certifié. Elle est membre du conseil d'administration de l'AFPE, Association française de psychologie existentielle.

**Benoît Schneider**

Professeur émérite en psychologie de l'éducation à l'Université de Lorraine et psychologue. Ses travaux portent sur les grands-parents et les grand-parentalités, les relations intergénérationnelles, les familles et les parentalités, les modèles et pratiques éducatives au sein des familles et en lien avec les institutions, les représentations de la famille dans la littérature de jeunesse, la formation et la professionnalisation des psychologues, ainsi que sur la cyber-psychologie et la télé-psychologie. Il a notamment dirigé ou codirigé « Devenir et être grands-parents aujourd'hui » (revue *Dialogue*, 2020), « Comprendre et accompagner le développement avec le numérique » (revue *Enfance*, 2020) et *Télépsychologie. État des lieux et enjeux* (Erès, 2022).

**Cristina Spinoglio**

Après des études en psychologie à l'Université Paris 5 jusqu'au niveau master, elle a entamé une carrière de traductrice éditoriale, en traduisant à partir des langues française, anglaise et allemande plus de 80 ouvrages en sciences humaines, philosophie, histoire et histoire de la science ainsi que dans le domaine des arts. Tout en traduisant, elle a suivi des études de philosophie avec le philosophe Jean-Luc Nancy et obtenu un DEA sur le concept de l'amour chez Hannah Arendt. En parallèle, elle a écrit de nombreux poèmes, publiés dans quatre recueils poétiques. En 2023, elle a soutenu une thèse sur la transition retraite sous la direction d'Isabelle Olry-Louis à l'Université Paris Nanterre, intitulée « La retraite, des représentations sociales d'une transition normée à une reconstruction identitaire ».

**Sophie Tripon**

Docteur en psychologie. Après des études initiales de sciences économiques, elle s'est tournée vers le management des RH. La rencontre des problématiques individuelles et collectives en milieu de travail l'a rapidement amenée à s'intéresser aux processus psychologiques en jeu notamment à travers le rapport au travail. De nouvelles études dans le domaine de la psychologie de l'orientation et de la psychologie du travail jusqu'au doctorat, l'ont conduite à accompagner des travailleurs dans leurs transitions professionnelles, depuis leur insertion dans l'emploi jusqu'à leur sortie vers la retraite. La perception subjective de soi et du futur, les transformations identitaires, les processus psychologiques, émotionnels et décisionnels sont autant d'éléments pris en compte par elle dans une pratique de consultation psychologique et d'accompagnement de personnes en situation de souffrance au travail et autres troubles psychologiques.

# Table des matières

# Avant-propos

Composé de treize chapitres, ce premier ouvrage de synthèse francophone sur les recherches et les pratiques psychologiques en matière de retraite alterne quatre types d'apports : des textes réflexifs, des méta-analyses de données internationales, des comptes rendus de recherches ou d'expérimentations inédites et des présentations de dispositifs concrets de guidance et d'accompagnement vers ou lors de la retraite. Complété par une dense bibliographie récente, par trois index, un glossaire et des annexes, ce livre est un véritable outil pour les recherches qui restent à mener et les innovations qui restent à inventer afin de mieux comprendre et de mieux vivre ce nouvel âge de la vie.

Dans le premier chapitre, Christian Heslon, Even Loarer et Jean-Luc Bernaud exposent et explorent les enjeux contradictoires de la retraite, notamment les inégalités socio-économiques mondiales qui en font un sujet politique, mais aussi le nouveau panorama des âges de la vie qui fait de la retraite un « sixième âge de la vie » à situer entre avancée en âge, vieillissement et vieillesse, ainsi que les effets de l'âge subjectif, les liens intergénérationnels et l'équilibre entre répit et utilité sociale que les retraités ne parviennent pas toujours à trouver.

Le chapitre suivant, cosigné par Jean-Luc Bernaud et Christian Heslon, regarde la retraite comme un défi existentiel. Si le sujet est récent et s'est considérablement amplifié au XXI<sup>e</sup> siècle, de nombreuses recherches scientifiques sont déjà disponibles pour décrire les adaptations requises. Ce chapitre montre comment elles peuvent nourrir une perspective existentielle, dont les défis consistent à prendre sa vie en main, à articuler liberté et responsabilité, à éviter l'isolement tout en gérant la solitude, à faire face au vide et à la finitude. Diverses formes de thérapies et de programme éducatifs sont proposées afin de relever ces défis.

Dans le troisième chapitre, Émilie Lessard décrit les transformations identitaires induites par la retraite et l'ambitieux projet sous-jacent, celui d'enfin « devenir soi ». Reprenant les travaux consacrés au « se faire soi » en psychologie de l'orientation, elle montre que la retraite recombine l'identité sociale avec l'identité personnelle au fur et à mesure des différentes étapes de la transition emploi-retraite et décrit le nouveau rapport au monde qui s'ensuit.

Signé par Donatienne Desmette, le chapitre suivant porte sur l'âgisme et, notamment, les stéréotypes et discriminations dans l'emploi dont font l'objet des plus de 50 ans dans de nombreux pays. Elle y voit un risque de désengagement et une porte d'entrée vers la retraite si les stéréotypes négatifs dominent et, même dans le cas où l'on met l'accent sur la notion d'« expérimenté », la tendance des séniors à s'autodiscriminer requiert une politique des âges offensive et inclusive.

Le cinquième chapitre, rédigé par Ariane Froidevaux, Ivana Jovanovska et Jonas Masdonati, prolonge la réflexion sur le maintien des séniors dans l'emploi. Rappelant les comparaisons internationales relatives à l'âge du départ à la retraite, ce chapitre présente les résultats d'une étude suisse auprès d'employés séniors et d'employeurs de séniors, permettant d'identifier les stratégies organisationnelles inclusives pertinentes, mais aussi l'utilité du *Later Life Workplace Index* et du recours à l'« emploi-pont ».

Vient ensuite le chapitre que Benoît Schneider et Emmanuel Gratton consacrent au couple et à la grand-parentalité au cours de la retraite. Après avoir montré que la grand-parentalité contribue à l'identité des retraités et que c'est la triade couple-retraite-grand-parentalité qui est constitutive de cette identité nouvelle, ils présentent les principaux résultats d'études internationales, occidentales mais aussi asiatiques, indiquant que la grand-parentalité est psychologiquement bénéfique lors de la retraite et, inversement, que la retraite permet de mieux investir ce rôle, mais que le tout dépend du couple. Les auteurs présentent ensuite une recherche qualitative originale menée par eux auprès de couples de grands-parents retraités pour en analyser les données en termes de métamorphose, de « revisitation » des rôles genrés, de continuité mais aussi de rupture, et de triple conciliation des espaces, des temps et des personnes.

Dans le septième chapitre, Christian Heslon décrit différentes pistes concrètes susceptibles d'être explorées par les futurs retraités, mais aussi par ceux qui y sont déjà entrés. Il relie ce nouvel âge de la vie, le « sixième », donc, aux effets de l'âge subjectif et du *Self-calendar*. Il énumère les questions à se poser en vue de « remplacer le travail » : quels revenus ? quel statut ? quel rôle clef ? quelles relations sociales ? quelles recompositions de l'espace et du temps ? quel nouveau sens donner à sa vie ? Le chapitre évoque ensuite les dynamiques familiales qui se font jour : re-traiter son couple, apprendre à devenir grand-parent et, souvent, se faire l'aidant de ses parents ou beaux-parents âgés… Ce chapitre débouche sur quelques voies à explorer, issues des recherches en psychologie, afin de mieux surmonter tous ces changements.

Ce sont ensuite Isabelle Olry-Louis et Cristina Spinoglio qui proposent de cerner les processus expérientiels suscités par le passage à la retraite. Elles font état de l'étude originale qu'elles ont menée sur ces processus, tels que mis en évidence par une analyse interprétative phénoménologique (ou IPA[1]). Cette analyse permet de saisir les formes et l'ampleur des transformations identitaires, les effets de ces transformations sur le vécu temporel, les fonctions des relations sociales lors de cette phase ainsi que, dans certains cas, la découverte d'un nouveau sens à l'existence, le sentiment de revivre ou la nécessité d'un travail sur soi. Le vécu temporel, les émotions, les relations à autrui et les grandes problématiques existentielles prédominent dans ce processus.

Émilie Lessard et Laurence Ruiu-Renard ont consacré le chapitre neuf à la présentation de deux dispositifs d'accompagnement au sens de la retraite. Après avoir rappelé les enjeux de la transition emploi-retraite, les processus adaptatifs qui s'y déroulent et l'approche de cette transition par la psychologie existentielle, elles décrivent d'une part un accompagnement individuel intitulé « Sens de la Vie, Sens de la Retraite », d'autre part un accompagnement collectif intitulé « Sens et orientation Post-Emploi ». Elles relatent enfin les résultats, les apports, les bénéfices et les perspectives d'amélioration de ces deux programmes expérimentaux.

Dominique Kern répond dans le chapitre suivant à la question : quelle éducation à (et lors de) la retraite ? Rappelant que l'« apprenance » concerne la vie entière, du début à la fin, il explique que si le terme d'« éducation » peut sembler paradoxal lorsqu'on l'applique à l'adulte plus âgé, la formule « éducation et formation » y prend tout son sens. Franchissant l'obstacle épistémologique, il décrit une forme d'« éducation des retraités » au cours des quatre phases de la deuxième partie de la vie adulte (suite du milieu de vie, débuts de la retraite, fragilisation et grand âge) et repère les moments propices à l'éducation-formation dans ces quatre phases.

Signé par Inger-Lise Lund Petersen et Thi-Van Patillon, le onzième chapitre articule les valeurs aux rites de passage et au sens lors de la retraite. Établissant

1. L'ensemble des sigles et acronymes est récapitulé dans le glossaire en fin d'ouvrage.

un lien entre valeurs et sens et rappelant les travaux fondateurs de Van Gennep sur les rites de passage, elles relatent une recherche-action danoise sur l'accompagnement psychologique vers la retraite, qu'elles situent comme substitutif à l'actuelle désaffection des rites de passage puisque cet accompagnement vise à réarticuler les valeurs et le sens lors de la transition vers la retraite. Elles décrivent le contexte de cette intervention, la succession des séances, les effets bénéfiques constatés, notamment en termes de capacités cognitives et émotionnelles à s'adapter, mais aussi en termes de sérénité et de créativité.

Le chapitre douze est ensuite proposé par Even Loarer et Sophie Tripon. Il porte sur la fonction de l'âge subjectif lors de la fin de carrière professionnelle et dans la décision de partir à la retraite. Après avoir décrit le cadre légal et juridique de la transition vers la retraite, plus ou moins choisie ou subie, les régulations individuelles et collectives de ce passage et le sentiment de « fin de vie professionnelle », ils présentent le modèle PPAPAP (*Push Pull Anti Push Anti Pull*) de prise de décision ainsi que les liens entre âge subjectif et décisions de carrière, parmi lesquelles celle de la retraite. Ce chapitre propose alors un accompagnement à la rationalisation de la décision du départ à la retraite, grâce à un guide de réflexion et à une matrice d'aide à la décision.

Le chapitre treize, conclusif, est rédigé par Christian Heslon, Even Loarer et Jean-Luc Bernaud. Il porte sur l'émergence de la « société à cinq générations », dont la retraite n'est finalement que l'un des aspects. Les nouvelles donnes générationnelles qui en découlent amènent à repenser la tripartition de la vie en trois modalités successives (école-travail-retraite) au profit de la répartition, tout au long de la vie, de trois modalités nouvelles : activité, formation et répit. C'est à cette condition que chacun pourra choisir sa voie et se (re)construire, parfois même encore mieux à l'âge de la retraite qu'aux âges précédents. Tant il est vrai que l'âge de la retraite n'est plus « le début de la fin », mais bien l'occasion d'un nouveau départ !

C'est pourquoi nous tenons à exprimer notre gratitude aux différents collègues qui ont accepté de partager, à l'occasion de l'un ou l'autre de ces treize chapitres, leurs connaissances, leurs recherches, leurs expérimentations et leurs innovations méthodologiques, en vue de livrer ce vaste et passionnant panorama inédit des horizons psychologiques actuels de l'âge de la retraite.

*Christian Heslon, Even Loarer et Jean-Luc Bernaud*

# Chapitre 1

# Les enjeux contradictoires d'un nouvel âge de la vie[1]

1. Par **Christian Heslon**, **Even Loarer** et **Jean-Luc Bernaud**.

# Sommaire

La période dite « de la retraite » n'a à la fois jamais été aussi longue et aussi inégalitaire. Inégalités de genre et de classes sociales d'abord, inégalités financières et géopolitiques ensuite, sans oublier les inégalités devant la santé, les situations conjugales et familiales ou celles liées aux modes de vie. Représentant entre un cinquième et un tiers de la vie totale éveillée des habitants les plus chanceux des pays de l'OCDE, elle n'existe tout simplement pas pour la quasi-totalité des habitants de Madagascar ou du Pakistan. Christian Heslon (2021[1]) estime ainsi qu'à l'échelle planétaire, à peine un être humain sur dix bénéficiera un jour d'une retraite au sens où on l'entend aujourd'hui dans les pays occidentaux : à savoir plusieurs années de vie avec un revenu suffisant pour vivre sans travailler tout en bénéficiant non seulement d'un accès aux soins, à la culture, à l'utilité sociale et aux loisirs, mais aussi de la liberté de l'usage de son temps et de la possibilité d'aider de son vivant ses descendants, voire de leur transmettre un héritage posthume. Car la retraite est en effet avant tout politique, au moins de trois points de vue : celui de son financement ; celui des inégalités qu'elle génère ou comporte ; celui de son positionnement au regard des autres âges de la vie.

## 1. Entre droit à la retraite et justice sociale

Commençons par le financement de cette fameuse retraite. Celui-ci connaît deux modalités principales : par répartition ou par capitalisation. Dans le premier cas, les générations « actives » cotisent pour leurs aînées, comme ceux-ci l'avaient fait pour leurs prédécesseurs. Dans ce calcul, le nombre croissant de retraités conduit arithmétiquement à une hausse des cotisations, en augmentant soit leur taux, soit leur durée, soit les deux. C'est le modèle adopté par la France depuis la fin de la Seconde Guerre mondiale, qu'il s'agisse de points (comme dans le projet avorté de réforme des retraites porté par Jean-Paul Delevoye en 2019) ou de trimestres et d'âge légal du départ à la retraite (abaissé de 65 à 60 ans sous François Mitterrand en 1982, élevé à 64 ans sous Emmanuel Macron en 2023). Il n'est à cet égard pas inintéressant de rappeler que lorsque la France a fixé l'âge de la retraite

1. Les références précises figurent dans la bibliographie en fin d'ouvrage. Il est aussi possible de les retrouver à partir des noms d'auteurs grâce à l'index des auteurs qui suit la bibliographie, ou encore à partir des notions et concepts qu'elles abordent, grâce à l'index qui leur est consacré, après celui des auteurs.

à 65 ans pour tous dans les années 1946-1948, l'espérance de vie moyenne à la naissance des Français était à peu près d'autant... Comme si l'on fixait aujourd'hui l'âge de la retraite aux environs de 80 ans pour les hommes, et 84 ou 85 ans pour les femmes !

Quant à la retraite par capitalisation, où les pensions de retraite sont versées par des fonds d'investissement qui exigent une rentabilité spéculative croissante au fur et à mesure que s'accroît le nombre de retraités à pensionner, elle conduit mécaniquement ces fonds d'investissement à exiger des profits en augmentation exponentielle de la part des entreprises qu'ils financent. Ces augmentations de profit visant à redistribuer plus de capital à des actionnaires retraités de plus en plus nombreux conduisent à minimiser la part de plus-value consacrée à la rémunération du travail, en pure et simple application de l'ancienne mais éprouvée modélisation de Karl Marx (1867), notamment remise au goût du jour par Thomas Piketty (2013). S'ensuivent exploitations, délocalisations économiquement rentables mais écologiquement désastreuses, optimisation des coûts au détriment de la « qualité de vie au travail » et du « travail décent » au sens de l'Unesco, etc. Autrement dit, dans ce mode de financement des pensions de retraite, le confort de vie des retraités nord-américains et européens a pour contrepartie la misère des travailleurs des pays du Sud... Ajoutons enfin que les actuels retraités des pays du Nord cumulent en l'occurrence souvent les deux modes de financement : bénéficiant de pensions par répartition garanties par leurs États ou par leurs systèmes d'assurance-vie, ces *baby-boomers* portés par *Les Trente Glorieuses* que dépeignit Jean Fourastié (1979) ont parfois investi dans l'immobilier et/ou l'actionnariat, de sorte à compléter leur pension par des revenus supplétifs – que leurs ascendants n'ont jamais connus et que leurs descendants risquent de ne plus connaître.

Le second point de vue selon lequel la retraite constitue un enjeu politique majeur est celui des inégalités indécentes qu'elle génère et comporte, à la fois mondiales et locales. Inégalités mondiales, nous venons de le rappeler, du fait de la combinaison de trois facteurs : déséquilibres des espérances de vie, accentués par les guerres, les conditions de travail désastreuses dans certains pays, le manque d'accès aux soins, à la nourriture ou à l'hygiène ; absence pure et simple de politiques de retraite dans de nombreux pays, où seuls les plus nantis peuvent épargner ou investir de sorte à bénéficier de revenus suffisants une fois l'âge venu ; accentuation de ces déséquilibres par les retraités occidentaux eux-mêmes, dont les plus aisés ont à la fois le temps et les moyens de consommer et de voyager, c'est-à-dire aussi d'accentuer la crise écologique en prenant l'avion, ou d'aggraver la crise sociale en résidant dans des hôtels luxueux à bas prix au regard de leur niveau de vie qui, le plus souvent, ne redistribuent pas leurs profits à la main-d'œuvre locale. Un clivage s'installe d'ailleurs entre une partie de ces retraités et leurs petits-enfants, qui sont nombreux à souffrir d'éco-anxiété ou, plutôt, à être « éco-lucides ». Dans ce contexte, seules les solidarités intergénérationnelles, souvent familiales, permettent aux plus âgés des pays les plus pauvres de finir leurs jours entourés. Il ne s'agit cependant pas là de « retraite » à proprement parler, mais bien d'accompagnement de la dépendance du grand âge.

À ces inégalités planétaires, qui tiennent à l'absence de politique des âges de beaucoup d'États et qui sont renforcées par les modes de vie des retraités les mieux lotis, s'ajoutent d'importantes disparités au sein même des pays où, pourtant, les régimes de retraite garantissent un revenu sans travail lors de la dernière étape de vie. Ces disparités sont d'abord socio-économiques. Selon le rapport de la DREES de 2023, les 17 millions de retraités en France percevaient alors une pension moyenne mensuelle brute de 1 531 euros, soit 74 % de leur dernier salaire, avec un minimum de 847 euros. Ces chiffres varient néanmoins légèrement selon l'année de naissance : la pension brute mensuelle moyenne des natifs de 1947 est de 1 588 euros, celle des natifs de 1951, de 1 505 euros. Et surtout, ces chiffres varient, considérablement cette fois, en fonction des catégories socioprofessionnelles : de 840 euros pour les agriculteurs à 2 550 euros pour les « régimes spéciaux » (transports publics, Banque de France, etc.), en passant par 1 400 euros pour les retraités du régime général, 2 280 euros pour la fonction publique d'État et 2 390 euros pour les professions libérales (mais à 67 ans).

D'autres disparités économiques doivent être soulignées : si 73 % des retraités sont propriétaires de leur logement, dont l'immense majorité n'a plus d'emprunt à rembourser, les autres, soit plus du quart des retraités, voient leurs revenus souvent faibles largement amputés de dépenses de logement incompressibles. Pour ceux-ci, le reste à charge des dépenses de santé annuelles moyennes de 505 euros, appelé à augmenter par les projets actuels ou futurs de réforme de la protection sociale, devient un surcoût problématique risquant de restreindre leur espérance de vie... Très différents sont les retraités qui cumulent un emploi avec leur retraite, de même qu'un autre quart des retraités de plus de 65 ans qui mènent une activité associative bénévole pour 10 à 20 % de leur temps, voire 40 à 50 %. Autre disparité, si les cadres perçoivent aux environs de 60 % de leur salaire contre 75 % pour les ouvriers, les premiers auront une espérance de vie à la retraite de plus de 20 ans, contre 15 ans pour les seconds... Même si ces cadres ont cotisé plus tard, du fait de leurs plus longues études et même s'ils ont également pris plus tard leur retraite, ils perçoivent au total et en moyenne, selon Louis Maurin (2023), trois fois plus de pension de retraite (930 000 euros si l'on totalise leurs vingt années de retraite) que les ouvriers (300 000 euros). Afin d'illustrer à quel point « la » retraite ne délimite pas un âge de la vie homogène, ajoutons encore deux autres disparités : les 2,6 millions de retraités qui ont pu bénéficier d'un PER[1] voient leurs revenus augmentés par rapport aux moyennes que l'on vient de donner. Quant à l'âge moyen du départ à la retraite, de 62 ans et 7 mois en France en 2023, soit une augmentation de deux années depuis 2010, il ne reflète en rien la variété des situations : les sportifs de haut niveau prennent très tôt une première retraite pour ensuite s'engager dans une deuxième carrière, les artistes de l'Opéra de Paris accèdent à la retraite à partir de 42 ans, les militaires se voient remerciés des risques vitaux qu'ils ont courus par une retraite plus précoce que les autres fonctionnaires, les universitaires qui deviennent professeurs émérites à 68 ans continueront, sinon à enseigner, du moins à publier et à siéger dans des jurys de thèse, quand bien des politiques poursuivent leurs mandats jusqu'à 70 ou 80 ans – sans oublier les peintres, les sculpteurs, les cinéastes ou les écrivains, qui ne prennent jamais véritablement leur retraite.

La dernière de ces disparités concerne les différences entre femmes et hommes. Toujours en 2023, la pension mensuelle brute des femmes était de 1 425 euros, contre... 1 976 euros pour les hommes ! Et encore, ce chiffre intègre la majoration dont bénéficient les mères de trois enfants et plus, de même que les « droits dérivés » que perçoivent les veuves. Autrement dit, si l'on ne compte ni les veuves, ni les mères d'au moins trois enfants, l'écart entre femmes et hommes est encore plus grand. Il n'est alors pas certain que l'espérance de vie plus élevée des femmes compense ce désavantage et ce déficit de parité, qui tient aux inégalités de salaires et aux aléas de carrière que l'inégale répartition des tâches entre mères et pères fait plus peser sur les femmes que sur les hommes. Les différences d'espérance de vie

1. Plan Épargne Retraite.

entre femmes et hommes, mais aussi entre cadres et ouvriers déjà évoquées, pourraient d'ailleurs amener à repenser la question de l'âge du départ à la retraite : ne pourrait-il pas intégrer aussi une proportion de l'espérance de vie restante à 55, 60 ou 65 ans – ce qui est d'ailleurs déjà un peu le cas, lorsque l'on intègre au calcul d'âge de retraite et de durée des cotisations ce que l'on nomme les « carrières longues » ou la « pénibilité » ?

Le troisième point de vue selon lequel il convient, à notre sens, de saisir toute la dimension politique est celui de son positionnement en troisième phase de l'obsolète trilogie école-travail-retraite, dont la première et la dernière phases (l'école et la retraite) seraient toutes deux uniquement finançables par la deuxième (le travail). Or, les études (au début de la vie) et la retraite (« troisième âge ») n'ont cessé de s'allonger depuis soixante-dix ans et, ce, plus vite encore que ne se sont allongées les espérances de vie dans les pays développés. Cet allongement fut pourtant exceptionnel : un an tous les quatre ans depuis les années 1950 – malgré un léger tassement depuis les années 2010 ! Parallèlement, le temps de vie consacré au travail pourvoyeur de revenus n'a cessé de diminuer dans ces pays, que ce soit en valeur relative ou en valeur absolue. Gilles Pronovost (2014) a ainsi établi que le « travail », défini comme activité source de rémunération officielle, ne représentait aujourd'hui guère plus de 20 % de la vie totale éveillée des habitants des pays développés, contre 80 % voici un siècle dans ces mêmes pays, et toujours 80 % de la vie totale éveillée de bien des Africains, des Asiatiques, des Moyen-Orientaux ou des Indiens contemporains... Est-il donc bien raisonnable et judicieux de faire porter le financement de ces fameuses retraites sur le seul « travail », dont la centralité est en voie d'éclatement selon Christian Heslon (2021) ? Ne pourrait-on pas en profiter pour imaginer un revenu d'existence ou universel, qui serait non seulement le socle de financement de la retraite, mais aussi des autres périodes de vie consacrées à des activités distinctes du travail en tant qu'emploi rémunéré ? C'est ainsi que les études, la recherche d'emploi, les périodes de formation tout au long de la vie, les activités bénévoles des retraités, mais aussi celles d'aidant familial (en tant que parent, en tant que fille ou fils de parent dépendant, en tant que conjoint) ou de congés pour la création d'entreprise ou sabbatiques préfigurent la « pluriactivité à tout âge » que Xavier Gaullier (1995) entrevoyait déjà voici trois décennies...

## 2. Entre avancée en âge et vieillissement

C'est dans ce contexte politique et géopolitique, mais aussi écologique, économique et social que se déploie désormais ce nouvel âge de la vie adulte que constitue la retraite. Si les enjeux de société et d'équilibres planétaires à l'arrière-plan sont largement sous-estimés, voire oubliés, tant le débat tourne surtout autour du fameux « âge de la retraite », ses dimensions psychologiques sont le plus souvent ignorées. Or, les 17 millions de retraités français représentent un quart de la population. Par comparaison, les enfants de 0 à 11 ans y représentent 13 % de la population, les adolescents de 12 à 17 ans, 8 % et les personnes de plus de 85 ans, seulement 3 %[1]. Malgré quoi, la quasi-totalité des publications nationales et internationales en psychologie se cantonnent aux enfants, aux adolescents et aux personnes très âgées – avec, il est vrai, une légère et récente inflexion vers les 18-30 ans. Certes, la prévention des troubles et des psychopathologies nécessite des soins précoces et justifie l'importance des travaux consacrés à l'enfance et à l'adolescence. Certes, les dépendances du grand âge méritent des soins attentifs dédiés. Mais cela ne justifie pas qu'un quart de la population, qui va souvent passer un quart de sa vie à la retraite, soit à ce point délaissé par la psychologie. L'objet de ce livre, le premier en langue française sur ce sujet, est bien de réparer cet oubli et, partant, d'ouvrir un champ d'études novateur en psychologie de la vie adulte, que l'on pourrait appeler, en langue anglaise, *retirement studies*. D'une part parce que, si les retraites occidentales sont globalement chanceuses et préservées, elles n'en connaissent pas moins des variations individuelles qualitatives qui ne peuvent se résumer aux données quantitatives qui viennent d'être rappelées (âge, espérance de vie, revenus). Car c'est bien de la dernière partie de la vie dont il s'agit, avec ses deuils, ses tourments, ses remaniements identitaires, ses crises existentielles, ses enjeux psychoaffectifs et psycho-cognitifs. D'autre part, parce que, si les Français, plus que les autres Européens, aspirent à prendre au plus tôt leur retraite, ils ne sont pas non plus épargnés par les bouleversements psychiques que celle-ci occasionne. Autrement dit, là où la retraite semble faire figure d'heureuse issue attendue face à un monde du travail perçu comme décevant, voire hostile, elle n'en nécessite pas moins un autre travail, psychique cette fois. Pour certains, elle est spontanément une période heureuse de temps retrouvé, de réalisation de projets anciens, voire de rêves de jeunesse. Que

1. Pyramide des âges au 1er janvier 2024, France entière (insee.fr), consulté le 15 avril 2024.

peut donc nous apprendre la science sur les stratégies, ou façons d'être, élaborées par ces retraités épanouis ? Comment accompagner les autres et quels dispositifs d'accompagnement individuels, groupaux, de couple, de voisinage, leur proposer ?

Le présent ouvrage s'attache donc à décrire et à accompagner les contours contrastés de ce passage d'âge, alternant la recension d'études internationales actuelles (pas seulement françaises, puisque les contributions sont également américaines, danoises, italiennes, suisses et belges) avec des études originales, ici publiées pour la première fois, mais aussi avec des chapitres réflexifs et d'autres méthodologiques, qui présentent des modalités possibles d'accompagnement, de formation, et même d'éducation à la retraite. Encore faut-il poser l'enjeu psychologique majeur qui caractérise la période de la retraite : aussi longue et bénéfique soit-elle, elle prélude à la vieillesse et en déploie peu à peu les prolégomènes. Il n'est pas inutile de reprendre ici la distinction entre avancée en âge, vieillissement et vieillesse (Heslon, 2021). Passée la phase de croissance ou de grandissement, durant laquelle les acquisitions prédominent, vient l'avancée en âge durant laquelle, pendant de nombreuses décennies, soit les acquisitions perdurent mais de manière plus lente, soit elles se maintiennent, soit encore les pertes sont compensées. Par exemple, la perte d'acuité visuelle peut être compensée par le port de lunettes aux verres adaptés, la perte d'acuité auditive par une audioprothèse ou encore par un implant cochléaire. Dit autrement, les premiers signes du vieillissement sont estompés, ou contournés. Car le vieillissement correspond aux moments de surgissement d'une perte, qui soit s'installera de manière durable, soit sera atténuée ou compensée par l'une ou l'autre des formes d'adaptation que proposent la médecine, la chirurgie, les apprentissages de remédiation, ou toute autre forme d'adaptation, de sorte que les effets de ce vieillissement en seront atténués, parfois même indolores passé la nécessaire phase d'adaptation. Quant à la vieillesse, elle correspond à l'installation d'une dépendance durable. Selon cette approche, la période de la retraite correspond donc à une longue période de prolongement de l'avancée en âge, marquée par des épisodes passagers de vieillissement, de « coups de vieux » comme l'exprime si bien la langue française. Ceux-ci surviennent à des âges de plus en plus tardifs pour peu qu'ils fassent l'objet de dépistages réguliers et de traitements préventifs (cancers du sein ou colorectaux, par exemple) et deviennent de moins en moins gênants ou inquiétants dès lors qu'ils font l'objet de compensations médicales et/ou technologiques : lunettes et appareils auditifs aujourd'hui, mais aussi mémoire externalisée dans nos smartphones, premiers exosquelettes venant compenser les déficits musculaires ou neurologiques, dopamine contre les manifestations débutantes de la maladie de Parkinson, progrès rapides et déjà opérationnels des intelligences artificielles contre les désordres cognitifs, etc.

Il importe néanmoins de tempérer cette vision optimiste du prolongement de l'avancée en âge jusqu'à des âges très élevés, du fait des incessants progrès qui compensent les pertes du vieillissement physiologique et/ou psychosocial. D'abord, parce que ces progrès sont de fait réservés aux habitants les plus riches des pays les plus riches, et dépendent des politiques de santé publique et d'accès aux soins mises en œuvre par leurs gouvernements. Ainsi en va-t-il, pour ne prendre qu'un exemple, des implants dentaires, dont la quasi-absence de remboursement prive une bonne partie des citoyens français. Ensuite, parce que l'expérience de la perte fait partie inhérente du tragique de la condition humaine. Ainsi, quelles que soient les merveilles compensatrices dont nous gratifient les technologies, la médecine ou encore la chirurgie pour compenser les pertes liées à l'inscription du temps dans le corps, c'est-à-dire surmonter plusieurs temps successifs de vieillissement et prolonger l'avancée en âge jusqu'à plus de 85 ou 90 ans, personne ne fera jamais l'économie de la perte et de l'expérience existentielle à laquelle elle oblige. Cette expérience existentielle faisant l'objet du chapitre qui suit, nous nous contenterons donc, pour le moment, de trois remarques ontologico-anthropologiques :

- Si les technologies qui contribuent au « bien-vieillir en bonne santé » font désormais l'objet de maints programmes européens et nationaux, elles n'en relaient pas moins le mythe ancien des fontaines de jouvence sous la forme de nouveaux orviétans contemporains, dont l'horizon ultime vise non seulement l'évacuation du tragique de l'existence mais aussi, *in fine*, celle de la mort.
- Malgré quoi, ces technologies ont effectivement permis que bien des êtres humains soient aujourd'hui moins « vieux » à 85 ans, c'est-à-dire moins affligés de pertes, moins dépendants et moins proches de leur mort que ne l'étaient, voici un siècle, leurs bisaïeux alors âgés de 60 ans. Or, on compare généralement les plus de 60 ou 65 ans des années 1925 à ceux de 2025, pour en déduire que la population a considérablement vieilli. Ce n'est pourtant pas du tout le cas, puisqu'il faudrait en réalité, pour prendre en compte une espérance de vie restante et un degré de dépendance semblables, comparer les plus de 60 ou 65 ans d'il y a un siècle aux plus de 85 ou 90 ans

d'aujourd'hui. Ce calcul démontre alors que le taux de vieillards dépendants proches de leur mort de nos jours est plutôt inférieur à ce qu'il était aux débuts du siècle dernier.

– Enfin, l'idée selon laquelle la vie humaine serait d'abord faite d'acquisitions (croissance), puis de maintien ou de déploiement de ces acquisitions (maturité), puis de pertes compensées (avancée en âge), avant que les pertes durables ne s'installent (vieillissement) pour conduire à la dépendance (vieillesse) reste trop linéaire, simpliste et schématique. En effet, la psychanalyse notamment nous enseigne que la perte est la condition même de l'acquisition, à commencer par celle du premier objet d'amour qu'est la mère pour le nourrisson. De même, le métabolisme du vieillissement commence dès la naissance, qui marque le début de l'altération de l'organisme par oxydation. Parallèlement, la psychologie épigénétique tout juste naissante vient de nous apprendre que les acquisitions, y compris celles qui infléchissent les programmations génétiques de l'ADN, peuvent se produire jusqu'à des âges avancés (Lemétayer, Trousselard et Tarquinio, 2024). Certaines pertes ou altérations peuvent ainsi être corrigées par nos comportements, par exemple la pratique de la méditation fondée sur la pleine conscience, ou encore celle de la transe cognitive auto-induite. Ainsi, c'est plutôt en termes de dialectique synchronique qu'il convient de penser les rapports entre pertes et acquisitions tout au long de la vie, plutôt que selon une succession diachronique. Au fond, l'avancée en âge perdure tant qu'opère cette dialectique entre pertes et compensation, faute de quoi le vieillissement s'installe, puis s'impose la vieillesse dépendante…

## 3. Entre responsabilité et dépendance

C'est dans ce nouvel espace temporel dégagé par le recul de la vieillesse, de 60-65 ans voici un siècle jusque vers 85-90 ans aujourd'hui, que s'est déployé ce nouvel âge de la vie que se situe dorénavant la période de la retraite – du moins pour la majorité des Occidentaux et pour la minorité protégée des habitants des pays les moins développés. Encore faut-il rappeler que ladite « vieillesse » est ici entendue au sens de période marquée par la dépendance, ainsi que par une espérance de vie restante réduite à quelques années, quand ce n'est pas quelques mois… À ce propos, nous avons jusqu'alors évoqué l'espérance de vie dans son ensemble, sans distinguer entre celle qui compte vraiment, à savoir l'espérance de vie sans incapacité et celle que l'on est en droit de redouter, à savoir l'espérance de vie avec incapacité. Si les mesures et les définitions de ces deux espérances de vie, « sans » incapacité et « avec », varient quelque peu selon les démographes et les prospectivistes, mais aussi selon les instituts qui les publient, la tendance générale est celle d'une amélioration moyenne de l'espérance de vie sans incapacité mais aussi, souvent, d'une augmentation plus rapide encore de l'espérance de vie avec incapacité qui lui succède. Ainsi la DREES indique-t-elle, fin 2023, une augmentation moyenne de l'espérance de vie sans incapacité de 1,5 mois par an depuis 2008 pour les femmes et de 1,3 mois pour les hommes, soit pour les femmes de 65 ans encore 12 ans de vie sans incapacité et 18 ans sans incapacité forte et, pour les hommes du même âge, encore 10 ans sans incapacité et 15,5 ans sans incapacité forte. Le score français est ici supérieur à la moyenne européenne, de 2 ans 8 mois pour les femmes et de 1 an 10 mois pour les hommes...

Et c'est bien entre ces deux facettes, de l'absence d'incapacité au risque de forte incapacité, qu'évolue l'âge de la retraite. Renouant avec la tradition antique et médiévale, notamment relayée par Saint-Augustin (v. 400) et Michel de Montaigne (1588), qui comptait sept âges de la vie, Christian Heslon (2021) considère qu'il est à nouveau possible et adéquat de répartir l'existence en sept âges de la vie – et plus du tout en trois, quatre, voire cinq âges, comme on le fait pourtant généralement, en ajoutant simplement de la vieillesse (« 3e âge ») à la vieillesse (« 4e âge »). Car de fait, l'allongement de l'espérance de vie ne correspond absolument pas à un allongement de la vieillesse, mais bien à son report jusqu'à des âges plus élevés. Ainsi cet allongement fait-il apparaître de nouveaux âges de la vie, répartis tout au long de la vie : ainsi apparut l'adolescent d'hier, entre l'enfant et l'adulte. C'est ainsi encore que sont plus récemment apparus le bébé au début de la vie (dont l'existence sociale n'a jamais été aussi reconnue), puis le jeune adulte, entre l'adolescent et l'adulte, et enfin le sénior, entre l'adulte et le vieillard. Voici schématisés ces sept âges de la vie, dont la retraite constitue bel et bien le sixième :

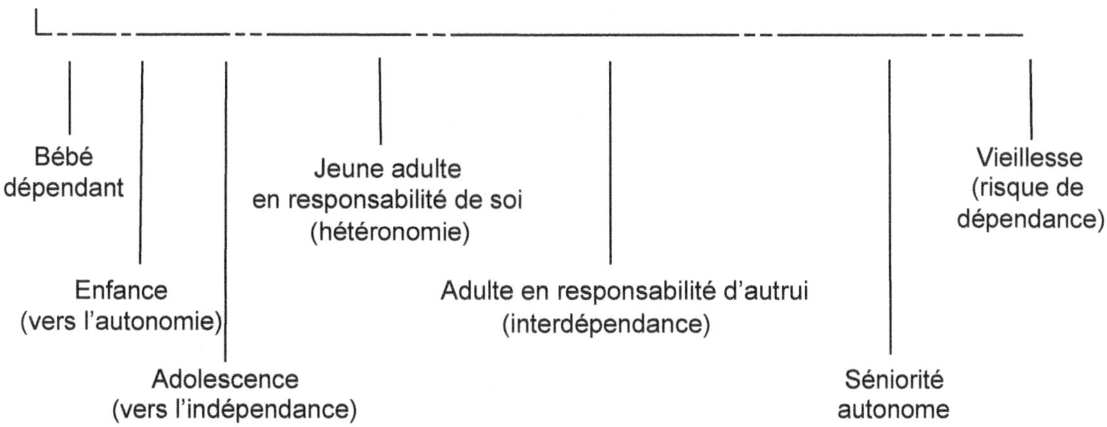


*Figure 1.1 – Un panorama de l'existence en sept âges de la vie*

Trois paradigmes croisés orientent ces sept âges de la vie contemporains :

- Celui de la dépendance à l'indépendance en passant par l'interdépendance. Ainsi le bébé du premier âge commence-t-il son existence en s'affranchissant petit à petit de sa dépendance native, quand le vieillard retourne progressivement à l'état de dépendance selon lequel la fin de vie au grand âge fait écho à ses débuts. Entre les deux, les adultes en responsabilité d'autrui gèrent leurs interdépendances là où, au contraire, les adolescents revendiquent l'indépendance absolue.
- Celui de la dialectique entre autonomie et hétéronomie. Les enfants conquièrent progressivement leur autonomie quand l'entrée dans la vie adulte confronte à l'hétéronomie. Les séniors qui arrivent à la retraite, quant à eux, font sans doute la meilleure expérience qui soit de la plus grande autonomie possible, pour peu que leur état de santé le leur permette : leurs moyens financiers les libèrent de nombreuses servitudes – du moins pour ceux dont les revenus sont suffisants ; ils disposent de leurs temps ou, en tout cas, de la liberté de choisir leurs occupations plutôt que les subir ; ils sont moins pris qu'ils ne le furent par les envahissantes interdépendances qui caractérisent la vie professionnelle et familiale.
- Troisième paradigme, enfin, celui de la responsabilité. Responsabilité de soi d'abord, que l'on apprend lors de l'entrée dans la vie adulte, puis responsabilité d'autrui, dont la double expérience inaugurale est

donnée par la parentalité d'une part, par l'engagement dans la carrière professionnelle d'autre part. L'entrée dans la vie de couple s'y conjugue souvent, comme le veulent les étymologies des mots « épouse » et « époux » (*sponsor*, garant, qui donne aussi *re-spondere, i.e.* répondre de, être responsable) ou « conjoint » et « conjugalité », qui proviennent de *con-jugare*, partager le joug, *i.e.* le poids des responsabilités (Boutinet, 2011). De ce point de vue, si les séniors retraités occidentaux sont généralement débarrassés de la lourdeur des responsabilités liées au travail, nombre d'entre eux sont tout de même engagés dans de fortes responsabilités associatives, électives ou politiques, institutionnelles ou gestionnaires. Ceux-là, même s'ils sont des séniors dégagés des contraintes liées à leur emploi précédent, ne sont pas pour autant des retraités inactifs et désengagés. Ils sont des pluriactifs, peut-être même des hyperactifs qui dévoilent ainsi leur angoisse du vide, malgré leurs efforts pour la dissimuler sous leur agitation. À moins qu'ils ne soient au fond des créateurs, dont l'œuvre constitue la vie même ? Ou, plus prosaïquement, des humains actifs, qui ne savent faire autrement que passer leur temps éveillé à agir ? Cette dernière hypothèse serait celle privilégiée par l'anthropologue James Suzman qui, dans *Work. A History of How We Spend Our Time* (2020), malencontreusement traduit dans l'édition française par *Travail : la grande affaire de l'humanité*, tire la leçon suivante de la longue histoire du travail humain depuis la préhistoire : il s'agirait surtout d'une activité humaine irrépressible, simplement destinée à passer le temps – au risque de le dépenser *(spend)*. Il est ici tentant pour le lecteur francophone de remarquer que « dépenser le temps » s'entend aussi comme le « dé-penser », c'est-à-dire cesser d'y penser pour ne plus le voir passer et, ainsi, oublier la finitude auquel il nous condamne… *Éros* contre *Thanatos* en quelque sorte, ainsi que le suggérèrent Paul-Laurent Assoun, Jean-Denis Bredin et Marie de Hennezel dans *Comment accepter de vieillir ?* (2003), de même que Maurice Godelier, François Jullien et Joseph Maila dans *Le grand âge de la vie* (2005).

Toujours est-il que ces séniors retraités sont, plus souvent encore qu'ils ne sont actifs, généralement pris entre deux zones de responsabilité d'autrui : celle, en aval, vis-à-vis de leurs descendants (enfants et petits-enfants) ; celle, en amont, vis-à-vis de leurs ascendants (parents et beaux-parents). Il se trouve en effet que deux mouvements contribuent à prolonger jusqu'après la retraite les responsabilités que doivent assumer les séniors, tant à l'égard de leurs descendants qu'à celui de leurs ascendants. Le premier veut que non seulement l'on devienne parent de plus en plus tard (vers 30 ans pour la primiparité, jusqu'à 40 ans pour la naissance des cadets et autres benjamins), mais encore que lesdits enfants prolongent leurs études, rencontrent des aléas économiques, affectifs et conjugaux ou reportent leur installation dans la vie, ce qui fait qu'ils ne seront guère en mesure de se passer de leurs parents avant d'avoir atteint l'âge de 25 ou 30 ans... c'est-à-dire souvent 65 ans pour leurs géniteurs ! Le second mouvement concerne les géniteurs de ces géniteurs, qui vivent ou survivent de plus en plus âgés, mais aussi de plus en plus dépendants au crépuscule de leur vie, comme nous venons de le voir. C'est ainsi que, voici un siècle on faisait des enfants à 20 ans qui seraient autonomes lorsque l'on aurait 40 ans, on perdait aussi ses parents à l'âge de 20 ou 30 ans – mais on mourait à 50 ou 60 ans. La situation actuelle est bien différente, puisque de nombreux séniors retraités se retrouvent à l'heure actuelle simultanément en charge matérielle et affective de leurs enfants en même temps que de leurs parents et beaux-parents et, ce, bien au-delà de 60 ans, parfois même après 70 ans... Certes, ces séniors retraités sont appelés à poursuivre leur vie sans dépendance jusqu'à un âge avancé, 85, 90 ans ou plus. Il n'empêche, cette redistribution des cartes générationnelles augure de nouveaux défis à relever, qui sont détaillés dans le dernier chapitre de cet ouvrage.

Pour reprendre le titre de Jean-Pierre Boutinet (2010), ces « Turbulences autour des temporalités liées à la vie adulte » décalent et déplacent les solidarités intergénérationnelles intrafamiliales et sociales, c'est-à-dire privées et publiques, dont la sociologue Claudine Attias-Donfut s'est fait la spécialiste depuis quatre décennies. Distinguant la « génération familiale » (grands-parents, enfants, petits-enfants) de la « génération sociale » au sens de Karl Mannheim (1928), cette dernière démontre, à partir d'une enquête tri-générationnelle exposée dans son article sur « Les liens intergénérationnels » (2016) :

- que les enjeux d'équité intergénérationnelle dans la répartition des richesses sont désormais majeurs, et que les inégalités entre les classes d'âge deviennent aussi problématiques que celles entre les classes sociales ;
- que l'essentiel des transferts financiers familiaux s'opère au bénéfice des jeunes qui ont la chance d'appartenir à une famille qui en a les moyens ;
- et que deux nouvelles formes de régulations intergénérationnelles se font jour depuis une à deux décennies : le rôle de grand-parent, et rôle d'aidant familial ou conjugal. Ces nouvelles formes de liens entre

les générations, plutôt familiales que liées aux politiques sociales, préfigurent la « société à cinq générations » qui se fait jour – voir le dernier chapitre de cet ouvrage.

## 4. Entre répit et utilité sociale

Voici 50 ans, Anne-Marie Guillemard (1972) distinguait cinq formes de retraite : la « retraite-troisième âge », la « retraite-loisirs », la « retraite-revendication », la « retraite-participation » et la « retraite-retrait ». Les retraités sont désormais trois fois plus nombreux qu'à l'époque de ces travaux précurseurs d'Anne-Marie Guillemard, qui fut aussi pionnière en France que le fut Robert Atchley (1974) aux États-Unis dans les années 1970 – ils étaient alors à peu près les deux seuls chercheurs au monde à s'intéresser à la retraite ! Depuis lors, les retraités ont beaucoup changé : trois fois plus nombreux, ils vivent presque deux fois plus longtemps... Il en découle que, même si les études scientifiques font toujours défaut en la matière, il semble bien que ce soit désormais une nouvelle forme de retraite, la « retraite-retraitement », qui l'emporte : la « retraite-retrait » est devenue plus tardive et ne se profile guère avant l'orée de la neuvième décennie ; la « retraite-loisirs » et la « retraite-participation » ont toutes deux été absorbées par cette « retraite-retraitement » ; la « retraite-troisième âge » a reflué ; quant à la « retraite-revendication », elle s'est faite plus molle et plus discrète – fors les mobilisations françaises de 2023, comme à chaque fois que la France s'aventure à réformer ses régimes de retraite ! Forgé par Jean-Pierre Boutinet (2010), ce terme de « retraite-retraitement » désigne l'idée de « re-traiter » sa vie, c'est-à-dire de la reprendre autrement, de la recycler comme on recycle les produits usagés, de la renouveler en quelque sorte, en partant de ce qu'elle fut pour, enfin, la rapprocher mieux avant que d'être vieux, de ce qu'elle aurait pu être – de ce qu'elle aurait dû être. Ce retraitement de vie connaît quatre versants :

- **le versant hédoniste**, qui consiste à rechercher d'abord le plaisir dans la manière dont retraiter sa vie de retraité, afin de rompre avec une longue période de travail peu propice au divertissement, quand ce n'est pas avec une vie conjugale, familiale ou sexuelle trop parcimonieuse en la matière ;

- **le versant eudémonique** consiste, quant à lui, à rechercher le bonheur qui, s'il confine pour partie au plaisir, comporte une exigence plus durable et plus élevée de sentiment de bien-être, de satisfaction, de gaieté, de légèreté, d'accomplissement. Dit autrement, il ne se réduit pas aux excitations souvent consuméristes de la quête de plaisir ;
- **le versant altruiste** du retraitement de vie lors du passage à la retraite peut certes s'articuler avec l'hédonisme et l'eudémonisme en ceci qu'il n'est pas impossible d'y prendre plaisir ou d'y trouver du bonheur. Mais il repose tout d'abord sur des valeurs d'engagement tournées vers autrui, quand plaisir et bonheur sont tournés vers soi : militance, bénévolat associatif, mandat électif, entraide de voisinage ou familial intergénérationnel (au principe de la fonction de grand-parent), production destinée à être partagée (du simple repas confectionné avec amour à l'écriture de livres, en passant par la culture de fruits et légumes en son potager), etc. ;
- **le versant introspectif** du retraitement de vie lors de la retraite emprunte au modèle inventé à la Renaissance par Michel de Montaigne (1588) : il s'agit de tirer leçon de son expérience pour l'élaborer afin de la transmettre, de partager sa mémoire – ou ses Mémoires – bref, de tirer leçon de son existence.

Ces quatre versants de la retraite-retraitement peuvent certes tourner à l'égoïsme, au repli sur soi, à la répétition mortifère ou encore à une hyperactivité révélatrice de l'angoisse devant la finitude et symptomatique de la peur du vide. Il s'agit alors de « mécanismes de défense » au sens de Sigmund Freud (1915), devant la menace que représente pour le moi l'entrée dans son ultime étape de vie. Ce repli défensif, qui constitue l'envers frileux de l'hyperactivité ultra-contrôlante, explique la tendance aux votes conservateurs d'une bonne partie des retraités : plus l'on vieillit, plus l'on a peur de la mort, ou de tout ce qui semble menacer le moi – c'est-à-dire l'altérité, le changement, l'inhabituel, l'étrangeté. Peut-être d'ailleurs ces retraités qui n'ont pas « retraité leur vie » pourraient être accompagnés à s'y essayer, au moyen de l'un ou l'autre des dispositifs présentés dans les différents chapitres de ce livre. C'est ce qu'illustre par exemple le *Revitalizing Retirement* de Nancy Schlossberg (2008), de même que son *Too Young to be Old* (2017) : aimez, apprenez, travaillez et jouez avec votre âge. Jacques Limoges voit dans la retraite un « 4e tiers de carrière », après les trois tiers de la carrière professionnelle. Car, au sens nord-américian, la « carrière » ne se réduit pas au seul domaine du travail rémunéré, mais englobe l'ensemble des activités qu'un individu mène tout au long de sa vie.

Anasthasia Blanché (2014) fait, quant à elle, de la retraite une *Odyssée personnelle et collective*, c'est-à-dire une sorte de voyage d'Ulysse, voyage initiatique qui consiste à revenir à son point d'ancrage, après avoir traversé des épreuves transformatrices. Elle évoque notamment l'ensemble des points qui sont traités de manière plus approfondie dans l'un ou l'autre des chapitres qui suivent, comme renégocier son pacte conjugal ou appliquer la règle des « 4 C » : Choisir, Continuer, Cesser, Commencer. Oser enfin pleinement choisir, c'est décider de continuer certaines choses, d'en faire cesser d'autres et de commencer enfin ce que l'on n'avait jamais osé ou trouvé le temps de faire. Par ailleurs, les questions liées au couple et à la sexualité, pour centrales qu'elles soient, restent encore trop taboues alors même qu'elles sont un facteur d'équilibre et de bien-être ou, à l'inverse, de frustrations néfastes, de rancœur, d'amertume. Partant d'une recherche qualitative menée auprès de 450 sujets de plus de 60 ans, Georges Arbuz (2017) établit d'abord que l'entrée dans la retraite est une période de fragilisation et de déstabilisation. Il met également en évidence un certain nombre de perceptions qui amènent les salariés séniors à prendre progressivement conscience que le moment de songer à leur retraite approche : fatigue, diminution de l'efficacité, lenteur, décalages générationnels avec les collègues, etc. Mais si les débuts de la retraite sont généralement appréciés, la perte des repères, le sentiment de vide, la difficulté à trouver son nouveau rythme de vie altèrent l'image de soi et font douter de sa capacité à choisir et à décider. L'auteur évoque même le « caractère potentiellement traumatisant du départ à la retraite », pour suggérer une phase de réflexion approfondie préalable à ce départ.

Dans un article plus ancien, Daniel Alaphilippe, Kamel Gana et Nathalie Bailly (2001) ont repéré quatre types de passages vers la retraite : l'« effondrement », qui concerne plutôt les populations les moins aisées ; le « repliement », qui allonge les vacances et le temps passé devant la télévision – c'était en 2001, à l'heure actuelle on parlerait d'addiction aux écrans et aux réseaux sociaux ; la « retraite réanimation » qui consiste à multiplier les loisirs ; l'« épanouissement », enfin, où la vie sociale et active est riche et nourrissante. Les auteurs ont mené une étude auprès de plus de 150 sujets de 50 à 60 ans, employés de tous niveaux chez EDF-GDF, auxquels ils ont proposé un questionnaire sur leurs craintes et leurs espoirs. L'enquête établit que les femmes mettent plus d'espoirs que les hommes dans la vie de famille et, notamment, la grand-parentalité. Mais là encore, les choses ont sans doute évolué en un quart de siècle ! Par ailleurs, les craintes (santé, ennui) et les espoirs (temps libre, absence de contraintes) évoluent en fonction des carrières et des statuts : les carrières dynamiques marquées par la promotion sociale génèrent à la fois plus de craintes et plus d'espoir. À l'inverse, les carrières stagnantes aux échelons les plus bas de la hiérarchie génèrent aussi peu de craintes que d'espoir, laissant augurer une retraite passive...

Enfin, là où Philippe Carré *et al* (2009) valorisaient *L'Atout senior* pour les entreprises, les appelant à une ingénierie en Ressources Humaines dédiée aux séniors et contestaient le fameux « Glissement Vieillissement Technicité » (GVT) en appelant à une politique des âges anticipatoires de l'allongement de la durée de vie au travail et propice à développer les performances des séniors, incontestables dans de nombreux cas, force est de constater que les choses n'ont guère évolué en quinze ans. Le paradoxe subsiste qui consiste à maintenir les séniors dans l'emploi en même temps qu'ils sont souvent considérés comme inefficaces, en retrait, voire obsolètes... Il est certain que les politiques des âges, qu'elles soient sociétales ou entrepreneuriales, décrites dans les chapitres qui suivent peuvent améliorer les choses. Mais, au-delà des discriminations de l'âgisme, la question est également psychologique. Pour reprendre les catégories de Jean-Pierre Boutinet (1999) dans *L'Immaturité de la vie adulte*, la séniorité, qui enjambe la retraite et englobe simultanément les salariés âgés et les jeunes retraités, consiste en une nouvelle phase de maturation, entre une maturité professionnelle qui tend à décliner et une immaturité face aux nouveaux enjeux qui se profilent avec la retraite, à savoir comment conjuguer le répit avec l'utilité sociale.

# Chapitre 2

# La perspective de la retraite : un défi existentiel[1]

1. Par **Jean-Luc Bernaud** et **Christian Heslon**.

# Sommaire

# Introduction

Ces dernières années, la question de la retraite est devenue un thème sociétal majeur, relayé par les sujets de l'allongement de la durée du travail et du financement des pensions. En France, l'âge moyen de départ à la retraite est de 62,5 ans (Apouey, 2020), ce qui laisse entrevoir que les individus auront environ deux décennies (l'espérance de vie étant de 79 ans pour les hommes et de 85 ans pour les femmes) pour construire une ou plusieurs nouvelles étapes de vie. Le sujet mérite donc que l'on s'y attarde pour analyser les motifs et les conditions d'une retraite épanouie. Jusqu'à la fin du xxe siècle, les publications et réflexions autour des retraites ont surtout porté sur des questions sociales, économiques et de santé. Les interventions de prévention ou de remédiation qui en découlent ont surtout cherché à optimiser les conditions et la qualité de vie des retraités (Gall et Evans, 2000). Certaines actions de prévention ont été engagées par des mutuelles, des caisses de retraite ou encore des entreprises (Rau et Adams, 2013), sans qu'émerge néanmoins un modèle interventionnel unifié de prévention et d'adaptation à la retraite.

Le développement d'une littérature scientifique sur la psychologie de la retraite est un sujet récent, qui s'est amplifié au xxie siècle. L'objectif de ces recherches est d'arriver à mieux comprendre ce phénomène complexe et à facettes multiples, qui renvoie à différentes expériences et trajectoires (Bengtsson et Flisbäck, 2021 ; Muratore et Kaa Eral, 2015). Les données récentes ont également pour fonction d'éclairer de nouvelles pratiques tournées vers les personnes présentant des problématiques d'adaptation à la retraite. Globalement, il apparaît que les individus ne sont pas armés de la même façon, et qu'ils se trouvent donc en situation d'inégalité face à la période de la retraite. Apouey (2020), ayant étudié deux groupes distincts (retraités et non retraités), évoque une vision positive de la retraite chez 52 % des participants, ce chiffre étant plus élevé chez les retraités effectifs (59 %) que chez les préretraités (47 %). 38 % des répondants ont une opinion mitigée et 10 % une opinion négative de la retraite, ces chiffres se situant à 35,2 % (opinion mitigée) et 5,5 % (opinion négative) chez les retraités. Ramenés à la population française actuelle des retraités, composée de 17 millions de personnes (Insee, 2021), cela correspond à environ 900 000 personnes qui vivent mal l'épreuve de la retraite et à près de 6 millions dont l'opinion se situe dans une zone grise (Apouey, 2020). Pour y faire face, la question de la prise en charge et de l'accompagnement des publics les plus en difficulté est encore peu documentée et convoque des modèles qui sont encore exploratoires. Dodwell (2020) a par exemple tenté de mieux comprendre, à l'aide de l'analyse phénoménologique, ce qui se produisait lors d'un accompagnement de retraités et souligne plusieurs phénomènes en jeu comme le fait de faire face au vieillissement, la nécessité de trouver un nouvel équilibre et le besoin de se (re)construire une identité. Dans une perspective un peu différente, Pazzim et Marin (2017) ont proposé un programme multi-thématiques pour préparer un échantillon de fonctionnaires à la retraite et ont observé des mesures d'impacts convaincantes. Plusieurs variantes de ces programmes de préparation ont par ailleurs été éprouvées au cours de ces dernières années (Gomez-Gonzales *et al.*, 2013 ; Murta *et al.*, 2014 ; Ng *et al.*, 2019).

Afin de déchiffrer ce qui peut provoquer des dysfonctionnements au moment de la retraite, un certain nombre d'études ont été menées. La méta-analyse de La Rue *et al.* (2022) montre la diversité des facteurs favorisant ou non l'adaptation à la retraite. Synthétisant 125 recherches menées dans ce domaine sur près de 80 000 participants, elle relève des effets modérés à moyens pour cinq thématiques. Le plus important sur le plan adaptatif est la dimension sociale (r = .23) où interviennent par exemple le fait d'avoir une vie sociale (r = .40) ou le fait d'appartenir à un groupe (r = .31) ; puis contribuent la question de la santé (r = .22), les relations maritales (r = .18), les finances (r = .17) et les conditions d'entrée dans la retraite (r = .15). Certaines de ces thématiques ont fait l'objet d'un approfondissement, notamment en quoi le dossier médical conjugué au mode de vie facilite ou entrave l'adaptation à la retraite (Robinson *et al.*, 2021).

Pour répondre à ces nouveaux enjeux, outre des actions politiques, sociales et économiques, ont émergé ces dernières années des travaux contribuant à façonner une psychologie de la retraite. Celle-ci a pour objet de mettre en évidence les changements lors des transitions à la retraite, les ressources mobilisées et les phénomènes singuliers qui se produisent. Parmi les développements conceptuels figurent par exemple les travaux sur les représentations de la retraite et des retraités, les conduites d'avant-retraite (planification et prise de décision), les processus en œuvre lors de la transition emploi-retraite, l'ajustement à la retraite, et les conduites d'engagement et de mobilisation qui s'y manifestent. Synthétisant un siècle de recherches, Wang et Wanberg (2017) ont proposé de structurer les recherches dans ce domaine autour de trois sujets : la retraite comme prise de décision est souvent envisagée dans une perspective rationnelle en convoquant des paramètres et modèles spécifiques pour envisager la transition vers la retraite ; la retraite comme processus d'adaptation cherche à comprendre cette période à travers les ressources adaptatives mobilisées, les parcours et les rôles joués au cours de ceux-ci ; enfin la retraite peut être vue comme une étape du développement propre en fin de carrière professionnelle.

Plutôt que d'adopter une perspective transversale, le choix de ce chapitre est d'aborder une perspective épistémologique singulière : l'approche existentielle. Ceci a pour objectif d'analyser ce qui se produit dans le fonctionnement des individus, lors de cette étape de vie. En effet, la perspective existentielle (Bernaud, 2018 ; 2021 ; Sovet *et al.*, 2023) émerge depuis quelques années comme un champ disciplinaire fécond, renouvelant les perspectives de ses fondateurs (Allport *et al.*, 1986) et ouvrant sur la compréhension intime de notre rapport à l'existence. Par exemple, Bernaud (2018, p. 18) en donne la définition suivante : « la psychologie existentielle se donne donc pour objectif de comprendre les représentations, émotions, attitudes et comportements que les personnes développent face à l'existence et aux perspectives de choix de vie. Les niveaux d'analyse de la psychologie existentielle sont susceptibles de concerner les individus, les groupes ou les organisations. Inspirée par la philosophie existentialiste et de nature fondamentalement humaniste, elle vise à apporter des réponses concrètes aux sociétés en proie au doute, au mal-être individuel et collectif, mais tente aussi de favoriser une meilleure harmonie entre les individus et leurs environnements ». Dans le cas présent, le passage à la retraite, de par les changements qu'il induit, bouleverse le rapport de l'individu à la vie et questionne ses réflexions, choix et stratégies d'adaptation. Il peut remettre fondamentalement en question la question du sens de la vie (Arbuz, 2017) Nous nous proposons donc d'étudier quelles thématiques et questionnements sont soulevés par cette perspective existentielle, avant de conclure sur ses perspectives futures d'application et les développements théoriques nécessaires.

## 1. Qu'est-ce qu'une perspective existentielle pour comprendre le rapport à la retraite ?

La période de la retraite constitue une tranche importante de vie, et la psychologie existentielle offre des thèmes et paradigmes adaptés pour comprendre ce qui joue pour les personnes concernées. Une des particularités de la retraite est, pour un grand nombre d'individus, le passage d'une vie remplie et structurée autour du travail à une vie libre, imposant à l'individu de prendre en main son existence et de lui donner du sens. De fait, la retraite se caractérise d'abord par l'abondance de temps libéré (Steiner et Amabile, 2022) et par le fait de devoir faire face potentiellement à un vide existentiel (D'Agostino *et al.*, 2020 ; Yemiscigil *et al.*, 2021). Elle pose de fait une question insoluble à l'échelle individuelle, le nombre d'années à vivre, d'où découlent les priorités qui y seront accordées. Osborne (2012) a ainsi évoqué ce que génère cette disponibilité existentielle en relevant les questionnements inhérents à cette période de vie, au moment de l'entrée à la retraite : Qu'est-ce que je ferai une fois à la retraite ? Quel sera mon lieu de vie ? Est-ce que j'aurai assez d'argent ? Que ferai-je si mon conjoint continue à travailler ? Est-ce que je devrais aider mes enfants ?

Pour rendre compte des enjeux existentiels qui caractérisent la période de la retraite, il nous a semblé pertinent de reprendre la taxinomie énoncée par Greening (1992), sur laquelle s'est appuyé notamment Yalom (2017) pour structurer sa réflexion et ses expériences en matière de thérapie existentielle. Greening (1992) évoque la notion de « défi existentiel » pour rendre compte, à différents moments de la vie, des préoccupations intimes fondamentales de l'existence qui nous permettent de réguler notre rapport au monde et de nous ajuster au réel. Composée de quatre piliers (liberté et responsabilité, solitude et isolement, finitude et mort, sens de la vie), cette taxinomie a été utilisée avec succès dans plusieurs études pour comprendre les enjeux existentiels de différents phénomènes comme la crise de la Covid-19 (Bland, 2020), le phénomène *Me-Too* (Williamson *et al.*, 2022) ou bien les troubles liés à l'utilisation de jeux sur Internet (Shumaker et Manning, 2022). Elle se prête particulièrement bien à cette période de l'existence qu'est la retraite.

## 2. La liberté et son statut paradoxal au moment de la retraite

Comme le mentionne Apouey (2020), beaucoup d'études insistent sur le plus grand espace de liberté offert par la retraite, qui pour beaucoup d'individus revient à augmenter leur disponibilité et à revoir leur rapport au temps (Xia *et al.*, 2023). Quiénart et Charpentier (2012), par exemple, montrent à quel point des femmes à la retraite, dédouanées des obligations professionnelles et domestiques, peuvent réinvestir à profit cet espace de temps et en sentir les bénéfices. L'arrêt de l'activité professionnelle aide à prendre conscience du poids et des contraintes qui étaient liés à l'activité professionnelle et générateurs de stress, représentant des objectifs à atteindre, une image à valoriser, des gestions répétées de conflits, la résolution des tracas quotidiens, l'incertitude ou les transports domicile-travail. Cette liberté est plus ou moins marquée selon les individus : le mode de vie choisi ou subi peut amener à investir de nouvelles activités chronophages, comme la gestion des petits-enfants, une nouvelle activité professionnelle (*bridge employment : cf.* Zhan *et al.*, 2015), des formations, voire occuper le temps par une suractivité personnelle et sociale. La liberté peut aussi être entravée par la perte de revenus, une santé défaillante, des interactions avec l'écosystème moins satisfaisantes du fait du changement de statut. Mais dans un certain nombre de cas, il est envisageable de gérer ces choix, et le principal écueil se situe au niveau des conséquences d'un trop-plein de liberté.

Ce trop-plein de liberté est inhabituel dans beaucoup d'existences, hormis peut-être pour celles qui ont connu des périodes prolongées d'arrêt d'activité pour des raisons de chômage, de santé ou pour des convenances personnelles. Car l'excès de temps et de possibilités présente un caractère oppressant : l'individu ne peut alors plus fuir la responsabilité qui est la sienne dans l'organisation de sa vie, la définition de ses objectifs et leur atteinte. Il est alors confronté à un phénomène fondamental qui est l'angoisse existentielle. De Castro *et al.* (2021) l'explicite en ces termes :

> D'un point de vue existentiel, l'angoisse est ontologiquement enracinée dans la liberté et dans la menace de perte de l'existence elle-même. C'est la « finitude dans la conscience » [...] et l'état dans lequel les êtres humains font face à leur liberté... L'angoisse démontre que les individus vivent toujours en relation avec l'incertitude et les possibilités vers l'avenir [...] ; à cet égard, Boss (2000) a affirmé que les êtres

> humains sont un « ensemble de possibilités » confronté à chaque moment de leur vie à des décisions dans tous les domaines, consistant à choisir parmi toutes les possibilités présentes et futures, celles qu'ils effectueront ainsi qu'avec la responsabilité inhérente de leur choix. C'est précisément l'avenir et le possible auquel correspond l'anxiété.

La liberté au moment de la retraite se pose d'une manière d'autant plus aiguë que l'horizon temporel est plus limité pour rectifier les choix et engager de nouveaux scénarios. Qu'il s'agisse du lieu de vie, de l'achat d'un bien immobilier, des conduites en matière de santé ou de gestion du patrimoine, du partenaire avec lequel partager son existence ou des activités nouvelles dans lesquelles s'engager, de la définition de son identité, les possibilités de changement ou de désengagement sont plus réduites pour les personnes avancées dans la vie. La peur de s'engager peut alors entraîner des formes de procrastination caractéristiques chez les personnes âgées (Nouri *et al.*, 2021) ou bien s'attacher à des formes de vie ordinaires et inauthentiques (Heidegger, 1927) qui évitent de rencontrer son être et d'assumer pleinement ses responsabilités en tant qu'être humain (Yalom, 2017). Des formules prononcées comme « Je n'ai pas le choix » ou des délégations de responsabilité, voire des attributions causales externes pour rendre compte d'événements qui se produisent sont alors caractéristiques d'une « mauvaise foi » au sens sartrien (Liu, 2022 ; Sartre, 1943). Comme le mentionne Sartre, être libre n'est pas pouvoir ce que l'on veut mais plutôt vouloir ce que l'on peut : cette possibilité d'assumer pleinement son existence et d'affirmer sa liberté constitue une grille de lecture fondamentale de l'existence à la retraite.

L'accompagnement qui en résulte pour aider une personne déboussolée par l'expérience de la retraite pourra se donner comme objectif de se réapproprier sa liberté : d'abord en s'interrogeant sur ce qui l'entrave vraiment en le différenciant de ce qui résulte de croyances dysfonctionnelles et de normes perçues plus ou moins liées à l'éducation ou à la culture ; puis en définissant ses priorités et valeurs pour caractériser le chemin vers lequel se diriger préférentiellement ; parallèlement, en développant son pouvoir d'agir pour l'atteinte d'objectifs réalisables ; enfin, en assumant ses positions et ses choix, en cas de succès comme d'échec, sans chercher à en éviter la responsabilité.

## 3. Isolement et solitude

La solitude se définit par le sentiment subjectif qu'a un individu d'avoir un réseau et des contacts sociaux plus limités ou moins satisfaisants qu'attendu (Hajek et König, 2020). La question de la solitude, avant d'être un problème psychologique, constitue d'abord un problème de société : le rapport sur les solitudes et fragilités relationnelles de la fondation de France en témoigne (Riffaut *et al.*, 2022). Cette enquête estime à 11 % en 2021 les personnes en situation d'isolement relationnel, et à 20 % environ celles qui souffrent d'un sentiment de solitude.

Dans les études internationales auprès des personnes âgées (Surkalim *et al.*, 2022), les données de prévalence situent ce chiffre autour de 15 % pour la France. Ce phénomène est d'autant plus incapacitant du fait de l'importance des relations sociales dans l'adaptation à la retraite (La Rue *et al.*, 2022). De façon générale, l'être humain est un être social conçu, porté, né et élevé en relation avec les autres (Greening, 1992). L'amour, l'amitié, les relations sociales du quotidien (Bernaud, 2018) agissent comme des fertilisants existentiels qui remplissent plusieurs fonctions : confronter nos regards sur le monde, affirmer ses choix, transmettre et faire preuve d'empathie et de gratitude, construire son identité, affronter des dilemmes, gérer des émotions... Ces faits sont étayés par les études sur l'effet du réseau social sur la santé physique et psychologique (Pilehvari *et al.*, 2021). Beaucoup de données de la littérature scientifique confirment par ailleurs que l'isolement et la solitude ont des effets délétères, au niveau du risque accru de mortalité (Crowe *et al.*, 2021 ; Schutter *et al.*, 2022) comme en matière de réduction du bien-être (Grounden et Jose, 2014).

La solitude agit de surcroît souvent comme une double peine, liée à des phénomènes comme la disparition ou le départ du conjoint, aux problèmes de santé physiques ou psychologiques et aux difficultés financières. Les difficultés peuvent alors s'enchaîner et accroître de façon notable les risques psychologiques et physiques.

L'isolement et la solitude sont facilités chez les personnes à la retraite et sans activité professionnelle : le travail est en effet un lieu de socialisation particulièrement puissant, permettant de générer un grand nombre de relations sociales et de maintenir une habileté à les nouer. Dans un certain nombre de cas, des amitiés se nouent sur le lieu de travail et des temps de rencontre extra-professionnels constituent des occasions de socialisation. Le statut professionnel est lui-même vecteur d'une identité attractive, permettant de nourrir des discussions par un partage d'expérience. Chez la personne à la retraite, ces éléments expérientiels diminuent et demandent une plus forte proactivité pour maintenir et développer des liens sociaux. De plus, les personnes à la retraite sont susceptibles de se heurter aux stéréotypes des personnes âgées (Yaghoobzadeh *et al.*, 2020), ce qui entrave leur socialisation.

Faisant le constat des problèmes posés par l'isolement social et par le sentiment de solitude, de nombreuses interventions d'accompagnement et de prévention ont fait l'objet de formalisations et d'évaluations au cours de ces dernières années. Celles-ci s'appuient sur différentes techniques comme l'accroissement des compétences sociales, le développement du soutien social, la mise en réseau et la modification des cognitions sociales (Masi *et al.*, 2011) : les résultats de ces interventions produisent ainsi des effets modestes à moyens. Certaines interventions ont eu un recours massif à l'usage de nouvelles technologies comme la visioconférence, les applications pour smartphones ou les programmes informatisés (Jin *et al.*, 2021) : leurs effets apparaissent néanmoins limités. Lorsque les interventions utilisent des techniques psychologiques interventionnelles plus classiques, notamment de type cognitif, leurs effets sur la réduction du sentiment de solitude sont plus probants (Hickin *et al.*, 2021).

Il serait hasardeux, dans la perspective existentielle, d'adopter une posture qui ambitionne d'éradiquer la solitude : celle-ci fait partie de notre condition humaine et de notre rapport au monde et à la mort (Heidegger, 1992). Par conséquent, la réflexion interventionnelle repose sur deux objectifs : outre le fait de construire des interactions sociales bénéfiques, une place peut être donnée pour accueillir et gérer les moments de solitude. S'accepter comme un être unique et responsable qui ne peut partager pleinement son existence constitue une donnée essentielle dans l'approche existentielle. Le fait de s'accrocher aux relations au point d'en être dépendant (Greening, 1992) n'est qu'une fable existentielle qui ne nous permet pas d'être pleinement authentiques, et qui produit une dissolution transitoire des enjeux inhérents à la solitude. Accompagner le sentiment de solitude demande donc de développer une capacité à reconnaître et à accueillir les moments de solitude et à « en faire quelque chose ». Cette appropriation suppose d'identifier quels questionnements la solitude génère et quelle fonction elle remplit. De même, une interrogation sincère et profonde sur la nature de la relation aux autres s'impose : car au fond, c'est toujours ce que nous faisons des événements et des rencontres qui importe plus que l'événement ou la rencontre eux-mêmes. Se posent ainsi des questions fondamentales : quelles valeurs souhaite-t-on partager ? Que souhaite-t-on transmettre ? Comment arriver à délivrer de l'empathie et de la gratitude, dont on sait la fonction positive dans l'existence ?

## 4. Finitude et mort

Le sujet du rapport à la finitude et à la mort est l'aspect le plus délicat des questions existentielles en général, et à la retraite en particulier. Si pour Montaigne, apprendre à vivre, c'est d'abord à apprendre à mourir, le chemin est souvent long pour y parvenir et une vie n'y suffit pas. Cette question, si essentielle dans l'existence, est fortement déniée et repoussée aux calendes grecques au profit d'un délire d'invulnérabilité partagé par bon nombre d'humains. À tel point que les marqueurs langagiers sont caractérisés par l'emploi de la dictature du « on » (Heidegger, 1927) afin d'affirmer que la mort est un sujet pour autrui qui ne nous concerne pas directement.

Si tout un chacun est conscient qu'il va mourir, la période de la retraite est propice à réactiver ces pensées. Le vieillissement n'y est pour rien : il montre bien que les capacités vitales diminuent, que la compétence pour prendre en charge certaines activités change, et parfois que certaines fonctions ne peuvent plus être remplies. L'expérience de plusieurs décennies a fait disparaître bon nombre de compagnons de route et l'actualité au quotidien rappelle que la formule « nous ne sommes que de passage sur terre » n'est pas une abstraction. Personne ne connaît évidemment l'heure de sa mort, mais l'heure de la retraite fait sommer l'horloge de l'espérance de vie et considère chaque jour passé comme une victoire face à l'issue finale. L'espérance de vie prend alors une signification particulière (Bengtsson *et al.*, 2021). Cette fin de l'existence suscite souvent des cognitions et des émotions particulières. Celles-ci peuvent prendre une couleur particulière : oubli, indifférence, mutisme, évitement sont autant de cartes qui témoignent que le sujet est porteur de significations face à la mort, mais il sera bien temps de les évoquer ultérieurement. Chez d'autres, la mort peut aussi avoir un caractère obsédant (Maltby et Day, 2000).

En psychologie existentielle, le cadre théorique le plus convaincant pour analyser le rapport à la mort est la théorie du management de la terreur (Greenberg *et al.* 2004). Ce cadre théorique permet d'analyser ce que la confrontation à la mort provoque comme stratégies pour y faire face : idéologies et croyances, traitement de l'information impliquant des oublis ou des informations transformées, recherche de la maintenance ou du développement du sens de la vie, développement de l'estime de soi pour faire face à cette appréhension. Cette théorie a fait l'objet d'un grand nombre d'études expérimentales qui en ont validé les principes et les assertions. Par ailleurs, les émotions qui sont associées à la question de la mort débouchent souvent sur le concept d'anxiété face à la mort. Cette anxiété semble reliée à la psychopathologie et en particulier à la dépression et à l'anxiété (Iverach *et al.*, 2014). Pourtant, la mort est plus qu'une opportunité. Comme le signale Dastur (2009, p. 11), c'est le « tremplin qui permet de bondir dans l'existence ». À partir de là se posent les stratégies d'intervention et d'accompagnement pour y faire face, cultiver son rapport à la mort avec la bonne distance, comme l'un des piliers fondamentaux de la condition humaine. Une des options peut être de dépasser la mort en cultivant la transcendance, la générativité ou la transmission à autrui. La pratique d'une croyance ou d'une religion, le rapport à la nature et à l'art, les liens familiaux et filiaux, la transmission de valeurs et d'idées et de patrimoine contribuent, à leur façon, à produire des traces de son passage sur terre. Si l'effet est parfois infime, il permet à l'individu de ressentir une vision plus sécurisante du monde, de rendre ce dernier habitable et de chasser la crainte de l'absurde.

Différentes formes d'interventions en psychologie et en psychothérapie existentielles permettent de mieux affronter la mort, de définir son rapport à la finitude et de mieux appréhender ses émotions dans ce contexte (Yalom, 2017). Des interventions psychosociales ont également fait l'objet de différentes études et une méta-analyse est disponible à ce sujet. Ainsi, Mnezies *et al.* (2018), ayant synthétisé dans une vingtaine d'études les effets de ces interventions, montrent des apports substantiels pour différentes formes de thérapies et de programme éducatifs (g = + 0,45). Ce qui nous semble fondamentalement intéressant, pour tous les individus et *a fortiori* ceux à la retraite, est comment la prise de conscience de la mort permet de réinvestir de façon constructive la vie, de façon plus incarnée, lucide et courageuse. Le fait d'avoir peu de temps devant soi amène à prioriser l'essentiel, à se focaliser sur le meilleur pour soi et pour autrui, à prendre conscience de notre statut d'êtres vivants qui nous met tous sur le même plan pour saisir que la mort est un horizon indépassable et universel.

## 5. Le sens de la vie à la retraite

La question du sens est l'une des plus fondamentales en psychologie existentielle. Cette notion fait le lien avec tous les autres défis existentiels, car la vie, avec ses contraintes et ses moments de solitude, nécessitant une responsabilité face à la liberté de construire l'existence, nécessite avant tout de pouvoir donner du sens à ce qui est vécu. Durant toute la vie professionnelle, cette question se pose peu ou est accaparée par les obligations quotidiennes et par la nécessité de donner du sens à son travail. Une fois à la retraite, le stress du travail s'estompe alors que la nécessité de reconstruire une nouvelle identité sans le travail se présente à beaucoup (Yemiscigil *et al.*, 2021). À beaucoup, mais pas à tous. La continuité avec la vie professionnelle est parfois présente. Cela peut être de manière directe, car selon la recherche de Hess *et al.* (2020), ce sont près de la moitié des répondants qui prévoient de retravailler une fois arrivés à la retraite. Certes, l'intensité visée est atténuée : il est envisagé d'y consacrer en moyenne deux jours par semaine, pour laisser le temps libre se répandre dans l'existence. Cette recherche permet de saisir les motivations à l'origine de cette reprise d'activité, qui traduisent elles-mêmes des motifs du sens. Quatre thèmes motivationnels sont évoqués : les besoins financiers, qui complètent une retraite jugée insuffisante ; le statut et la reconnaissance qui lui est associée, et qui sinon s'estompe au moment de l'entrée à la retraite ; les motivations sociales, sous forme de contacts réguliers et d'échanges sur différents sujets ; enfin, le fait que l'activité professionnelle permette de rester en bonne santé.

L'activité professionnelle ne prend pas toute la place au moment de la retraite pour définir le sens de l'existence. La transition met l'individu au pied du mur, d'une certaine façon, et l'oblige à construire de nouvelles significations en phase avec cette nouvelle étape de sa vie (Steiner et Amabile, 2022). La recherche de la cohérence devient alors un enjeu existentiel particulier (Joo *et al.*, 2023). Halama *et al.* (2021) ont proposé une des enquêtes les plus informatives pour comprendre le sens de l'existence avant et après l'entrée à la retraite. Ils mentionnent que la transition est un enjeu qui mobilise des ressources et amène à développer de nouveaux rôles. Différents *patterns* sont mis en évidence, certains individus sont amenés à une reconstruction active de sens, à un changement de sens, voire à un bouleversement de sens. Beaucoup de ressources jouent un rôle actif dans le nouveau façonnage du sens (des qualités personnelles comme la réflexion, l'acceptation, l'humilité, mais aussi le soutien social et certaines expériences signifiantes vécues). Le manque de finances, les problèmes de santé et le fait de conserver les mêmes objectifs peuvent également jouer un rôle. Les thèmes pourvoyeurs de sens restent globalement identiques entre avant et après la retraite, même s'ils sont amenés à se transformer. Cités par plus de 10 % des répondants, figurent avant la retraite la famille (70 %), le travail (60 %), les hobbies (28 %), la santé (20 %). Au moment de la retraite, la hiérarchie de ces thèmes est proche avec la famille (70 %), le travail (45 %, mais qui prend d'autres formes comme le jardinage), la santé (23 %), la liberté (10 %) et la spiritualité (10 %). Plusieurs études montrent que d'autres critères interviennent pour donner du sens et favoriser l'épanouissement à la retraite. Ainsi Froidevaux *et al.* (2016) ont mis en évidence le soutien social et l'importance pour le monde (ou utilité sociale), alors que Pushkar *et al.* (2010) ont pointé le rôle joué par les activités de loisirs.

Pour pouvoir développer le sens de l'existence à la retraite, de nombreux points d'appui et productions peuvent être utiles. On se référera par exemple à Shin et Steger (2014) pour identifier les thèmes à aborder lors d'entretiens ou d'ateliers visant à développer le sens dans cette période de vie. Outre le fait de cultiver les relations sociales, déjà évoqué précédemment, différentes thématiques, en complément, ont été relevées dans la littérature scientifique : l'importance de l'engagement, le fait de définir des buts de vie et l'ouverture spirituelle. Une des dimensions fondamentales pour maintenir du sens et développer des conduites adaptatives est de rester engagé au moment de la retraite. En effet, l'inaction, les comportements de retrait et la confrontation à l'ennui semblent avoir des effets négatifs sur la construction du sens et sur l'adaptation à la retraite. Hamm *et al.* (2019) se sont intéressés en particulier au rôle de l'engagement dans six domaines de vie (travail, enfants, conjoint, santé, finances, bien-être des autres) au moment de l'entrée à la retraite. Il appert que l'engagement fonctionne comme une dimension assez stable du fonctionnement individuel : les personnes continuent à être engagées dans les mêmes proportions même si les formes d'engagement prennent à la retraite des couleurs différentes (par exemple : l'engagement professionnel peut se traduire par de l'engagement domestique ou pour des activités bénévoles). Par ailleurs les données corroborent l'idée que le niveau d'engagement est un facteur adaptatif. Eismann *et al.* (2019) ont montré que des conditions particulières le favorisaient, comme le soutien du conjoint, les opportunités antérieures et la perception du temps. Certaines études invitent toutefois à un engagement réfléchi et qui ne s'avère pas normatif : ainsi, le bénévolat, parfois considéré comme la pierre angulaire de l'inactif, peut être préjudiciable chez des retraités hyper-engagés (Bjälkebring *et al.*, 2021). Il importe de trouver le bon dosage et d'adapter l'activité aux besoins de chacun, le bénévolat ayant généralement des effets positifs y compris en ce qui concerne la réduction de la mortalité chez les bénévoles âgés (Okun *et al.*, 2013).

Le fait d'avoir des buts de vie est un paramètre qui entre dans la définition du sens de la vie (Costin et Vignoles, 2020). De nombreux travaux ces dernières années ont montré les vertus de ces buts sur la santé physique et mentale, incluant un accroissement très significatif de la longévité (Boyle *et al.*, 2009, 2010, 2012 ; Boylan, 2022). Avoir de tels buts maintient l'individu en éveil et en activité. Il ouvre vers une meilleure prévention en matière de santé et permet des contacts sociaux accrus : autant d'effets cumulés qui sont bénéfiques.

Enfin, une spiritualité ouverte, c'est-à-dire laïque, offre des atouts pour développer le sens de la vie dans le sens d'une vie de l'esprit. Cette attitude aide à s'affranchir de la quotidienneté et du réel pour s'ouvrir au monde, s'émerveiller et aider à une prise de conscience. Chaque personne peut vivre ces instants de spiritualité par une randonnée dans la nature, la participation à un office religieux, la lecture d'un livre, le fait de rencontrer des personnes, riches de par leur expérience et leur regard sur le monde, l'écoute d'un opéra ou la visite d'une exposition de peinture. Ces confrontations spirituelles provoquent généralement de grandes émotions, invitent au débat avec les proches, aident à prendre du recul sur la vie et à envisager d'autres choix d'existence.

Au final, le sens joue un rôle prégnant à toutes les étapes de la vie et en particulier au moment de la retraite. L'enjeu pour les personnes est de permettre à leur existence de prendre une autre voie que les chemins de l'absurde et d'assurer une cohérence entre les pensées, les expériences et les actions. Dans un monde vu comme unifié, l'individu à la retraite peut alors consacrer pleinement son énergie à ses occupations, sans remettre en cause et douter en permanence de ses choix et de ses conduites. Une retraite signifiante, malgré les menaces, troubles et imprévus qu'elle peut rencontrer sur son chemin, se traduit d'abord par la persistance d'un fil directeur qui aide les individus à trouver les meilleurs arbitrages et à s'engager, pour eux-mêmes, sur les meilleurs chemins. Le maintien du sens place alors chacun sur les rails de l'existence, agrémenté par un lot d'illusions et des rêves chimériques qui sont nécessaires pour habiter le monde.

## Conclusion

Une des priorités de l'accompagnement à la retraite devrait être de pouvoir aider les personnes confrontées à des vulnérabilités (Dodwell, 2020) qui se traduisent par de la vacuité existentielle, par une perte de sens ou par un sentiment d'être confronté et de ne plus pouvoir être maître de sa vie. En effet, cette tranche de vie confronte l'individu à de nouvelles contraintes qui peuvent s'avérer déstabilisantes pour les personnes qui ne disposent pas des ressources pour y faire face. Les cadres théoriques existentiels offrent la possibilité de comprendre un certain nombre d'enjeux pour la personne de cette tranche de vie et d'appréhender comment affronter cette période par le dialogue, la réflexivité et en cultivant ses ressources. Greening (1992, p. 115) évoque quatre défis existentiels qui se situent comme des priorités :

1. Choisir d'affirmer sa vivacité tout en affrontant et transcendant la finitude et la mort.
2. Construire et affirmer du sens et ce sans idolâtrie.
3. Exercer une liberté responsable en tenant compte des contextes limitatifs.
4. Aimer et rencontrer les autres, et participer à une plus grande communauté, tout en acceptant la possibilité d'être séparé des autres.

Il reste, pour les défis futurs, à comparer, à harmoniser et à proposer une vision plus unifiée de l'intervention dans une perspective existentielle. Ces interventions gagneraient à reposer sur des moyens nouveaux d'identification et de prise en charge des personnes à la retraite qui sont en déshérence, en souffrance ou en quête d'une écoute bienveillante. Enfin, la perspective existentielle n'étant pas suffisante, un enjeu majeur sera de proposer cette posture et ces outils dans le cadre d'une démarche intégrative, comme cela l'a déjà été opérationnalisé par différents auteurs (Holm-Hadulla *et al.*, 2011).

Il reste également à encourager des développements théoriques pour enrichir un champ de connaissances qui est encore émergeant. Parmi les axes à privilégier, il nous semble intéressant d'explorer comment comprendre le rapport des retraités à l'incertitude et aux événements chaotiques, qui sont caractéristiques d'un monde « Vuca » (caractérisé par la volatilité, l'incertitude, la complexité et l'ambiguïté ; voir Fassinger *et al.* 2017). Un autre axe de recherche déterminant pourrait toucher la question de la transcendance de soi (Hamel *et al.*, 1999) et de la générativité (Hung *et al.*, 2023) manifestée par les personnes à la retraite. Car finalement, lorsque nous ne sommes plus, des maillons de la chaîne permettent de continuer à faire fleurir l'aventure humaine.

# Chapitre 3

# Les transformations identitaires à la retraite, ou comment « devenir soi[1] »

1. Par **Émilie Lessard**.

# Sommaire

# Introduction

Lorsque l'on évoque la retraite, les premières préoccupations sont d'abord d'ordres administratif et financier, avec des questions de type « quand puis-je partir à la retraite ? Avec combien ? Ma Pension de retraite sera-t-elle pleine ? » Simultanément, des questions organisationnelles se posent sur les activités qui remplaceront l'activité professionnelle : « Que vais-je faire une fois à la retraite ? Aurai-je besoin de poursuivre une activité professionnelle ? Où vais-je voyager ? » En revanche, le vécu des individus et leur ressenti sont rarement évoqués. Les problématiques personnelles liées au passage à la retraite sont souvent occultées comme s'il n'y avait aucune difficulté à devenir retraité. Bien sûr, c'est une étape de vie attendue, souvent perçue comme une source de bonheur car libérée des contraintes professionnelles. Toutefois, elle implique un temps d'adaptation plus ou moins long et parfois compliquée pour les personnes qui ne l'auraient pas suffisamment anticipée « psychologiquement ».

S'interroger sur la psychologie de la retraite, c'est s'intéresser aux dimensions psychologiques des individus mobilisées plus ou moins consciemment au fil du temps, et aux différentes manières de s'adapter aux bouleversements de la transition emploi-retraite. Nous nous intéresserons plus particulièrement aux premières années de la retraite, période à forts enjeux identitaires, au cours de laquelle les individus trouvent leurs repères, un nouveau rapport à soi, dans ce que certains auteurs appellent « la nouvelle vie ». Nous porterons notre attention sur ce qui conduit la personne à se définir en tant que retraitée et à son sentiment d'être soi. Ce qui revient à décrire la manière dont elle se transforme progressivement au fil de la transition, jusqu'à être satisfaite de sa condition de retraitée. Aborder ce thème sous le prisme de l'identité permet d'accéder à la subjectivité de l'individu et à ses représentations sociales, par un méta-processus qui articule les dimensions transitionnelles, identitaires et existentielles propres à chaque individu : la réflexivité.

Dans ce chapitre, nous nous attacherons à expliquer ce qu'est l'identité et de quelle manière elle se construit grâce à un travail réflexif permettant à la personne de se définir en tant que retraitée, tout en conservant le sentiment de continuité d'être restée la même personne au fil du temps. Nous évoquerons ensuite les enjeux identitaires de la transition emploi-retraite, pour expliquer les transformations à l'œuvre qui permettent aux séniors de se sentir pleinement retraités et satisfaits de l'être.

## 1. Qu'est-ce que l'identité ?

L'identité est un phénomène multidimensionnel qui renvoie à la fois au sentiment d'être la même personne à travers le temps, avec des caractéristiques propres permettant de se sentir unique et de se distinguer des autres, mais aussi d'être une personne différente en fonction des situations et à travers le temps (Marc, 2016). Marc évoque une construction de soi dans un double mouvement d'assimilation et de différentiation, d'identification aux autres et de distinction par rapport à eux.

Ce double mouvement est possible grâce aux caractéristiques personnelles constitutives du soi qui sont objets de connaissances grâce à la conscience même de soi (Damasio, 1999) et à la connaissance de l'objet. La conscience de soi et la connaissance de l'objet renvoient à la subjectivité de la personne et à sa dimension cognitive, incarnée par la catégorisation et la mémorisation. J'ai conscience de celui ou de celle que je suis grâce à la lecture que je fais du monde et de ma vie, et parce que je garde en mémoire les phases successives de mon existence, assimilées par le travail d'économie cognitive qu'est la catégorisation.

L'identité (ou le soi) se définit par des aspects personnels mais aussi par la prise en compte de composantes sociales qui s'illustrent par la dualité dans la représentation de soi énoncée par William James (1890). Ainsi, le soi est composé d'un je connaissant qui perçoit, qui a des sensations, qui mobilise des souvenirs et élabore des projets, et d'un moi qui est connu par le je et qui renvoie aux dimensions matérielle, sociale et spirituelle de l'individu. La première composante renvoie aux dimensions personnelles de l'individu. L'autre renvoie à l'intériorisation des rôles sociaux (Mead, 1963). Le je et le moi sont des éléments constitutifs du soi. Le soi émerge par la tension dialectique entre le je et le moi où le je renvoie au soi en tant que sujet (la relation à soi) et le moi représente le soi en tant qu'objet (la relation à l'autre). Deschamp et Moliner (2008) reprennent ce modèle (figure 3.1) et formulent que le soi renvoie à plusieurs phénomènes et dimensions de la conscience de soi, l'une intime, l'identité personnelle, et l'autre relationnelle, l'identité sociale.

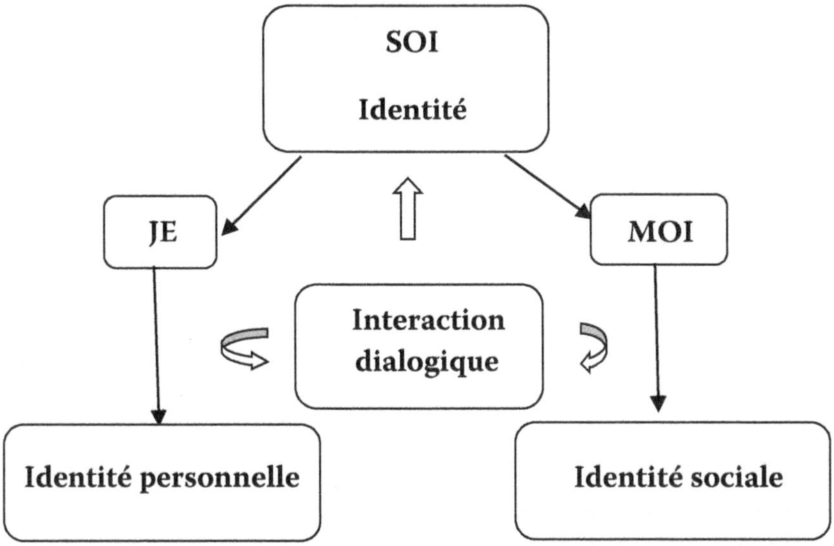


*Figure 3.1 – Modèle de l'identité de Deschamp et Moliner (2008)*

## 1.1 Identité personnelle

L'identité personnelle se situe à l'intersection du soi et du contexte. C'est l'ensemble des buts, des valeurs et des croyances que l'individu donne à voir par ses projets professionnels par exemple ou encore par les mots qu'il utilise, ainsi que de tout ce qui constitue sa particularité individuelle en comparaison à d'autres individus. L'identité personnelle est ainsi un processus psychologique de représentation de soi, subjective, qui se traduit par le sentiment d'exister dans une continuité en tant qu'être singulier et reconnu comme tel par autrui. Elle renvoie aux caractéristiques que l'individu considère comme siennes et auxquelles il accorde une valeur socioaffective (Fischer, 1996). Elle concerne la reconnaissance qu'il a de sa différence par rapport à autrui, c'est-à-dire ce qui le rend semblable à soi-même, différent des autres et reconnu par les autres.

Elle résulte d'une construction progressive dont les fondations se situent dans les toutes premières années de la vie (Wallon, 1949) et se poursuit à l'âge adulte, à partir des perceptions du corps et à travers les interactions avec l'entourage, d'abord dans la sphère familiale, puis dans les sphères sociales élargies comme la crèche, l'école, le travail, le cercle d'amis...

L'individu apprend à se connaître grâce à la parole d'autrui qu'il intériorise *via* ses interprétations de ses réactions et de ses comportements. Ainsi, le discours anticipe et oriente la formation de l'identité : c'est par le regard de l'autre, interprété, que l'individu se connaît et se construit.

## 1.2 Identité sociale

L'identité sociale se caractérise par l'ensemble des appartenances de l'individu dans le système social. Chaque individu est ainsi défini par les différents rôles qu'il doit remplir au sein des groupes auxquels il appartient, intériorisés depuis l'enfance. Dubar (1992) évoque les formes identitaires pour rendre compte des étiquetages sociaux à partir des identités proposées dans une société donnée, qui permettent de décrire une personne et de lui attribuer des caractéristiques personnelles telles que son orientation sexuelle, sa profession, sa catégorie socioprofessionnelle et sa religion. Par exemple, on parvient assez facilement à attribuer des traits de caractère et des attitudes à un homme hétérosexuel, professeur des universités, fonctionnaire et athée. L'identité sociale est conçue comme une représentation de soi (et de l'autre) dans l'environnement social intériorisé et renvoie à la connaissance par les individus de leur appartenance à certains groupes sociaux, à la signification émotionnelle et évaluative qui résulte de cette appartenance. L'image de soi, par cette appartenance, présente une valence plus ou moins positive.

L'identité professionnelle est une sous-catégorie de l'identité sociale qui joue un rôle important dans la vie des individus, autant pour la structure qu'elle apporte à l'identité du sujet en termes de rôles et de conduites que par les effets bénéfiques ou néfastes (sentiment de reconnaissance, sentiment d'utilité, maladie professionnelle, ...) sur la construction identitaire. Nous y reviendrons au § 5.3.

Ces deux instances, l'identité personnelle et l'identité sociale, par leur conversation intérieure, se co-construisent l'une l'autre, elles-mêmes influencées par l'environnement, qu'elles influencent en retour (Lessard, 2022). C'est de cette manière que l'identité est constituée par un système de différentiation et d'opposition binaire entre le soi et le non-soi, le même et l'autre, le positif-négatif ou bon-mauvais, où l'identité sociale se construit par un mécanisme d'inclusion et d'exclusion (l'opposition nous/eux) et l'identité personnelle, par un mécanisme d'assimilation et de différenciation (opposition soi/non-soi ; Deschamp et Moliner, p. 22).

L'identité (le soi) s'élabore par le dialogue entre le JE et le MOI, entre celui que je veux être pour moi-même et celui que je veux être pour les autres. Ce dialogue intérieur s'illustre par le processus de réflexivité et explique la construction identitaire.

## 2. La construction identitaire

### 2.1 Le modèle se faire soi

Guichard (2004) s'appuie sur l'approche cognitive pour expliquer la construction de l'individu à partir d'une double construction, rendue possible par une dynamique réflexive.

#### 2.1.1 Cadres cognitifs et formes identitaires subjectives

Au fil du temps, l'individu construit des connaissances sur soi et sur le monde, qu'il stocke en mémoire sous forme de structures cognitives (représentations mentales ou modèles mentaux), mobilisées ensuite pour percevoir immédiatement un objet ou comprendre une situation. L'individu adopte en référence à cette structure cognitive un comportement sensé pour soi et pour les autres, appelé cadre cognitif identitaire. Ces connaissances intériorisées s'inscrivent dans un système plus large appelé système de cadres cognitifs identitaires. Ce système constitue la représentation intériorisée de l'offre identitaire de la société en fonction des interactions et compte tenu des positions que l'individu occupe dans les différents champs sociaux. Les cadres identitaires permettent la représentation, le jugement et l'action. Ils constituent le sous-bassement cognitif tant de la représentation d'autrui que de soi-même, et permettent la construction d'une forme identitaire (d'une image de soi dans un contexte donné). La construction de soi dans une forme identitaire conduit l'individu à assigner certaines valeurs par défaut (en fonction des cadres cognitifs construits et auxquels il fait référence). De cette manière il s'identifie à autrui mais aussi s'identise : tout en cherchant à s'identifier à un modèle, il va s'individualiser en se différenciant (se spécifier dans la ressemblance à l'autre).

En fonction du contexte dans lequel l'individu interagit, il se construit dans des formes identitaires subjectives différentes. Toutes reliées, les formes identitaires se substituent les unes aux autres selon les contextes. Elles sont considérées par l'individu comme une certaine manière d'être soi. Jean Guichard parle d'un système de formes identitaires subjectives qui se construit en correspondances avec certains cadres cognitifs. L'action conjointe de l'individu et de l'environnement conduit à la création des catégories sociales et par là même aux cadres cognitifs correspondants. La notion de forme identitaire de Dubar est reprise ici en s'appuyant sur les apports de la psychologie cognitive et en y ajoutant que certains éléments deviennent plus saillants, en fonction d'événements passés identifiés comme « significatifs » en fonction d'attentes ou d'intentions relatives à un futur espéré ou rejeté.

Ce phénomène se réalise grâce à deux types de réflexivité : une réflexivité duelle et une réflexion trinitaire.

### 2.1.2 Une double réflexivité : duelle et trinitaire

**La réflexivité duelle** s'inscrit dans l'identité personnelle (ce que je veux pour moi-même). Elle est une synthèse présente de soi en référence à un « je » imaginaire futur souhaité. Elle renvoie au projet de soi et rend compte de la propension à s'identifier à autrui, à désirer devenir telle personne, c'est-à-dire à vouloir faire siennes certaines formes identitaires ou caractéristiques identifiées chez une autre personne (se faire soi à partir de certains cadres cognitifs identitaires). Cette réflexivité est un processus d'identification *vs* rejet.

**La réflexivité trinitaire** s'inscrit dans l'identité sociale (ce que moi veut être par rapport à l'autre). Elle renvoie à l'instinct primitif d'appropriation qui prend ensuite la forme de contrôle des réactions d'autrui à l'égard de soi. Ainsi s'instaure un processus de communication interne (avec le JE) qui décrit l'anticipation du jugement de l'autre à son propre égard conduisant à agir dans une direction ou dans une autre, de manière appropriée. Le MOI s'adresse à un TU ou à un IL ou ELLE. La construction identitaire résulte d'une relation dialogique conduisant à se constituer comme un « je », en même temps qu'un « tu » et un « il ». Ce type de réflexivité est interprétatif et repose sur la combinaison du point de vue propre avec le point de vue de l'autre imaginé.

**La connaissance et la conscience de soi** s'inscrivent dans cette construction identitaire progressive à partir des cadres cognitifs identitaires construits au fil des expériences en fonction de ses propres rôles et de la projection de soi sur des formes identitaires subjectives qui s'inscrivent dans un système plus large. De cette manière l'individu peut adopter plusieurs « formes identitaires » en fonction du contexte : être femme, mère, professeure d'anglais retraitée et marathonienne. L'ensemble de ces formes identitaires constitue un système informant sur les différentes facettes de la vie sociale de cette personne, et sur les comportements et attitudes qu'elle adopte. Ces différentes formes identitaires constituent un ensemble et influencent les images que l'individu a de soi et ce qu'il projette d'être grâce à ce dialogue interne entre ce que JE suis et ce que moi veut être, dans un environnement social interprété.

## 2.2 Le rôle de l'identité professionnelle dans la construction identitaire

La profession joue un rôle fondamental dans la construction identitaire au fil des années par la place qu'elle occupe dans la vie de l'individu.

L'identité professionnelle s'élabore à partir des interactions sociales dans les groupes de travail, des compétences professionnelles acquises au fil de l'expérience et des nouveaux repères à l'œuvre dans le cadre d'activités productives. Elle est la façon dont les différents groupes de travailleurs s'identifient aux pairs, aux chefs, au groupe, fondée sur des représentations collectives distinctes, et résulte d'une identification à l'autre, en fonction de l'investissement de soi dans les relations sociales (Sainsaulieu, 1985). Elle renvoie à un besoin d'intégration sociale : se sentir appartenir à un groupe de référence, en vue d'atteindre une certaine reconnaissance de soi :

- un besoin de reconnaissance de la société qui, par le travail, permet de s'intégrer socialement et procure une certaine dignité sociale, un sentiment d'utilité et une légitimité à appartenir à la société,
- un besoin de reconnaissance de soi par l'autre qui, par le travail, permet d'être compris par ses pairs (parler le même langage), de partager son quotidien avec d'autres personnes (en utilisant les mêmes codes de référence), de découvrir une identification commune et une légitimité collective,
- un besoin de reconnaissance de soi par soi-même qui, par le travail, permet la réalisation de soi et de son propre accomplissement. Le travail apporte une certaine autonomie, tant pratique que financière,

permet des échanges de connaissances, la transmission de savoirs et de savoir-faire et, par là même, un sentiment de réalisation de soi.

Ainsi, le besoin de reconnaissance permet d'être reconnu dans ses actions, d'être identifié en cohérence avec ce que l'on pense de soi et ce que l'on a envie d'être. Honneth (1992) identifie trois formes complémentaires de reconnaissance sociale à l'œuvre dans le travail : la reconnaissance affective, c'est-à-dire être reconnu pour ce que je suis, la reconnaissance juridique, c'est-à-dire être reconnu pour ce que je vaux, et la reconnaissance contributive, c'est-à-dire être reconnu pour ce que je fais.

Lorsque l'individu arrive à la retraite, le cadre social « professionnel » disparaît, l'obligeant à mettre en place de nouvelles formes identitaires qui lui procureront des sources de reconnaissance similaires. En effet, le départ à la retraite entraîne une forte diminution des stimulations sociales et par là même des occasions de reconnaissance sociale. L'individu devra provoquer de nouvelles manières d'être et engager de nouvelles actions pour parvenir à développer de nouvelles formes identitaires et ainsi retrouver des occasions de reconnaissance dans son quotidien.

## 3. Peut-on parler d'une identité du retraité ou de la retraitée ?

### 3.1 L'identité de soi à la retraite

Au sens propre, être retraité renvoie à une catégorie sociale instituée par les registres de l'administration qui consiste à préciser sa catégorie socioprofessionnelle. Ainsi, être retraité revient à cocher une case sur les documents administratifs, évoquant le cadre cognitif (*cf.* § 2.1.1) « personne sans activité professionnelle qui reçoit une rétribution financière en retour des années passées à travailler ».

Être retraité fait appartenir à une très large catégorie sociale, au sein de laquelle l'identification est difficile puisque trois générations y sont réunies : les jeunes retraités, les troisième et quatrième âges. Il est d'ailleurs impossible d'identifier des caractéristiques et attitudes communes à cette trop large catégorie. Le quotidien et les habitudes de vie de ces générations sont trop différentes et ne permettent pas de créer des codes ou routines spécifiques. Il serait préférable de distinguer des sous-catégories davantage liées à la génération d'appartenance comme « les jeunes retraités » ou « le troisième âge » pour prédire leurs comportements, sans pouvoir assurer l'usage de codes communs ou de langages partagés.

Parler d'« identité en tant que retraité », permet d'évoquer le processus de transformation de soi induit par les changements de vie à la retraite et par le travail réflexif mené. Ce travail réflexif conduit l'individu à choisir l'image de soi qu'il désire être (par exemple être un retraité dynamique) en fonction notamment des représentations qu'il se fait de la retraite et du vieillissement. C'est ainsi qu'il développe ses propres routines et façons d'être à la retraite.

## 3.2 Les représentations de la retraite et des retraités

Être retraité consiste à élaborer une nouvelle définition de soi en tant que retraité grâce à l'articulation des représentations de soi à travers le travail dialogique évoqué plus haut conduisant à la création de nouveaux cadres identitaires cognitifs et d'un système de formes identitaires subjectives.

Dans un travail de thèse (Lessard, 2022), il a été observé que lorsque les personnes se préparent à la retraite, elles activent de manière importante les stéréotypes et représentations liés à l'âge, à la retraite et aux retraités. Ces représentations sont connotées positivement et négativement. Positivement, elles renvoient à des valeurs de sagesse, de bonheur, de liberté et à des attitudes de satisfaction, mais aussi au sentiment de devenir une personne de référence, ou à des comportements d'écoute de soi, et d'aide générationnelle, dans une période de vie identifiée comme une nouvelle naissance ou un nouveau chapitre à écrire. Connotées négativement, elles renvoient plutôt à la maladie et à la retraite, où cette dernière est perçue comme le point de départ de la vieillesse. Elles renvoient aussi à des représentations et à des sentiments d'être inutile et à une période de vie sans défis. Les attributs sont le consumérisme, le formatage avec la représentation d'être « attablé ou avachi à la terrasse d'un café, à regarder les gens passer ».

Il est vrai que l'arrivée à la retraite est un marqueur symbolique du vieillissement dans de nombreuses cultures. Il existe un consensus perceptif multiculturel selon lequel le vieillissement est associé au déclin, d'une part des dimensions sociales avec la baisse de l'attrait physique, d'autre part de la capacité d'exécuter des tâches quotidiennes, mais aussi un déclin de l'acquisition de nouveaux apprentissages. Ainsi, si la retraite est souvent attendue pour des raisons de satisfaction en lien avec une libération du travail, la possibilité de profiter de la vie et de sa famille, elle renvoie également à l'appréhension du vieillissement qui se traduit par un refus d'y penser, soit par une tendance forte à se décrire avec des attributs de la jeunesse (être dynamique, actif, ...) comme pour lutter contre l'image du déclin. Devenir retraité, c'est parvenir à une nouvelle définition de soi, qui prend en compte ses représentations de la vieillesse, du vieillissement, et de la jeunesse, en les articulant avec la représentation que l'on a de soi, et de celui ou celle que l'on a envie d'être. Les individus se comparent à des modèles inspirants (la voisine de 64 ans qui n'a pas une minute à elle) ou à des contre-modèles à qui surtout ne pas ressembler (le collègue parti à la retraite 5 ans plus tôt qui reste chez lui toute la journée à regarder la télévision). Ces comparaisons permettent de se valoriser et de rejeter des représentations de soi possibles qui ne correspondent pas à l'image que l'on se fait de soi à la retraite. Ce sont ces représentations et la posture tenue vis-à-vis d'elles qui permettent de prendre une direction comportementale pour soi.

Ces transformations de soi sont progressives, pas toujours conscientes, et se réalisent pour faire face aux changements de l'environnement, de manière plus marquée durant la transition emploi-retraite. Ces transformations sont subjectives en fonction des aptitudes innées et acquises de l'individu tout au long de son parcours de vie, inscrites dans et par l'action.

## 4. Les étapes de la transition emploi-retraite

C'est durant la transition emploi-retraite que le plus grand nombre de changements dans toutes les sphères de vie des séniors se produit.

### 4.1 Qu'appelle-t-on une transition ?

Une transition renvoie à tout événement qui, par sa présence ou son absence, affecte de manière notable le quotidien d'un individu : ses relations, ses routines, ses croyances, ses rôles (Schlossberg, 1984). Il existe trois types de transitions : les **transitions anticipées**, qui font référence à des événements prévus et programmés (ex : la retraite) ; les **transitions imprévues**, qui sont liées à des événements qu'on n'attendait pas (ex : le licenciement à deux ans de la retraite) ; les « **non-événements** », qui sont des transitions par manque d'un événement attendu. Ces transitions se rapportent à un événement attendu mais qui ne se produit pas ou qui est reporté (ex : ne pas pouvoir partir à la retraite à cause du report de l'âge légal de départ).

Selon Schlossberg, face à une situation de transition, l'individu passe par trois phases : une première caractérisée par l'envahissement, puis une phase de perturbation, et enfin une phase d'intégration où il essaye de faire face à la situation. Les ajustements des individus dépendent et varient en intensité et en durée en fonction d'une part du nombre de changements vécus dans leur vie et de leur importance, et d'autre part de leur personnalité. Au cours des transitions, les attitudes et les représentations changent, avec un abandon progressif de certains rôles, relations, routines pour en adopter d'autres. Il existe d'importantes différences interindividuelles quant à la manière de faire face à des transitions en apparence semblables.

## 4.2 La transition emploi-retraite et ses étapes

La transition emploi-retraite est normative, c'est-à-dire qu'elle fait partie intégrante du parcours de vie normal d'une personne. Elle est attendue, et même si l'âge de départ à la retraite peut varier, elle s'impose à toutes et à tous. Elle est une étape du parcours professionnel et s'articule en quatre phases (Fouquereau, 2006) : 1. la phase d'anticipation et d'ajustement, qui renvoie à l'augmentation importante du niveau d'anxiété alors que les sujets sont encore en emploi, ce que Schlossberg nomme la phase d'envahissement, 2. la « lune de miel », qui dure entre 6 et 12 mois après le départ à la retraite, caractérisée par des sentiments de satisfaction, une énergie accrue, la formulation de projets multiples et la jubilation de « pouvoir enfin faire ce qu'on a toujours voulu faire », 3. le désenchantement (13 à 18 mois), phase au cours de laquelle les retraité.e.s prennent conscience plus ou moins douloureusement du caractère caduc de leurs anciennes normes et de leurs anciennes relations, et 4. la réorientation et la stabilisation, correspondant à un processus de réévaluation de la nouvelle situation, d'acceptation des nouvelles limites et du nouveau statut. Ces durées représentent une moyenne et peuvent varier d'un individu à l'autre.

### 4.2.1 La phase d'anticipation, de préparation

En amont de la retraite, lorsque les individus prennent conscience que la retraite va arriver, il est assez fréquent qu'ils se préparent et se projettent dans l'avenir avec une certaine anxiété. Cette phase d'anticipation correspond soit à une forme de socialisation anticipatrice anxiogène directement liée aux changements à venir, soit au caractère incertain du futur statut sur le plan social et économique, soit enfin à des représentations associant retraite et vieillissement. Les personnes qui parviennent à se projeter dans un avenir post-retraite entament le travail identitaire nécessaire à ce changement de parcours de vie (Caradec, 2008). C'est durant cette période qu'elles vont commencer à opérer une désocialisation professionnelle, à aménager leur temps de travail, à diminuer leur implication émotionnelle et à commencer à réinvestir de nouvelles sphères sociales comme le bénévolat, les loisirs ou prendre soin des petits-enfants ou de parents malades. Cette phase de préparation est l'occasion d'anticiper un certain nombre de difficultés auxquelles elles pensent devoir faire face, telles que des questions concernant la vie de couple, la situation financière ou le cadre de vie. En revanche, les personnes qui ont le sentiment d'être contraintes de partir à la retraite à cause d'un licenciement, d'une mauvaise relation avec leur hiérarchie ou avec leurs collègues risquent de rester ancrées à leur identité professionnelle, de vivre plus difficilement cette transition et d'avoir une satisfaction moins grande de leur retraite. Ce processus d'anticipation des changements nécessaires est décrit comme primordial pour une transition réussie.

La décision de départ à la retraite résulte de raisons variées fondées sur l'interaction de freins et de leviers psychosociologiques, prenant appui sur différents types de raisons objectives et subjectives : des raisons individuelles (genre, niveau de qualification, santé subjective, ressources financières...), des raisons professionnelles (caractéristiques de l'emploi, satisfaction au travail...), des raisons familiales (statut affectif, santé et activité du conjoint...), et des raisons sociales (normes sociétales et programmes gouvernementaux).

### 4.2.2 Lune de miel et phase de désenchantement

La demande faite et le dossier de demande de retraite accepté, arrive le moment fatidique de la retraite, ce que Martuccelli (2006) appelle « l'épreuve ». C'est la phase où l'individu doit affronter d'être à la retraite : ralentissement brusque du rythme, perte des contacts sociaux liés au travail et du statut professionnel qu'il procurait. Certains et certaines parleront d'un état de choc qui amène parfois à s'accrocher aux anciens points d'ancrage identitaire du travail.

La plupart y verront l'occasion de faire toutes les activités empêchées par le travail et vivront cette période comme une libération. Cette période prend en compte le premier jour de la retraite jusqu'à un an à dix-huit mois, temps nécessaire pour s'adapter à un changement, et à la mise en place de nouvelles routines.

Le vécu de cette période présente de fortes différences interindividuelles. Certains vivront d'abord la retraite comme une lune de miel ou comme de longues vacances avec la possibilité de réaliser tout ce qu'ils n'avaient pas pu faire jusque-là. C'est une fois toutes ces choses réalisées qu'ils ou elles passeront par une phase de latence ou de désenchantement, nécessitant la mise en place de nouvelles routines. D'autres à l'inverse passeront par la phase de latence dès leur arrivée à la retraite, comme un besoin nécessaire de pause avant de savoir dans quelles actions, activités s'engager. C'est après cette phase de réflexion qu'ils ou elles vont pouvoir vivre pleinement ce temps libéré de contraintes professionnelles.

### 4.2.3 La stabilisation

À la tension identitaire de la retraite succède le sentiment que l'épreuve a été dépassée, d'être bien installé et que la situation n'était finalement pas une épreuve grâce aux projets mis en place et au sein desquels les personnes trouvent du sens et de la reconnaissance. C'est le moment où une forme de réflexivité est reconquise, n'empruntant plus aux référents de l'ancienne identité professionnelle mais s'appuyant à la fois sur les constantes du passé (« ce que j'ai toujours été ») et sur de nouveaux rôles et de nouvelles représentations de soi (« ce que je suis devenu »). Pour celles et ceux qui ne parviennent pas au dépassement et à inscrire cette transition dans un projet de vie grâce au travail réflexif qu'elle implique, la retraite sera vécue comme une fatalité, un événement inévitable qui leur a été imposé et sur lequel il est impossible d'avoir de prise. N'ayant d'autres choix que de l'accepter, ils font face à l'épreuve avec résignation et insatisfaction.

## 5. Les enjeux identitaires de la transition emploi-retraite

### 5.1 Un changement de catégorie sociale

Le changement de catégorie sociale avec l'institutionnalisation du parcours de vie qui provoque une césure entre « exercer une activité professionnelle » et « ne plus l'exercer » (Guillemard, 1986) bouleverse la représentation que les séniors se font d'eux-mêmes, d'autant que l'identification à la catégorie sociale « retraité » est difficile.

D'une part, elle nécessite de se détacher de l'identité professionnelle qui a régi les habitudes pendant plus de quarante-quatre ans, et d'en faire le deuil. D'autre part, elle offre un cadre de socialisation bien moins structuré que ne le sont les milieux professionnels, et une grande diversité d'activités et de rôles possibles, avec comme corollaire un grand risque d'indécision. La catégorie sociale « retraité » fait l'objet de stéréotypes négatifs comme nous l'avons évoqué, synonymes d'inaction et d'inutilité ainsi que d'avancée en âge et de vieillissement, perçu essentiellement comme un déclin (Loarer, 2007). Elle rend de ce fait difficile la projection de soi future, confronte la personne à l'idée de sa finitude (Heslon, 2021) et implique un travail de recherche d'appartenance : à quels groupes de références appartenir ? Grand-parent ? Sportif ? Bénévole ?

### 5.2 Des pertes identitaires

Ainsi, l'arrivée à la retraite implique de s'interroger sur « Qui je suis ? » et « Qu'est-ce que je veux ? ». Ces tentatives de parvenir à créer une nouvelle identité rappellent celle du jeune adulte pour qui tous les cadres de référence sont modifiés et à réécrire. Cette période est plus délicate pour les séniors qui ont développé une compréhension insuffisante de qui ils ou elles sont, à un âge où savoir qui l'on est et ce que l'on veut apparaît évident. Ce questionnement conduit parfois à la dépression, notamment celles et ceux qui ont accordé au travail une place essentielle à la définition de soi. La transition implique de trouver d'autres activités qui permettent de se définir par de nouvelles activités (jeu du miroir social) et de trouver de nouvelles sources de reconnaissance. Elle peut être l'opportunité de réaliser une ambition personnelle, parfois professionnelle, mais entraîne plusieurs pertes qui influencent fortement la définition de soi.

Pour surmonter ces pertes, il s'agit de trouver des activités, de développer des nouveaux rôles et des routines qui viendront compenser, voire nourrir les différents besoins de reconnaissance, qui se réalisent par l'adaptation progressive aux changements qui touchent les différentes sphères de vie des séniors.

## 5.3 De nouveaux rapports au monde durant les premières années de retraite

Une fois à la retraite, ces changements provoqués par le nouveau statut affectent l'ensemble des aspects de la vie de l'individu en bouleversant les différents rapports aux finances, au temps, au corps, aux autres, au sens et à soi (Schlossberg, 2005). C'est l'adaptation à ces changements qui entraîne la (re)construction de soi, c'est-à-dire la définition de ses nouveaux rôles, conduites et représentations.

### 5.3.1 Un nouveau rapport à l'argent

En France, les personnes à la retraite perçoivent une pension en retour du travail investi tout au long de leur carrière professionnelle. Cette pension, généralement moindre que les revenus antérieurs, peut être perçue comme insuffisante pour bien vivre et certains sont alors amenés à poursuivre une activité professionnelle à temps plein ou à temps partiel pour obtenir un complément de revenu. D'autres, au contraire, font le choix de poursuivre leur activité professionnelle par plaisir et pour ne pas tomber brusquement dans l'oisiveté à un âge où ils sont encore en pleine possession de leurs moyens physiques et intellectuels (Loriaux et Remy, 2005). L'engagement dans de nouvelles formes identitaires va varier en fonction de la relation à l'argent : selon que l'individu est contraint de travailler, s'il choisit de poursuivre son activité professionnelle, ou s'il en est libéré.

Ne plus avoir à « gagner sa vie », c'est-à-dire ne plus devoir travailler pour gagner des ressources financières et assurer la sécurité de leur quotidien, est une occasion pour s'occuper des autres, offrir son temps pour la communauté.

### 5.3.2 Une nouvelle temporalité

Le temps qui était occupé par l'activité professionnelle est libéré de toute contrainte. Il s'agit d'une expérience nouvelle et originale car c'est la seule période de la vie qui n'a pas de cadre défini. Depuis l'enfance, les conduites étaient dictées et rythmées par la crèche, l'école, les vacances, les examens. Chez l'adulte, elles le sont par les obligations professionnelles, sociales et familiales qui donnent un cadre pour les horaires de coucher, de lever, de loisirs, de repos. Les retraités passent d'un cadre contraint à un cadre libre, délivré de la contrainte ordinaire des temporalités professionnelles. Ils et elles se trouvent confrontés brutalement à l'inactivité, à l'inconstance, à l'incertitude après la perte de repères temporels qui ont encadré toute leur vie (Grossin, 1996, p. 27). Un sentiment de perte de sens peut apparaître et va nécessiter une reconquête de leurs activités et engagements.

Cette transition entraîne un nouveau rapport au temps sur trois registres :

- la liberté nouvelle qui s'ouvre et laisse entrevoir l'ampleur du champ des possibles,
- l'absence de cadre qui jusque-là organisait le quotidien entraîne une perte de repères et la nécessité d'en construire de nouveaux,
- une nouvelle étape de vie qui renvoie à la dernière grande transition inéluctable et à ce temps disponible encore en bonne santé.

La construction identitaire sera possible grâce au dialogue interne qui interrogera la manière d'occuper ce temps libre.

### 5.2.3 Une nouvelle symbolique existentielle

Le passage à la retraite est souvent un déclencheur de la prise de conscience de sa finitude (Blanchet, 2010) accompagné par les changements du corps : moins agile, moins résistant, une mémoire moins infaillible... Progressivement l'individu s'aperçoit qu'il perd certaines de ses facultés, ce qui lui renvoie une image de soi vieillissante, renforcée par une expérience de plus en plus fréquente de la maladie (parents, beaux-parents, conjoint...).

La représentation de la vieillesse et le rapport au corps de chacun et chacune influence le champ des possibles dans la mise en place du projet de soi à être et de son projet de vie à la retraite.

### 5.2.4 Un nouveau réseau relationnel et de nouvelles postures

Partir à la retraite revient souvent à perdre une partie de son réseau social en se retrouvant exclu des routines professionnelles des collègues et amis. Il faut apprendre à construire un nouveau réseau qui se développera d'une part grâce au partage de centres d'intérêt, par la proximité et la disponibilité de chacun et chacune, et d'autre part en fonction du réseau actuel des individus dont fait partie la famille (le couple, les ascendants, les enfants et petits-enfants) qui prend parfois une place centrale selon l'état de santé pour les uns, et selon le mode de garde des petits-enfants pour les autres. Le conjoint joue un rôle important dans la redéfinition de soi car il est un soutien silencieux, un encouragement, une validation des identités nouvelles, une proposition de nouvelles activités voire une substitution identitaire (Caradec, 2004).

Prendre soin des petits-enfants ou des ascendants est une source de reconnaissance et occupe du temps, tout en pouvant rendre difficile de s'investir dans d'autres activités. Les relations sociales mobilisées créent de nouvelles obligations et de nouveaux rôles qui permettent de développer de nouvelles manières d'être soi. C'est à partir de leurs valeurs et cadres cognitifs de référence que les séniors choisissent les comportements à adopter.

## Conclusion

Cette période de vie – la transition emploi-retraite – est rarement évoquée dans la littérature d'un point de vue psychologique alors que les enjeux identitaires sur la construction de soi sont importants. Dans ce chapitre, nous avons souhaité décrire les processus sous-jacents de la construction identitaire des séniors au moment de cette transition, en mettant l'accent sur le vécu des « jeunes » retraités, pour répondre à la question : « Comment devenir soi à la retraite ? »

La retraite est très souvent évoquée comme une étape de vie formidable et trop souvent, les difficultés rencontrées sont tues. Nous avons préféré « oser » les évoquer, non pas par négativisme ou pour pointer les zones d'ombre d'une période où les nombreux champs des possibles s'ouvrent à soi, mais plutôt pour expliquer que la transition n'est pas toujours facile et ainsi aider les séniors à comprendre ce qui se joue en eux et à mieux les aider à rebondir en acceptant les changements nécessaires à un mieux-être. Comme l'évoque Irvin Yalom, devenir soi est un cheminement de vie où chaque épisode vient restructurer qui nous sommes. Ainsi, reconnaître qu'il s'agit d'une période déstabilisante et comprendre les processus sous-jacents permet de mobiliser ses ressources personnelles et externes pour y faire face plus facilement.

Être retraité est plus qu'un statut institutionnel, c'est une façon d'être. Devenir retraité est un processus psychologique normal qui s'exprime par le travail réflexif conduisant à la satisfaction de soi. C'est un cheminement normal, plus ou moins conscient, qui s'exprime par un travail de projection de soi à être dans des contextes sociaux où l'action est l'élément déclencheur de sa réalisation.

# Chapitre 4

# L'âgisme au travail : une porte ouverte vers la retraite[1]

1. Par **Donatienne Desmette**.

# Sommaire

Face au vieillissement de leur population et à la nécessité de réduire les coûts liés à la retraite pour assurer la viabilité des systèmes de Sécurité sociale et l'équité entre les générations, la plupart des pays de l'Organisation de Coopération Économique et de Développement (OCDE) développent depuis plusieurs années des politiques qui visent à renforcer le taux d'emploi en fin de carrière et à retarder l'âge légal et/ou effectif du départ à la retraite. Cependant, bien qu'il augmente de manière continue, le taux d'emploi des individus de 55 à 64 ans reste sensiblement inférieur à celui des individus de 25 à 54 ans (il était en moyenne en 2022, pour l'ensemble des pays de l'Union européenne-27, respectivement de 62,4 % et de 81,8 %, OCDE).

Le vieillissement actif implique que les individus soient capables de préserver leur santé, qu'ils continuent à être motivés et performants au travail, et qu'ils bénéficient de traitements équitables et de sécurité d'emploi (Zacher *et al.*, 2018). Or, il apparaît qu'au-delà des facteurs individuels et organisationnels, comme une santé déclinante ou des conditions de travail pénibles, qui contribuent à expliquer le retrait anticipé des individus en fin de carrière (Blekesaune, 2005 ; Wang et Shultz, 2010), les représentations sociales du vieillissement constituent une pierre d'achoppement des politiques du vieillissement actif (Truxillo *et al.*, 2017 ; Zacher *et al.*, 2010). En effet, en dépit des politiques de vieillissement actif qui devraient favoriser l'avancée vers une société incluant tous les âges en mettant en cause la discrimination à l'encontre des travailleurs âgés (Guillemard, 2013), il est cependant loin d'être acquis que le vieillissement de la main-d'œuvre s'accompagne réellement d'une réduction de la discrimination à l'égard des individus plus âgés (Kunze *et al.*, 2011). Au contraire, on observe que la discrimination fondée sur l'âge a plutôt augmenté que diminué dans l'Union européenne (Gutman et Dunleavy, 2015). La discrimination liée à l'âge serait même plus fréquente que les autres formes de discrimination dans le contexte professionnel, et ce de manière plus aiguë pour les travailleurs âgés (Krings *et al.*, 2011).

Il est dès lors crucial d'identifier le rôle de la discrimination fondée sur l'âge dans la fin de carrière et la transition vers la retraite, en particulier dans un contexte où les individus âgés sont appelés à renforcer leur présence sur le marché de l'emploi. En effet, cette évolution démographique porte en elle les conditions tant de l'optimisme que du pessimisme quant à la réduction de la discrimination fondée sur l'âge selon, notamment, que les relations entre les groupes d'âge seront perçues comme autant d'opportunités de contact intergénérationnel de qualité ou, au contraire, comme sources de conflits dans le cadre ressources limitées (North et Fiske, 2012). Le contexte post-Covid19 s'avère sur ce plan peu rassurant : ayant souligné les fragilités des adultes âgés ainsi que leur dépendance au système de soins, la crise sanitaire a renforcé l'âgisme à l'égard des personnes âgées (Fraser *et al.* 2020 ; Monahan *et al.*, 2020) et la saillance de l'âge des travailleurs âgés, avec un impact possible sur leur employabilité perçue (Truxillo *et al.*, 2020).

Dans cette perspective, ce chapitre se centrera sur le rôle de l'âgisme, défini comme le fait de stéréotyper et de discriminer systématiquement les individus parce qu'ils sont âgés (Butler, 1969), en fin de carrière, afin d'appréhender comment celui-ci contribue à expliquer la présence plus faible des travailleurs âgés sur le marché de l'emploi. Dans un premier temps, nous poserons la question du rôle de l'âgisme comme barrière à l'emploi, en prenant le point de vue du manager. Ensuite, nous développerons l'expérience de l'âgisme par les travailleurs âgés eux-mêmes, et ses conséquences sur la fin de carrière. Enfin, nous conclurons par des recommandations visant à éclairer des pratiques de gestion des âges inclusives, susceptibles de renforcer les ressources individuelles et contextuelles contribuant au vieillissement réussi.

## 1. Être (perçu comme) âgé : un mauvais plan pour l'emploi

Reflétant la prévalence de l'âgisme au sein de la société (Nelson, 2002), la relation positive entre l'âge et la probabilité d'être discriminé dans l'accès à l'emploi et aux opportunités de carrière est amplement démontrée dans la littérature, ainsi que, dans une moindre mesure, le rôle joué par les stéréotypes d'âge dans la discrimination à l'encontre des travailleurs âgés (Perry et Finkelstein, 1999 ; Truxillo *et al.*, 2017).

### 1.1 La discrimination des travailleurs âgés

Faire partie de la catégorie des « travailleurs âgés » (*i.e.* avoir plus de 50 ans[1]) conduit à être moins souvent invité à un entretien d'embauche,

1. L'âge chronologique étant une variable continue, il n'y a pas de seuil systématique à partir duquel un travailleur est considéré comme « âgé », 50 ans étant cependant un seuil fréquemment

moins souvent engagé, plus souvent licencié, et réduit la probabilité d'accéder aux formations, promotions et autres possibilités d'évolution de carrière (Gordon et Arvey, 1984 ; Perry et Finkelstein, 1999 ; Posthuma et Campion, 2009 ; Truxillo *et al.*, 2017). La préférence pour un candidat jeune est mise en évidence tant par des enquêtes menées auprès de managers (*e.g.* Oude Mulders *et al.*, 2020) que par des dispositifs expérimentaux manipulant l'âge du candidat par le biais de candidatures fictives, l'âge étant indiqué soit de manière explicite (*e.g.* Zaniboni *et al.*, 2019), soit de manière implicite. La simple mention d'un prénom à consonance âgée (*e.g.* Derous et Decoster, 2017) ou de traits associés à un âge supérieur (*e.g.* Abrams *et al.*, 2016) suffit en effet induire un comportement discriminatoire. Une série d'études expérimentales ont par exemple mis en évidence que tant des participants tout-venant que des professionnels des ressources humaines préféraient un candidat présentant un profil jeune (associé à des traits comme « créatif, utilisant les NTIC ») à un candidat au profil perçu comme « âgé » (*e.g.* « capable de résoudre des problèmes, de comprendre les autres » ; Abrams *et al.*, 2016 ; Kleissner et Jahn, 2021). La discrimination est par ailleurs plus marquée pour les candidatures féminines que masculines, et lorsque l'individu se rapproche de l'âge de la retraite (Neumark *et al.*, 2019). Ces études illustrent le rôle déterminant des stéréotypes d'âge au travail, c'est-à-dire des croyances généralisées, positives ou négatives, au sujet des caractéristiques des individus d'un certain âge, qui sont pertinentes dans le contexte du travail (Finkelstein *et al.*, 2015 ; Zacher *et al.*, 2019), dans la discrimination que peuvent subir les travailleurs âgés.

## 1.2 Stéréotypes d'âge et discrimination des travailleurs âgés

Bien que les stéréotypes à l'égard des travailleurs âgés soient ambivalents et comportent des traits positifs (*e.g.* une expérience accrue, une fiabilité supérieure) *et* des traits négatifs (*e.g.* une moindre motivation, une santé déclinante), les études s'accordent pour conclure à la prédominance des stéréotypes négatifs (Bal *et al.*, 2011 ; Ng et Feldman, 2012 ; Posthuma et

utilisé dans la recherche et les politiques d'emploi (Truxillo *et al.*, 2017). Par ailleurs, d'autres vocables peuvent être utilisés pour désigner les travailleurs de plus de 50 ans : « travailleurs expérimentés », « séniors », etc. Nous suivrons cependant la littérature scientifique et utiliserons les termes « travailleurs âgés » et « travailleurs jeunes » dans un sens relatif et descriptif (Zacher *et al.*, 2018).

Campion, 2009). Les stéréotypes négatifs concernent en outre une dimension fondamentale dans le contexte du travail, à savoir les aspects de compétence (Marcus *et al.*, 2016 ; Truxillo *et al.*, 2017).

Interprétés à la lumière du modèle du contenu du stéréotype (*Stereotype content model,* ou *SCM* ; Fiske *et al.*, 2002), selon lequel les groupes sociaux se différencient de manière universelle sur deux dimensions fondamentales, à savoir d'une part la chaleur (*i.e.* les qualités sociales du groupe) et d'autre part la compétence (*i.e.* la capacité du groupe à atteindre ses objectifs), les travailleurs âgés sont perçus, en dépit de leur plus grande expérience, comme moins compétents sur le plan des capacités générales (santé plus faible, compétences obsolètes, motivation réduite, capacités physiques et cognitives altérées, etc.) et de leurs capacités d'adaptation (moindre ouverture au changement, intérêt réduit pour l'apprentissage, etc.). Leurs attitudes par rapport à l'organisation ainsi que leurs relations interpersonnelles sont en revanche évaluées plus positivement (pour le détail des stéréotypes, voir notamment Bal *et al.*, 2011 ; Ng et Feldman, 2012 ; Posthuma et Campion, 2009). En d'autres termes, comparativement aux travailleurs jeunes, les travailleurs âgés sont perçus comme chaleureux mais peu compétents, la sous-dimension d'adaptabilité apparaissant spécifique à leur groupe (Marcus *et al.*, 2016).

L'importance prédominante des perceptions de compétence (*i.e.* de faible compétence en ce qui concerne les travailleurs âgés) est telle qu'elle peut expliquer la préférence souvent observée pour les travailleurs jeunes, même pour des fonctions qui sont perçues, sur la base des normes d'âge (Lawrence, 1988), comme correspondant mieux aux travailleurs âgés (Diekman et Hirnisey, 2007 ; Perry et Finkelstein, 1999). Par exemple, mobilisant le SCM, Krings et collègues (2011) ont démontré que les participants avaient moins l'intention de faire passer un entretien d'embauche aux candidats plus âgés qu'aux candidats plus jeunes alors même que le poste exigeait des qualités de chaleur telles que des compétences interpersonnelles, positivement associées à un âge supérieur, la discrimination à l'égard des travailleurs âgés étant la conséquence de stéréotypes de moindre compétence qui leur sont associés. Par ailleurs, l'influence des stéréotypes est d'autant plus pernicieuse qu'elle peut être non consciente. Dans une étude expérimentale mettant en évidence la préférence à l'embauche pour les candidats jeunes et testant la double voie, explicite et implicite, des stéréotypes, Zaniboni *et al.* (2019) ont observé qu'un candidat jeune était consciemment associé à des caractéristiques désirables, tandis qu'un candidat âgé était inconsciemment associé à des caractéristiques défavorables. En d'autres termes, les travailleurs âgés seraient doublement pénalisés par les stéréotypes : privés de traits positifs conscients, et automatiquement associés aux traits négatifs de leur groupe d'âge.

Outre leur fonction descriptive, les stéréotypes ont également une fonction prescriptive qui définit ce que *doivent* être et faire les individus sur la base des caractéristiques de leur groupe d'appartenance (North et Fiske, 2013). Or, lorsque l'on est âgé, transgresser les normes prescriptives sur le plan de ce qui est attendu des individus âgés, y compris sur le lieu du travail, peut renforcer l'âgisme (North et Fiske, 2013, 2016). C'est ainsi qu'un travailleur âgé qui est perçu comme enfreignant les stéréotypes prescriptifs de succession, de consommation des ressources et d'identité générationnelle, comme continuer à travailler plutôt que prendre sa retraite à l'âge attendu, consommer sans compter des ressources communes plutôt que restreindre son impact sur celles-ci, ou adopter des codes identitaires jeunes plutôt que de se conformer aux normes de son groupe d'âge, renforce les comportements d'exclusion à son égard, en particulier lorsque les ressources sont rares (North et Fiske, 2016). L'allongement de la vie active pourrait dès lors tendre les relations intergénérationnelles si la présence accrue des travailleurs âgés est perçue comme une rupture des normes prescriptives associées au vieillissement et à la fin de carrière.

L'ensemble de ces études met en évidence que les stéréotypes et la discrimination fondés sur l'âge constituent une entrave à l'accès et au maintien dans l'emploi des travailleurs âgés. L'âgisme sous-tend également la moindre participation des individus âgés au marché du travail en modifiant leurs attitudes. Bien que moins nombreuses, différentes études mettent en effet en évidence les effets de l'âgisme sur le bien-être et les attitudes des individus dans l'emploi et par rapport à la retraite.



## 2. Se voir comme un travailleur âgé : une voie vers la retraite et le désengagement

Les théories psychologiques de la retraite supposent que les individus en fin de carrière se désengagent progressivement de l'identité de travailleurs avant d'accéder à la retraite (Feldman et Beehr, 2011), la confrontation à l'âgisme contribuant à construire une identité menaçante à laquelle les travailleurs vont tenter d'échapper subjectivement et objectivement (Macdonald et Levy, 2016).

## 2.1 La discrimination perçue

L'âgisme figurerait parmi les caractéristiques toxiques du travail les plus délétères pour le maintien dans l'emploi : dans une étude portant sur plus de 3 000 travailleurs âgés et examinant un ensemble de facteurs de risques psychosociaux, dont la charge quantitative et émotionnelle, le conflit de rôles ou encore de faibles relations sociales, la discrimination liée à l'âge ainsi que le manque de possibilités de développement et le manque de reconnaissance de la hiérarchie apparaissent être les seuls prédicteurs significatifs de la probabilité de prendre sa retraite de manière anticipée (Thorsen *et al.*, 2016). Percevoir que l'on est victime, au sein de son organisation, de pratiques âgistes comme l'exclusion des processus de décision, la perte d'opportunités liées à l'emploi et/ou du langage dénigrant (Lagacé *et al.*, 2010 ; Marchiondo *et al.*, 2016) contribue de manière significative au retrait professionnel, que celui-ci soit appréhendé par le biais de l'âge de départ souhaité (*e.g.* Pak *et al.*, 2019) ou effectif (*e.g.* Thorsen *et al.*, 2016), ou par l'intention de prendre sa retraite, de manière éventuellement anticipée (*e.g.* Bayl et Griffin, 2014). En outre, percevoir que l'on est discriminé en raison de son âge renforce le désengagement subjectif, par rapport à l'implication organisationnelle (Snape et Redman, 2003) et l'engagement au travail (Lagacé *et al.*, 2010 ; Yeung *et al.*, 2021) plus faibles.

Par ailleurs, même si les travailleurs jeunes subissent également de la discrimination sur le marché de l'emploi (Kunze *et al.*, 2011 ; Taylor *et al.*, 2013), les études mettent régulièrement en évidence que la discrimination perçue affecte plus fortement les travailleurs âgés. C'est ainsi que des études menées auprès de travailleurs de tous âges soulignent que ceux-ci, plus que les jeunes, verront leur motivation au travail diminuée (Yeung *et al.*, 2021), leur intention de démissionner renforcée (Snape et Redman, 2003) ou de prendre leur retraite renforcée (Schermuly *et al.*, 2014), leur perspective d'avenir professionnel réduite (Barber et Tan, 2018 ; Desmette et Villotti, 2023), leur santé physique (Marchiondo *et al.*, 2019) et mentale (Marchiondo *et al.*, 2019 ; Yeung *et al.*, 2021) altérée par les perceptions de discrimination fondée sur l'âge. En outre, comparant dans un dispositif expérimental une situation de stress courante (*i.e.* non liée à la discrimination) à une situation de stress générée par un événement perçu comme âgiste, Von Hippel *et al.* (2019) ont démontré que les différences d'âge n'étaient pas liées à la manière dont les travailleurs âgés faisaient face au stress de manière générale (condition contrôle), mais qu'elles apparaissaient en revanche dans la situation âgiste (condition expérimentale) : celle-ci réduit en effet les opportunités perçues et renforce les ruminations, et ce uniquement chez les travailleurs âgés.

En effet, contrairement aux individus jeunes pour lesquels l'identité d'âge stigmatisée n'est pas irrévocable car ils ont la perspective de rejoindre le groupe des adultes d'âge médian associé à des stéréotypes positifs (Finkelstein *et al.*, 2013 ; Gartska *et al.*, 2004), la possibilité de quitter l'identité d'âge menaçante n'existe pas pour les travailleurs âgés, en tout cas au sein du monde professionnel. Vivre la discrimination a dans ce cas des implications plus négatives (Bayl-Smith et Griffin, 2014 ; Gartska *et al.*, 2004). Confirmant le rôle de l'identité sociale dans le retrait objectif et subjectif du travail, se percevoir comme membre du groupe des « travailleurs âgés » rend davantage probable la sortie anticipée du marché du travail (Bayl-Smith et Griffin, 2014 ; Gaillard et Desmette, 2008) et réduit les intentions d'apprentissage et de développement de carrière (Desmette et Gaillard, 2008), les travailleurs âgés étant cependant protégés des effets délétères de la discrimination perçue lorsque leur autocatégorisation comme travailleurs en fin de carrière s'accompagne d'un attachement affectif à ce groupe (Bayl-Smith et Griffin, 2014). En d'autres termes, trouver des avantages personnels à son appartenance à son groupe d'âge (*i.e.* l'identité affective) permet de contrer la discrimination dont on peut être victime en raison de cette appartenance. L'identification affective au groupe des travailleurs âgés apporte en effet différents bénéfices : elle est par exemple associée à un moindre désengagement psychologique (Desmette et Gaillard, 2008), et à une intention de retraite anticipée plus faible (Zaniboni *et al.*, 2010).

Par ailleurs, certaines études mettent en évidence que la perception d'avoir été victime d'un traitement injuste en raison de son âge de soi n'est pas nécessaire pour subir les effets de l'âgisme mais que la simple appartenance au groupe des travailleurs âgés peut activer des effets similaires en conduisant ses membres à s'autodiscriminer, en raison des stéréotypes associés à ce groupe et de leur activation dans la situation (Finkelstein *et al.*, 2015) ou de leur internalisation (Rahn *et al.*, 2021).

## 2.2 L'autodiscrimination

La menace du stéréotype décrit la tendance des individus à se conformer, de manière non consciente, aux stéréotypes qui sont associés à leur groupe d'appartenance dans des situations qui activent ces stéréotypes (Steele et Aronson, 1995). Les effets de la menace du stéréotype liée à l'âge ont été amplement démontrés dans le domaine du vieillissement cognitif (Lamont *et al.*, 2015). Si certaines études mettent en évidence que les méta-stéréotypes, c'est-à-dire les croyances d'une personne au sujet des stéréotypes qu'autrui possède au sujet de son propre groupe (Finkelstein *et al.*, 2015), des travailleurs âgés peuvent être globalement positifs (Finkelstein *et al.*, 2013 ; Meng *et al.*, 2021), il n'en reste pas moins que la recherche dans le milieu professionnel confirme l'intérêt de la menace du stéréotype pour comprendre les attitudes au travail, les effets ayant été mis en évidence par le biais d'enquêtes (*e.g.* Bal *et al.*, 2011) et de dispositifs expérimentaux (*e.g.* Gaillard et Desmette, 2010).

Par exemple, il apparaît que ce sont bien les méta-stéréotypes associés à leur groupe d'âge, et non leurs propres stéréotypes, qui prédisent de manière significative l'intention de *turnover* de travailleurs jeunes et âgés (Bal *et al.*, 2015). D'autres enquêtes mettent en évidence que les méta-stéréotypes négatifs associés aux collègues (*i.e.* les stéréotypes attribués à ceux-ci) renforcent l'intention de démissionner de travailleurs âgés en affectant leur satisfaction au travail et leur implication organisationnelle (Von Hippel *et al.*, 2013), et qu'ils diminuent l'implication organisationnelle et la perspective d'avenir professionnel en affectant la capacité à développer une identité double intégrant à la fois l'identification au groupe d'âge et l'identification à l'organisation (Manzi *et al.*, 2019). Gaillard et Desmette (2010) ont démontré quant à eux, par une étude expérimentale, que la menace du stéréotype renforçait l'intention de prendre une retraite anticipée, celle-ci étant induite par le rappel de l'âge ou par l'activation directe de stéréotypes négatifs, par rapport à une condition activant des stéréotypes positifs.

Alors que la menace du stéréotype exerce ses effets en raison de stéréotypes que l'individu craint de confirmer et qui sont rendus saillants dans un contexte déterminé (Steele et Aronson, 1995), la confrontation chronique aux stéréotypes négatifs peut conduire à leur internalisation, à savoir l'acceptation pour soi-même des stéréotypes attachés à son groupe d'appartenance (Rahn *et al.*, 2021). Par exemple, les travailleurs âgés peuvent expliquer la discrimination dont ils sont victimes en référence à leurs attributs personnels, comme la lenteur, une capacité de travail diminuée ou encore leur coût excessif pour l'employeur (Previtali *et al.*, 2022). Dans une série d'études, Rahn *et al.* (2021) montrent que l'adhésion aux stéréotypes associés au vieillissement conduit les travailleurs âgés à être moins motivés par les contacts au travail en raison d'un sens réduit de l'appartenance à l'organisation. En d'autres termes, lorsque le travailleur âgé intègre l'âgisme pour se définir, il se désengage professionnellement par rapport à son organisation et à ses collègues. De même, croire que le vieillissement est un processus immuable et génétiquement déterminé plutôt qu'un processus flexible et contrôlable conduit les individus à percevoir leur perspective d'avenir professionnel comme plus limitée (Weiss *et al.*, 2022).

## 3. Soutenir la fin de carrière par une gestion des âges inclusive

Les études ci-dessus documentent le fait que l'âgisme, en limitant les opportunités offertes aux travailleurs âgés et leur propre agentivité, constitue un risque pour le vieillissement réussi au travail, à savoir la capacité d'atteindre les meilleurs résultats objectifs et subjectifs possibles tout au long de sa carrière, et en particulier à la fin de celle-ci, grâce à la mobilisation de ressources organisationnelles et personnelles (Zacher, 2015). Le vieillissement de la main-d'œuvre et l'allongement de la vie professionnelle appellent dès lors d'une part à développer des recherches qui approfondissent la compréhension des processus sous-tendant l'expression ou au contraire la réduction de l'âgisme et de ses effets, et d'autre part à développer de manière plus proactive des politiques et des pratiques de gestion des âges qui soient réellement inclusives et ouvertes aux travailleurs âgés.

En termes de recherche, si les modérateurs ont été relativement étudiés du point de vue de l'auteur (Perry et Finkelstein, 1999), c'est moins le cas pour la cible. Les facteurs individuels, comme l'âge ou le genre, et contextuels, comme les caractéristiques de l'environnement en matière de diversité, devraient dès lors être intégrés de manière plus systématique dans l'analyse des effets de la discrimination fondée sur l'âge (Marchiondo, 2022). Quant aux médiateurs, le rôle des ressources sociales comme l'identité sociale (Macdonald et Levy, 2016) et des ressources individuelles comme la perspective d'avenir professionnel (Desmette et Villotti, 2023), devrait être approfondi dans une perspective longitudinale, afin de mieux comprendre comment l'atteinte à ces ressources peut renforcer à son tour l'âgisme, par un effet de spirale (Hobfoll, 2002). Enfin, les études devraient s'attacher à démontrer empiriquement les effets des interventions élaborées pour réduire la discrimination et renforcer la diversité des âges (Truxillo *et al.*, 2015).

Sur ce plan, bien qu'elles soient conscientes des enjeux posés par le vieillissement de leur main-d'œuvre, les organisations sont encore trop peu actives en matière de gestion des âges, la seule interdiction de la discrimination s'avérant insuffisante (Kleissner et Jahn, 2020). Des pratiques organisationnelles volontaristes, centrées sur les managers, les relations intergénérationnelles et les travailleurs âgés eux-mêmes doivent être mises en place afin de favoriser le vieillissement réussi (Parker et Andrei, 2020). Rendre les managers conscients de leurs biais et des conséquences de ceux-ci est nécessaire pour réduire la probabilité de la discrimination fondée sur l'âge (Kleissner et Jahn, 2020 ; Kmicinska *et al.*, 2016 ; Ries *et al.*, 2013). Il s'agit dans ce cas de déconstruire les stéréotypes, par le biais d'une formation par exemple, en mettant en évidence l'hétérogénéité du processus de vieillissement (Staudinger, 2020) et le caractère peu prédictif de l'âge chronologique sur les attitudes et la performance au travail (Miklos et Sterns, 1995 ; Ng et Feldman, 2012) plutôt que de mettre en avant des caractéristiques positives qui seraient spécifiquement associées au groupe des travailleurs âgés, au risque de renforcer les comportements de marginalisation de ceux-ci (Kleissner et Jahn, 2020 ; Lagacé et Tougas, 2010). Pour être efficace, la formation seule n'est cependant pas suffisante : elle doit s'accompagner d'une mise en contact régulière et de qualité avec des individus âgés (Levy, 2018). En effet, des études menées dans le milieu professionnel montrent que le contact intergénérationnel sous-tend l'intention de managers d'engager des travailleurs âgés (Fasbender et Wang, 2017) et renforce les stéréotypes positifs de travailleurs jeunes à l'égard des travailleurs âgés (Iweins *et al.*, 2013 ; Henry *et al.*, 2015 ; Lagacé *et al.*, 2022) ainsi que les stéréotypes positifs de travailleurs âgés à l'égard de travailleurs jeunes (Henry *et al.*, 2015). Dans la ligne de la théorie du contact qui suppose qu'un soutien de l'autorité renforce ses effets en termes de réduction des biais intergroupes (Allport, 1954), les effets positifs du contact intergénérationnel devraient être favorisés par un climat de diversité, c'est-à-dire des pratiques de ressources humaines qui visent activement et récompensent l'atteinte d'objectifs de diversité et d'inclusion (Zacher *et al.*, 2019). Les organisations devraient en outre être attentives à répondre aux besoins motivationnels des groupes d'âge – de générativité pour les travailleurs âgés et de développement pour les travailleurs jeunes – pour favoriser le contact intergénérationnel positif, et de ce fait la réduction des biais d'âge et l'intention de *turnover* (Henry *et al.*, 2015).

De même, les organisations pourraient essayer de réduire la saillance de l'âge comme critère de catégorisation, en s'assurant que les travailleurs d'âge différents soient représentés de manière effective dans les équipes (Zacher *et al.*, 2019) et en favorisant les climats de diversité qui soutiennent les identités complexes, qui reconnaissent à la fois l'appartenance au groupe d'âge et l'appartenance commune (Iweins *et al.*, 2013). Le départ à la retraite devrait également être moins fondé sur l'âge du travailleur que sur des critères liés à l'emploi occupé (Gutman et Dunleavy, 2015). Les emplois de transition vers la retraite (Beehr, 2014) pourraient également être valorisés afin de complexifier les représentations sociales associées à la fin de carrière.

Dans leurs pratiques de gestion des âges, les organisations devraient également s'adresser aux travailleurs âgés eux-mêmes, en leur fournissant les moyens de réduire la menace identitaire. Par exemple, mettant en œuvre un dispositif de partage d'expériences et d'encouragement au développement de stratégies favorisant le vieillissement réussi au travail, Vuori *et al.* (2019) ont mis en évidence que l'intervention avait ouvert la perspective d'avenir professionnel des participants, renforcé leur engagement au travail et réduit leurs perceptions d'âgisme. On peut penser que ce dispositif, en favorisant une identification affective au groupe d'appartenance (Bayl-Smith et Griffin, 2014 ; Zaniboni *et al.*, 2010) et le développement de stéréotypes positifs (Gaillard et Desmette, 2010) a contribué à réduire la menace identitaire et ses effets.

## Conclusion

Dans ce chapitre, nous avons mis en évidence que l'âgisme constituait un risque majeur pour l'allongement de la vie active, car il ferme la porte de l'emploi tant en termes d'accès que de maintien dans celui-ci. En écho aux stéréotypes d'âge, l'âgisme réduit les opportunités offertes aux travailleurs âgés ; il sous-tend également l'autodiscrimination qui altère le bien-être et conduit au désengagement objectif et subjectif du travail. Nous avons cependant identifié des pistes qui permettent de trouver la voie pour une gestion des âges qui soit plus inclusive et favorise un vieillissement réussi et une fin de carrière soutenable. Ces enjeux sont fondamentaux afin que les gouvernements, les organisations et les individus puissent bénéficier de la transition démographique.

# Chapitre 5

# Maintenir les séniors en emploi jusqu'à l'âge de la retraite et au-delà[1]

1. Par **Ariane Froidevaux, Ivana Jovanovska** et **Jonas Masdonati**. Les auteurs remercient chaleureusement Messieurs Robin Zufferey et Christian Bonvin pour leur participation à la collecte des données et à l'analyse des résultats, ainsi que Pro Senectute Valais et son directeur Yann Tornare, qui a été à l'initiative du groupe de travail « Seniors et employabilité » qui, coordonné par Christian Bonvin, a regroupé les représentants des entreprises, des employés et des institutions publiques en lien avec l'emploi et les séniors. Les auteurs remerciement également chaleureusement tous les participants aux entretiens de recherche, employés et entreprises, pour le temps et leur confiance.

# Sommaire

## 1. Vieillissement au travail et départ à la retraite en Europe

L'employabilité des personnes âgées de 50 ans et plus, aussi appelées travailleurs séniors, représente un défi important pour les sociétés occidentales contemporaines, qui font face au vieillissement de leur population. En 2022, 21,1 % des personnes de l'Union européenne (UE) avaient plus de 65 ans, un chiffre en hausse constante (Eurostat, 2023*b*), tout comme l'espérance de vie à 65 ans (20,2 pour les hommes et 23,1 ans pour les femmes en Suisse, 19,3 et 23,4 ans en France ; 18,6 et 22,2 ans en Belgique ; OCDE, 2023*b*). Cette tendance se répercute sur le marché du travail, avec une proportion de plus en plus importante de travailleurs qui partent à la retraite (en particulier en raison de la nombreuse cohorte des « baby-boomers » nés entre 1946 et 1964) et un manque de main-d'œuvre qualifiée pour les remplacer. Dans ce contexte, plusieurs pays européens envisagent la possibilité d'augmenter, ou ont déjà augmenté, l'âge légal de la retraite.

En ce qui concerne les pays européens francophones plus particulièrement, la Suisse présente une culture de retraite dite tardive qui se manifeste par l'un des taux d'emploi des séniors les plus élevés d'Europe : 72,7 % chez les 55 à 64 ans (*vs* 63,3 % en moyenne ; OCDE, 2023*a*) et 22,2 % pour les 65 à 69 ans (*vs* 14,6 % en moyenne ; Eurostat, 2023*a*). En comparaison, la France et la Belgique observent une culture de la retraite plus précoce, avec des taux respectifs de séniors en emploi de 57,3 % et de 57,5 % pour les 55-64 ans (OCDE, 2023*a*), puis de 10,2 % et de 7,7 % pour les 65-69 ans (Eurostat, 2023*a*). L'âge moyen du départ effectif à la retraite diffère également, s'établissant autour de 65,2 ans pour la Suisse (Office fédéral de la statistique, 2021), 62,2 ans pour la France (DREES, 2022) et 63,4 ans pour la Belgique (SFP, 2023). En résumé, malgré des taux d'espérance de vie à 65 ans comparables entre les trois pays européens francophones, des différences importantes sont identifiées entre la Suisse et sa culture de départ à la retraite tardif et la France et la Belgique avec leur culture d'un départ plus précoce.

Sans entrer dans les débats quant à la pertinence de maintenir les travailleurs séniors sur le marché du travail plus longtemps, se pose la question des conditions faisant en sorte que, lorsque cela est nécessaire ou demandé, ce maintien se passe au mieux. En effet, au-delà de la question de savoir ce qui motive les séniors à continuer à travailler plus longtemps ou à prendre leur retraite, les entreprises doivent retravailler leur stratégie organisationnelle afin de prendre en considération les besoins spécifiques des employés séniors, afin de leur permettre d'acquérir et de maintenir les compétences nécessaires pour conserver leur emploi ou en trouver un nouveau. En clair, les organisations se doivent d'adapter aux enjeux des travailleurs séniors leurs pratiques de gestion des ressources humaines (Boehm *et al.*, 2021), dont la fonction est de permettre une coordination harmonieuse entre les besoins des employés et les exigences de l'entreprise. Aussi, dans ce chapitre, nous mettrons l'accent sur la perspective des entreprises, que nous comparerons à celle des travailleurs, concernant l'enjeu du travail jusqu'à, et au-delà de l'âge de la retraite (aussi appelé emploi-pont).

Plus précisément, ce chapitre amènera des éléments de réponse aux questions suivantes : Comment la question du maintien en emploi des employés séniors est-elle considérée par les entreprises et par les travailleurs concernés (en termes de défis et d'opportunités) ? Qu'est-ce qui motive les employés à continuer à travailler au-delà de l'âge de la retraite ? Quelles sont les pratiques de gestion des ressources humaines qui favorisent la préparation à la retraite et l'emploi-pont et quels sont les avantages et inconvénients de ces pratiques ? Pour répondre à ces questions, nous ferons dialoguer les résultats généraux de la littérature scientifique avec les points de vue de 12 employés séniors et de 11 employeurs issus d'une recherche dans le contexte suisse. Les détails méthodologiques de cette recherche sont disponibles en annexe de ce chapitre.

## 2. Regards croisés sur les défis et opportunités du maintien en emploi des travailleurs séniors

Dans le cadre de cette recherche, les employés et représentants d'entreprises s'accordent pour désigner la digitalisation et le financement des retraites comme deux enjeux cruciaux pour le maintien au travail des séniors. Les entreprises considèrent le marché du travail et les syndicats opposés au travail au-delà de l'âge 65 ans comme les principaux responsables de la situation difficile des travailleurs séniors, en particulier quand ils et elles sont peu qualifiés ou sans diplôme. De leur côté, les employés tiennent les entreprises pour responsables, leur reprochant une déshumanisation et un manque de politiques spécifiques aux séniors. Ces séniors sont conscients qu'ils ou elles coûtent cher à leurs entreprises en raison des cotisations pour la retraite plus élevées que pour les travailleurs plus jeunes, et qu'il existe ainsi une concurrence intergénérationnelle entre les jeunes et les séniors.

En revanche, les employés et les représentants des entreprises convergent au sujet des forces et atouts des travailleurs séniors, à savoir leur disponibilité à saisir les opportunités quitte à se reconvertir dans d'autres domaines, leur pragmatisme et leur qualité de travail, et le fait qu'ils et elles paraissent plus affirmés et plus crédibles que les employés plus jeunes. Entreprises et employés s'accordent également quant à un certain nombre de défis que comporte le maintien au travail des séniors : le besoin de relève et de transmission des connaissances, la responsabilité de l'employeur quant à l'employabilité des séniors, la nécessité d'améliorer la collaboration intergénérationnelle et l'importance de reconnaître et de valoriser les compétences et l'expertise des séniors.

En termes d'opportunités et de solutions pour relever ces défis, certains employés estiment que les entreprises devraient davantage encourager l'avancement, la promotion et l'ambition chez leurs collaborateurs âgés, afin d'augmenter leur envie de s'investir dans l'entreprise et d'y rester. A été également mis en avant le besoin de légiférer pour empêcher les licenciements des travailleurs âgés de plus de 50 ans. En termes de santé au travail, les solutions identifiées incluent la nécessité de réduire la pénibilité du travail, de renforcer les formations pour accommoder le déclin physique, et l'engagement de médecins du travail pour une meilleure gestion des accidents, des absences, et de la prévention. Du point de vue des entreprises, certaines relèvent la nécessité d'opérer un changement de paradigme afin de rendre prioritaires les stratégies de maintien en emploi des séniors au détriment des stratégies visant leur remplacement. D'autres entreprises suggèrent qu'il faudrait offrir davantage d'opportunités de reconversion à partir d'un certain âge et mieux accompagner les séniors dans leur transition vers la retraite, par exemple par des partenariats avec les centres d'orientation professionnelle.

## 2.1 Ce qui motive les travailleurs séniors à se maintenir en emploi

Au-delà des défis et opportunités identifiés dans notre étude, de manière générale, les recherches montrent qu'exercer un travail que l'on aime et qui a du sens favorise l'intention de partir à la retraite plus tard ou de s'engager dans un emploi-pont (Kojola et Moen, 2016). En particulier, il a été démontré que les motivations principales à continuer à travailler jusqu'à la retraite et au-delà étaient principalement sociales et intrinsèques plutôt qu'extrinsèques (p. ex. salariales). Les personnes concernées mettent ainsi surtout en avant leur sentiment d'appartenance à l'entreprise, leur plaisir d'échanger avec les collègues, les clients ou les bénéficiaires ; mais aussi leur besoin de se sentir utiles en contribuant à une cause qui leur est chère, leur besoin d'autonomie, et leur besoin de reconnaissance (Barnes-Farrell et Matthews, 2007 ; Fasbender *et al.*, 2016). Enfin, les employés en meilleure santé, d'un niveau de formation élevé et ayant bénéficié de bonnes conditions de travail sont plus susceptibles de souhaiter continuer à travailler plus longtemps (Lassen et Vrangbæk, 2021).

## 3. Les stratégies organisationnelles et de gestion des ressources humaines

La question du maintien en emploi des travailleurs séniors peut également être abordée du point de vue des entreprises et de leurs stratégies de gestion des ressources humaines. Dans un contexte de vieillissement des employés, les modèles de gestion des ressources humaines ont en effet évolué d'une *perspective de déclin* vers une *approche de maintien ou inclusive* (Boehm *et al.*, 2021 ; Froidevaux *et al.*, 2020). Tandis que la première cible les besoins spécifiques des employés séniors, la seconde comprend des stratégies de gestion des ressources humaines qui s'appliquent à l'ensemble des travailleurs indépendamment de leur âge. Dans le contexte de notre recherche, nous avons constaté que l'approche inclusive ou de maintien était dominante, et les stratégies fondées sur la perspective de déclin moins fréquentes.

### 3.1 Stratégies spécifiques pour les séniors et fondées sur une perspective de déclin

La perspective de déclin postule que la valeur (*i.e.* ratio coût-performance) des employés est la plus élevée au début de leur carrière et diminue progressivement jusqu'au moment de la retraite (Froidevaux *et al.*, 2020). Ainsi, les pratiques de ressources humaines fondées sur cette perspective sont spécifiques aux séniors et visent à compenser les déficits liés à l'âge, à maintenir un niveau de performance satisfaisant, et à les aider à quitter le marché du travail. Dans notre recherche, deux types de stratégies spécifiques aux séniors ont été rapportés par les entreprises. D'une part, la transmission du savoir des séniors aux employés plus jeunes est mise en avant par certains employeurs, soit parce qu'il s'agit d'« une question de bon sens » pour faire fonctionner l'entreprise, soit parce qu'elle permet de maintenir la compétitivité de l'organisation grâce à l'expérience de ses collaborateurs. D'autre part, certaines entreprises focalisent leurs pratiques sur la gestion de la santé de leurs employés séniors, avec le double objectif de permettre à l'entreprise de les retenir le plus longtemps possible, et de permettre aux séniors de partir dignement à la retraite. Pour y arriver, ces entreprises réduisent par exemple les horaires de nuit pour les collaborateurs âgés de plus de 55 ans, ou leur proposent des horaires de travail flexibles. Certaines estiment que la préservation de la bonne santé des séniors jusqu'à l'âge de la retraite fait partie de leur responsabilité en tant qu'employeurs.

## 3.2 Stratégies inclusives pour tous les âges et fondées sur une perspective inclusive

La perspective inclusive, ou de maintien en emploi des séniors, considère que tous les employés sont un atout pour l'entreprise, quel que soit leur âge. En effet, les recherches ont montré que l'avancée en âge n'était pas associée à une diminution de la performance au travail (Ng et Feldman, 2008). Ainsi, les entreprises adhérant à cette perspective se concentrent sur les forces et le potentiel de leurs employés et investissent dans leur formation et leur développement de carrière, quel que soit leur âge. Les stratégies inclusives repérées dans le cadre de notre recherche visaient à ce que tous et toutes bénéficient des mêmes conditions de travail, refusant de donner la priorité au groupe des séniors ou de les différencier. Concrètement, ces stratégies incluaient la communication et l'implication du personnel dans une perspective *bottom up* (p. ex. participation à la définition des missions et valeurs de l'entreprise). Cela comportait la mise en place de dialogues visant la recherche commune de solutions et un souci de partage d'informations favorisant le respect entre les personnes et les générations. L'humain est mis au centre, notamment en termes de bien-être, d'entraide, de reconnaissance ou de prise de responsabilité dans l'accompagnement des employé-e-s dans la mise à jour de leurs connaissances. De plus, les opportunités de formation étaient ouvertes à toutes et à tous indépendamment de l'imminence du départ à la retraite, et les équipes de travail étaient créées de sorte à bénéficier des apports de chaque âge.

## 3.3 L'intégration des deux perspectives : le Later Life Workplace Index

Intégrant ces deux perspectives du déclin et du maintien, des équipes de chercheur américains et allemands ont récemment développé le *Later Life Workplace Index*[1] (figure 5.1 ; p. 113, Finsel *et al.*, 2021 ; Wilckens *et al.*, 2020 ; Wilckens *et al.*, 2021 ; Wöhrmann *et al.*, 2018). Cet indice permet aux employeurs de mesurer à quel point ils sont prêts, disposés à et capables d'accompagner le plein potentiel de leurs employés séniors. En effet, les chercheurs ont constaté que disposer d'une proportion plus importante de travailleurs âgés ne réduisait pas la productivité de l'entreprise à condition que certaines pratiques de gestion des ressources humaines (couvertes par leur indice) soient mises en place. Au contraire, ces pratiques permettent de renforcer la motivation, la performance, l'aptitude au travail et l'intention de continuer à travailler au-delà de la retraite.

Concrètement, cet index comporte neuf dimensions. Les deux premières sont les plus prépondérantes pour la motivation à travailler jusqu'à l'âge de la retraite et au-delà. Il s'agit du *climat organisationnel*, qui couvre les valeurs véhiculées par les standards et les actions de l'entreprise, et du *leadership*, qui renvoie à la compréhension par l'employeur des besoins et des forces de ses employés de tous âges. Sous leur égide, sept autres dimensions représentent les pratiques de gestion des ressources humaines susceptibles de renforcer la qualité de la vie professionnelle avancée. La *conception du travail* permet l'accommodation du poste de travail aux aptitudes et besoins de l'employé. La *gestion de la santé* comprend les pratiques ayant pour but de promouvoir et de maintenir la santé et la capacité de travail physique et mentale. Le *développement de l'individu* inclut les pratiques de développement professionnel (p. ex. accès à un coach), de formation continue et d'enrichissement des compétences (p. ex. rotation de postes

1. Nous préférons laisser ce terme en anglais, car sa traduction française (p. ex. « Indice de vie professionnelle avancée ») est imprécise.

au sein de l'entreprise). La *gestion des connaissances* fait référence à la collaboration intergénérationnelle et à la préservation du savoir au sein de l'entreprise. La dimension *transition à la retraite* renvoie aux stratégies et/ou politiques de planification de la retraite des employés et comporte quatre indicateurs : la planification de la transition, la mise en place d'un plan de retraite graduelle personnalisé, l'accès à des prestations de conseil pour concevoir son projet de retraite et le maintien des contacts avec les employés retraités (p. ex. invitations à des événements de l'entreprise). La dimension *emploi-pont*, quant à elle, comprend les opportunités de travail proposées au-delà de l'âge de la retraite, comme des mandats ponctuels ou à temps partiel ou la (ré)embauche des travailleurs internes et externes lors de pics de production. La dernière dimension fait référence à la participation de l'entreprise au financement des *assurances santé et fonds de pension* des employés de tous âges.

Dans le cadre de notre recherche suisse, deux de ces neuf dimensions, soit les pratiques promouvant l'emploi-pont et celles facilitant la transition à la retraite, ont été étudiées plus en détail, du fait des discours ambivalents tenus à leur sujet en particulier par les employeurs que nous avons rencontrés. Les débats et points de vue autour de ces deux pratiques organisationnelles sont résumés dans les deux sections suivantes.

## 4. Pour ou contre l'emploi-pont ?

### 4.1 Réticences face à l'emploi-pont

Dans nos résultats, plusieurs employeurs se sont montrés réticents à la mise en place d'emplois-ponts, et ce pour plusieurs raisons. La plus souvent évoquée renvoyait à l'*inutilité* de ce type de pratique, du fait d'une rente généreuse excluant un maintien au travail pour des raisons financières, ou de l'existence d'activités compensant la perte de liens professionnels, ou encore d'un sentiment d'appartenance à l'entreprise, comme les associations d'anciens employés retraités. D'autres employeurs considèrent que cette pratique comporte des *risques*, par exemple lorsque les employés intéressés par l'emploi-pont ne sont pas ceux et celles que l'entreprise aimerait garder, ou lorsque le travail est pénible et pourrait compromettre la santé des employés. Enfin, de façon très concrète, les employeurs du secteur public se heurtent à des *lois* ou à des conventions collectives de travail interdisant d'engager des employés au-delà de 65 ans, rendant cette pratique tout simplement impossible.

Ces réticences des employeurs sont partagées par la majorité des employés interviewés. En effet, certains ont insisté sur l'*incompatibilité* de l'emploi-pont avec la retraite, perçue comme temps pour soi pour se retirer définitivement du monde du travail et pour s'adonner à ses intérêts personnels plutôt que professionnels. D'autres indiquent également les risques pour la santé, ainsi que l'impossibilité légale de se faire engager au-delà de 65 ans par de nombreuses entreprises.

## 4.2 Arguments et pratiques organisationnelles en faveur de l'emploi-pont

D'autres entreprises, au contraire, ne perçoivent que les bénéfices de l'emploi-pont et mettent en place cette pratique pour les employés qui souhaitent maintenir une activité au-delà de l'âge de la retraite. Trois types d'emplois-ponts ont été répertoriés. Premièrement, certaines entreprises s'intéressent à la possibilité d'employer des séniors après l'âge de la retraite dans le but de *former la jeune génération*. Concrètement, les séniors s'occupent des apprentis, de leur successeur direct, durant les quelques années ou mois précédant leur départ à la retraite. Puis, dans le cadre d'un emploi-pont, ils et elles se chargent des mandats de mentorat en binôme auprès des jeunes en début de carrière ou encouragent la relève féminine dans certains secteurs. Les avantages mis en avant pour l'entreprise sont la *transmission de l'expertise* accumulée par les jeunes retraités au cours de leur carrière et le maintien de ces connaissances dans l'entreprise, tout en soulageant les autres employés qui peuvent alors s'atteler à d'autres responsabilités. Les employés impliqués dans un tel emploi-pont soulignent leur motivation pour un emploi leur permettant de préserver leur réseau social, ainsi que l'intérêt de partager leurs ressources, leurs réseaux et leur expertise avec les collègues plus jeunes.

Deuxièmement, ces entreprises souhaitent *retenir* leurs collaborateurs séniors jusqu'à l'âge de la retraite et au-delà, sans discontinuité. La rétention jusqu'à l'âge de 70 ans est particulièrement recherchée dans différents secteurs d'activité : ceux complexes avec des risques liés à la sécurité (p. ex. incluant la manipulation de produits toxiques), ceux qui peinent à recruter des jeunes employés par déclin d'intérêt pour la branche (p. ex. industrie), ainsi que ceux pour lesquels la performance est liée à un excellent carnet d'adresses qui se construit au cours du temps (p. ex. la vente). Pour retenir les employés séniors, ces entreprises se focalisent sur la flexibilité, offrant par exemple l'option de continuer à travailler deux années de plus en passant d'abord de 100 % à 80 % la première année, puis de 80 % à 60 % la seconde ; ainsi que des contrats à l'heure, ou un week-end par mois, fondés sur une courte durée.

Enfin, certaines entreprises cherchent à *(ré)embaucher* des collaborateurs retraités pour une mission temporaire. Cette pratique est mise en place surtout pour réengager des anciens employés ayant un haut niveau de compétence ou de formation, ou alors dans un contexte de travail saisonnier. Les principaux avantages de cette pratique pour les entreprises sont l'accès à des compétences de pointe, la relation de confiance établie avec la personne réengagée, et sa connaissance de l'entreprise et de sa culture. Dans certains cas plus rares, l'engagement de retraités se fait également à l'externe, principalement en réponse à des candidatures spontanées. Cette option plaît particulièrement à certains des employés interviewés, qui décrivent l'emploi-pont comme une opportunité de changement professionnel en tant qu'indépendant ou consultant.

## 5. Avantages et inconvénients des pratiques d'aide à la transition à la retraite

### 5.1 Quand l'organisation est défavorable

Certaines entreprises interrogées se sont montrées défavorables aux pratiques d'aide à la transition à la retraite, considérant qu'il est de la *responsabilité* des employés de se renseigner et de planifier leur retraite. Ces entreprises observent, sans s'y immiscer, deux comportements types parmi leurs employés approchant de l'âge de la retraite. D'abord, certaines personnes semblent montrer un manque de préparation en raison d'une vision à court terme. Les employeurs expliquent une telle attitude par une préoccupation « au jour le jour » de l'employé, qui souhaite être enfin à la retraite sans toutefois prendre conscience de la nécessité de préparer sa transition sur le plan social et sur le plan psychologique. Ensuite, un second groupe d'employés identifié par les entreprises concerne les personnes très investies dans leur sphère privée (p. ex. dans des activités de loisirs ou passions), qui au contraire se montrent proactifs dans la préparation de leurs projets de retraite. Il est intéressant d'observer que les douze employés interviewés sont en effet scindés en deux groupes : celles et ceux qui montrent un intérêt pour la planification de leur transition, et celles et ceux qui ne sont pas intéressés par cette réflexion, ayant déjà le projet de se focaliser sur leur vie privée ou évitant de penser à la retraite qui génère de l'inquiétude voire de l'anxiété.

## 6. Pratiques qui favorisent la planification de la retraite

La plupart des entreprises interrogées s'impliquent dans la transition à la retraite de leurs employés à l'aide d'une grande variété de pratiques. D'abord, elles soutiennent la *planification de la retraite* en offrant des cours ou des séances d'information (accessibles relativement tôt et incluant souvent le conjoint), voire des accompagnements ciblés et individuels par des prestataires externes. Certaines organisent des entretiens systématiques avec leurs employé-e-s deux ans avant l'âge légal de la retraite pour clarifier leurs souhaits de transition ou d'emploi-pont en fonction de leur situation personnelle. Outre l'apport pour le ou la sénior, cette rencontre permet à l'entreprise d'anticiper les besoins en recrutement du personnel lié à la succession du poste.

Ensuite, certaines entreprises rapportent des pratiques portant sur *l'âge du départ à la retraite*. Tandis que certaines offrent la possibilité de prendre une retraite anticipée à l'aide d'une rente-pont, d'autres relèvent l'âge de la retraite anticipée ou n'offrent pas de rente-pont, voire décident d'offrir la possibilité d'ajourner sa retraite. Ce second axe est expliqué dans le but d'éviter un début de « transition psychologique » à la retraite entamée parfois dès 56 ans et pouvant s'accompagner d'un manque d'engagement au travail. Enfin, une partie des entreprises interrogées offrent la possibilité de *diminuer progressivement* le taux d'activité jusqu'à l'âge légal de la retraite ou la pénibilité physique de leur travail, afin de partir à la retraite en bonne santé.

## Conclusion

Ce chapitre avait pour but de croiser les perceptions des entreprises et des travailleurs séniors au sujet : 1) des défis et atouts de maintenir les séniors en emploi ; 2) des motivations des employés à travailler jusqu'à l'âge de la retraite et au-delà et 3) des avantages et inconvénients des pratiques de gestion des ressources humaines favorisant la planification de la retraite et l'emploi-pont. Premièrement, les entreprises et les employés partagent le même point de vue quant aux défis pour maintenir les séniors en emploi. Ces défis concernent surtout la digitalisation, le financement des retraites et la responsabilité de l'employeur concernant l'employabilité des séniors. Pour y répondre, employés et entreprises proposent l'amélioration de la collaboration intergénérationnelle et de la transmission des connaissances, une meilleure reconnaissance et valorisation des compétences et de l'expertise des séniors, la promulgation de lois empêchant les licenciements des travailleurs de plus de 50 ans, et l'engagement de médecins du travail pour la gestion et la prévention des maladies et accidents. Deuxièmement, au niveau individuel, les motivations à poursuivre un emploi-pont étaient principalement sociales et liées au sens du travail. Troisièmement, l'étude décrite dans ce chapitre montre que les besoins des employés séniors ne sont pas encore systématiquement intégrés aux stratégies des entreprises. Ceci s'explique par la crainte de renforcer la stigmatisation des séniors (North et Fiske, 2012), ou encore par une méconnaissance du fait que cette population a des contraintes et des attentes qui lui sont propres. Ceci risque de se traduire en un déclin de l'employabilité des séniors et en une perception d'un manque de soutien et de reconnaissance par les entreprises. Toutefois, l'on observe également que les entreprises déploient des pratiques de gestion des ressources humaines s'inscrivant dans le *Later Life Workplace Index*. Ces pratiques sont axées sur la compensation des déclins physiques avec l'âge (p. ex. prévention des risques liés à la santé), sur l'inclusion des travailleurs de tous âges (p. ex. accès aux formations continues indépendamment de l'âge) et sur la préparation à la retraite et à l'emploi-pont – avec leurs avantages et désavantages respectifs.

De manière générale, la comparaison des perspectives individuelles et organisationnelles au cœur de notre étude révèle deux décalages qui peuvent questionner. Premièrement, tandis que les employés évoquent un climat d'entreprise déshumanisé, plusieurs employeurs estiment au contraire qu'ils focalisent leurs efforts sur l'humain et le dialogue. Deuxièmement, contrairement aux entreprises, qui émettent des avis majoritairement favorables à la préparation de la retraite et à l'emploi-pont, les employés séniors ne se montrent que faiblement intéressés par ces pratiques. Dans notre étude, l'intérêt mitigé envers ces pratiques s'explique par le fait que les employés séniors minimisaient les défis psychologiques et sociaux de la transition à la retraite ou alors préféraient opter pour une planification personnelle. En ce sens, la responsabilité des employés à préparer leur retraite est mise en avant autant par les séniors que par les entreprises.

À plus large échelle, ces attitudes semblent emblématiques de la désinstitutionalisation des parcours contemporains et de l'essor de la responsabilité individuelle dans la prise en charge de la carrière – au détriment d'une responsabilité organisationnelle (Fournier *et al.*, 2016). Dans ce contexte, il est en effet attendu de l'individu qu'il s'engage « dans un processus de réflexivité à propos de ce qu'il veut faire de lui-même » (Guichard, 2008, p. 414). Les travailleurs séniors désirant poursuivre un emploi-pont pourraient ainsi s'inscrire dans cette logique, étant donné que leurs motivations sont principalement intrinsèques et que ce projet s'inscrit souvent dans une recherche de continuité identitaire et sociale (Atchley, 1999). Dans ce cadre, si « le plus grand potentiel de développement et de réalisation de soi se situe dans la seconde moitié de vie » (Marden, 2019, p. 58), il appartient à chacun et à chacune de décider quelle place le travail peut et doit prendre dans ce développement.

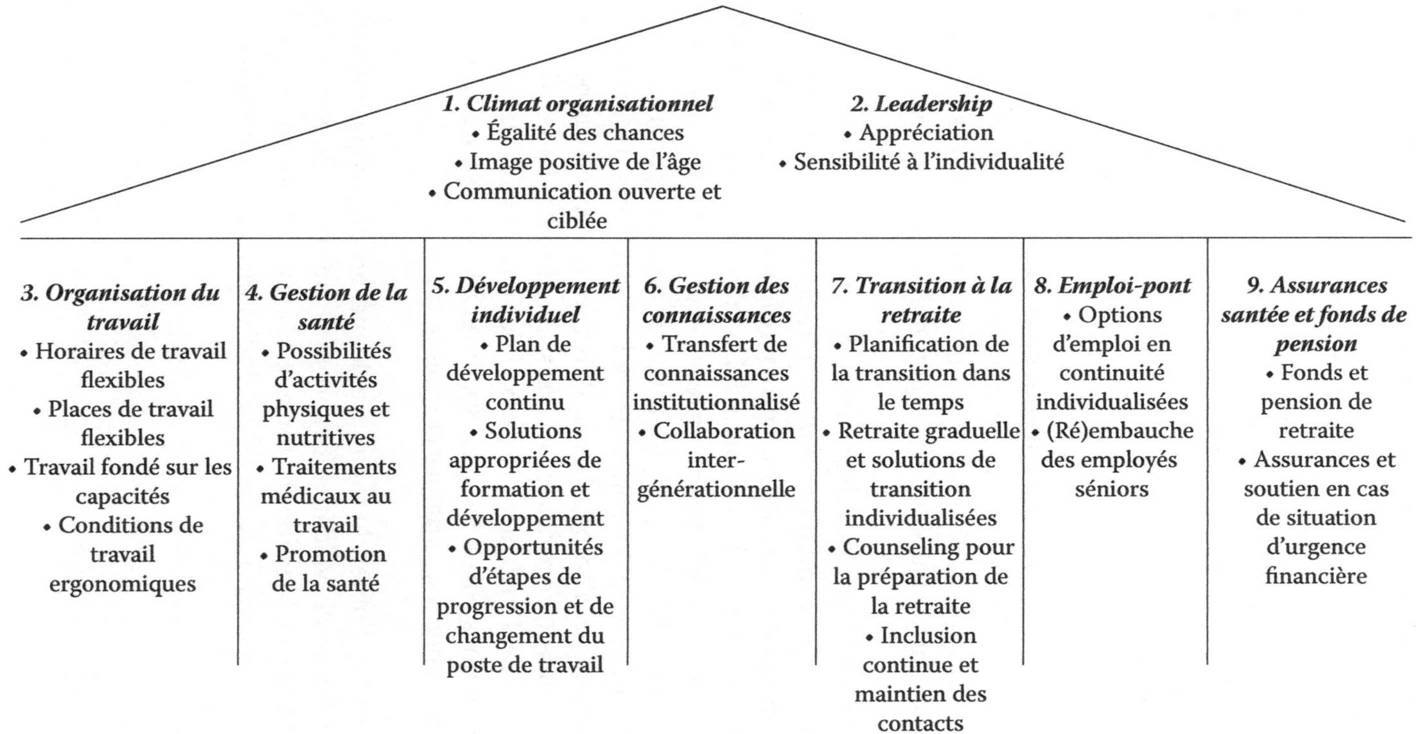


*Figure 5.1 – Domaines et indicateurs du Later Life Workplace Index (ou Indice de vie professionnelle avancée)*

*Note.* Reproduit en traduction française de l'article de Finsel *et al.* (2021). Publié avec la permission de © Julia S. Finsel, Anne M. Wöhrmann, Mo Wang, Max R. Wilckens et Jürgen Deller, 2021. Tous droits réservés.

## Annexe : une recherche qualitative en Suisse

Douze employés séniors (7 hommes et 5 femmes dont l'âge varie de 54 à 64 ans ; *M* = 59,1) ainsi que onze entreprises (sept hommes et quatre femmes directeurs ou responsables RH, dont l'âge varie de 38 ans à 62 ans ; *M* = 53,0) ont ainsi été interviewés. La plupart des entreprises comptent une centaine de collaborateurs à deux exceptions près (une à plus grand effectif et une à plus petit effectif). Le guide d'entretien semi-structuré d'une durée moyenne d'une heure commençait avec la question générale : « Selon vous, quels sont les défis actuels en matière d'employabilité, gestion du personnel sénior pour votre entreprise ? » L'objectif était de récolter des informations sur les bonnes (forces) et mauvaises (faiblesses) pratiques des entreprises, ainsi que sur les opportunités de développement et les menaces futures. L'indice de vie avancée au travail était utilisé comme support de discussion.

La méthode utilisée était la recherche qualitative consensuelle (RQC ; Hill, 2012 ; Masdonati *et al.*, 2017, pour une revue en français), qui se singularise par la nécessité d'aboutir à un consensus entre plusieurs juges et l'inclusion d'auditeurs afin de trancher sur le sens donné. L'analyse intra-cas permet le résumé des idées centrales de chaque passage et l'élaboration des domaines principaux (ici, les obstacles liés à l'emploi des séniors et les opportunités et réponses aux défis posés par les séniors au travail, les stratégies d'entreprise, la transition à la retraite, et l'emploi-pont). Puis l'analyse inter-cas permet l'identification des (sous-)catégories transverses, afin de détailler les dimensions de chaque domaine. Finalement, l'on procède au calcul de la fréquence des catégories et domaines parmi les participants et à leur catégorisation en tant que « généraux, typiques, variables et rares ».

Cette recherche a fait l'objet du mémoire de master en psychologie du conseil et de l'orientation de Madame Jovanovska, sous la co-direction des professeurs Froidevaux et Masdonati, intitulé « Travailler avant et après la retraite : Perspectives organisationnelle et individuelle » et défendu à la session d'hiver 2023.

# Chapitre 6

# Le couple et la grand-parentalité à l'heure de la retraite[1]

1. Par **Emmanuel Gratton** et **Benoît Schneider**. Notre titre fait directement allusion à l'ouvrage de Vincent Caradec *Le Couple à l'heure de la retraite* (1996), que nous évoquons dans le texte, pour indiquer la filiation de nos réflexions, et nous aborderons ici de façon spécifique la question de la grand-parentalité amorcée par l'auteur.

# Sommaire

## Introduction

L'articulation entre les trois notions que sont retraite, grand-parentalité et couple renvoie d'abord à un constat intuitif de fréquence et de valeur. De plus en plus conjuguées, elles constituent des étapes de vie considérées comme positives dans notre société. Ce chapitre se propose d'examiner plus avant la nature de cette articulation et l'apport de la prise en compte de la question du couple et de la grand-parentalité dans la problématique de la retraite. Nous examinerons d'abord les conditions dans les lesquelles les deux notions de retraite et de grand-parentalité ont relevé d'une « création » quasi simultanée et comment, dans le même mouvement, la grand-parentalité a rapidement pris place comme enjeu et réponse des acteurs du couple confrontés à l'étape de l'entrée à la retraite. Nous procéderons ensuite à un examen de la littérature pour dresser le bilan des effets réciproques des trois composantes. L'empan de ce bilan implique de prendre en compte les évolutions de longévité, de santé et d'attentes du fait des transformations sociétales visant les individus, le couple et la famille. Nous nous proposerons alors d'illustrer les enjeux des rapports actuels entre nos trois notions dans le contexte actuel par trois vignettes cliniques fondées sur des entretiens avec trois couples de grands-parents « péri-retraités ».

## 1. Retraite et grand-parentalité

La retraite – avec l'allongement de l'espérance de vie – et la grand-parentalité – comme pratique spécifique – sont l'une et l'autre des « inventions », la première issue de la seconde partie du XX^e siècle, la seconde inaugurant le XXI^e siècle. Dans nos sociétés, elles sont le plus souvent apparues comme synchrones, l'âge de la retraite correspondant « généralement » au départ du dernier enfant et à l'arrivée du premier petit-enfant, cette conjonction entre retraite et grand-parentalité faisant suite à « la conciliation des temps » (Cocandeau-Bellanger, 2007) qui l'avait précédée, à savoir celui de l'activité professionnelle et celui de la pratique parentale. Mais si la grand-parentalité a été vue comme une modalité adaptative de la retraite, dans le cadre d'une reconfiguration des temps sociaux, elle doit être prise en compte dans le contexte plus global de l'évolution des représentations de la famille.

## 1.1 Création de la retraite et reconfiguration des temps sociaux

Alaphilippe *et al.* (2001) présentent le passage à la retraite au tournant du XX^e^ siècle comme « l'une des principales transitions vécues au cours de la durée de vie par les membres de nos sociétés contemporaines développées » (p. 29). L'évolution démographique de la fin de la dernière guerre a conduit une part importante de la population active, née dans les années cinquante, à accéder à la retraite. Les auteurs rappellent le contexte et les débats de type économique en fin de XX^e^ siècle, pour mettre l'accent sur le peu de place alors accordé à l'aspect psychologique du passage à la retraite et à son vécu. Il s'agit alors d'un moment de transition présenté comme « radical (...) potentiellement traumatisant » (voir le concept de « mort sociale » (Guillemard, 1972, 2002 ; Lalive d'Épinay, in Caradec, 2004) et pourtant « ne faisant l'objet que d'un nombre restreint d'études et de publications » (p. 29-30), ce qu'ils expliquent par le caractère récent de ce troisième temps de vie, de ce « troisième âge » qui vient alors de naître. En effet, en 1960, chacun ne pouvait en moyenne espérer bénéficier de sa retraite que pendant un temps inférieur à cinq ans pour les hommes et un peu moins de dix ans pour les femmes ; au tournant du siècle, elle approche les 30 ans.

L'hypothèse du caractère traumatisant du passage à la retraite va être en réalité largement revisitée par une série de travaux des années 1980 montrant que la fin de l'activité professionnelle ne provoquait pas, dans la majeure partie des cas, de traumatisme, ou n'avait pas de conséquences graves sur la santé, mais qu'elle semblait au contraire bien vécue (voir la recherche longitudinale de Paillat [1989], conduite auprès de 1 500 personnes âgées de 60 à 65 ans). Malgré ce constat, cette désocialisation professionnelle, souvent anticipée, s'est trouvée renforcée par la croyance en une crise au moment de la retraite, savoir profane évoquant le caractère périlleux de la transition (risque de dépression...), alors même que ce savoir s'est trouvé empiriquement invalidé.

Bien évidemment, le constat positif général doit être tempéré par la prise en compte de larges différences interindividuelles, en particulier liées aux conditions socio-économiques des retraités, mais les typologies qui rendent compte des modalités de la transition n'intègrent alors encore que très modestement les dynamiques familiales comme contributives à leur explication. Nous prendrons pour exemple ici celle proposée par Guillemard (1972) : l'effondrement, le repli, la retraite-réanimation, l'épanouissement ;

ce dernier profil apparaît alors privilégié dans les professions intermédiaires et marqué par développement des activités et des relations sociales et familiales, mais l'auteur monte qu'il s'accompagne de fait d'une forte satisfaction et d'une bonne santé.

Mais progressivement les pratiques de retraite se transforment. La « retraite-loisirs » devient une pratique de plus en plus attestée. De nouvelles figures du retraité vont également apparaître comme celle du « retraité-bénévole » ou « du retraité solidaire ». L'analyse proposée par Guillemard présente, pour notre propos, un double intérêt : ces nouvelles figures illustrent d'abord la remise en question des temps sociaux sur le parcours des âges, puisqu'elle revendique ici une articulation forte entre formation, travail (libre) et loisirs ; elle milite par ailleurs contre une ségrégation des âges et pour leur déspécialisation. Elle s'exprime particulièrement dans cette aspiration aux activités intergénérationnelles.

C'est donc un enchevêtrement progressif des temps sociaux et relationnels qui prend place comme règle d'un troisième temps de la vie et qui introduit la retraite comme une étape attendue et valorisée. S'il y a deuil et rupture d'une forme d'organisation de vie, la retraite inaugure l'entrée dans un environnement nouveau d'insertion sociale, de valeurs, et donc de repères identitaires à (re)construire.

## 1.2 La grand-parentalité comme contributive de l'identité sociale des nouveaux retraités

Selon Caradec (2004, 2006), pour comprendre plus précisément pourquoi la cessation d'activité ne constitue pas, pour le plus grand nombre, une rupture traumatique, il faut dégager les mécanismes par lesquels se reconstruit l'identité sociale. Dans une société dans laquelle les transitions ne se trouvent plus gérées collectivement par des rituels, c'est à chaque retraité qu'il revient de prendre lui-même en charge son passage à la retraite et d'organiser sa nouvelle vie.

En interrogeant le travail de reconstruction identitaire qui marque cette transition, Caradec met l'accent sur trois points :

- ce travail de transition commence avant la retraite dans les derniers temps de l'activité professionnelle. Le passage « officiel » d'une position à l'autre est le plus souvent soudain, mais il est précédé d'une longue période de préparation plus ou moins visible qui relève de la socialisation anticipée (Merton, 1965) avec souvent une prise de distance par rapport à l'investissement et aux motivations professionnel(le)s au cours de la dernière partie d'activité professionnelle ;

- il se poursuit avec l'engagement dans des activités nouvelles qui participent d'une « redéfinition de soi » impliquant un positionnement par rapport aux modèles sociaux d'identification. En proposant un schéma de l'engagement, il oppose d'abord deux grands types de modèles : la retraite inactive et la retraite active, voire hyperactive. Il montre alors qu'au cours des décennies qui précèdent son analyse, deux figures de l'engagement caractérisant la retraite active se sont largement diffusées : celui de l'engagement citoyen comme bénévole (voir Guillemard, *supra*) et aussi celui de l'engagement familial *comme grand-parent*. Mais l'engagement dans ces rôles, au-delà des strictes motivations et de conditions personnelles de vie, ne va cependant pas toujours de soi et il nécessite, outre des conditions favorables, un travail de négociation avec autrui et d'appropriation personnelle ;
- au cours de cette transition, le conjoint joue alors un rôle essentiel, pouvant constituer un allié ou une aide (soutien silencieux, patience et tolérance par rapport aux mouvements d'adaptation psychologiques, aide à la réorientation vers des activités nouvelles…) ou un obstacle, une entrave à la redéfinition de soi (intolérance à la présence ou aux contraintes nouvelles, à la réorganisation obligée des activités personnelles, à la redéfinition des espaces et des rôles domestiques, sacrifices obligés au nom de l'harmonie conjugale…).

Mais si ce modèle de l'engagement familial comme grand-parent s'est dégagé comme parcours spécifique, c'est que parallèlement aux transformations qui ont marqué le rapport au travail, cette nouvelle figure est apparue au sein de l'univers familial. Il va donc s'agir de souligner sa spécificité, éclairée par la notion de grand-parentalité, qui conduit *in fine* à mettre l'accent sur la spécificité du couple conjugal dans ce contexte.

### 1.3 L'« invention de la grand-parentalité » inscrite dans l'évolution des représentations de la famille

Dans le mouvement des décennies que nous venons de tracer, tant la réalité démographique que les représentations collectives vont donc articuler deux étapes de vie : l'accès à la retraite et le devenir grand-parent. Ce passage marquait un saut impliquant à la fois les dimensions sociales, personnelles et générationnelles de l'entrée dans le vieillissement.

Les « nouveaux grands-parents », selon une expression inaugurée au début de ce siècle et largement diffusée, ont, en accédant à ce statut et à cette nouvelle représentation, justifié l'idée d'une « invention de la grand-parentalité » proposée par Claudine Attias-Donfut et Martine Segalen (1998, 2001). Nés après la Seconde Guerre mondiale, ils ont été témoins, bénéficiaires et acteurs des révolutions techniques, amoureuses et juridiques qui ont bouleversé la famille. Leur espérance de vie et la qualité de leur santé ont été marquées par une forte progression leur permettant d'accompagner dans la durée leurs petits-enfants. Les transformations démographiques, sociales et économiques ont contribué à l'émergence d'une image très valorisée de grands-parents dynamiques, socialement actifs, mais disponibles et très impliqués dans le jeu des solidarités familiales, entretenant avec leurs petits-enfants des relations chaleureuses et prenant plaisir à décliner leur rôle dans un large éventail de fonctions.

La fréquence du statut, l'amplitude des contacts et des activités menés en tant que grands-parents et l'allongement de la durée de relations entre les grands-parents et les petits-enfants sont parmi les aspects les plus caractéristiques de l'évolution récente de cet espace de parenté. La manière dont les grands-parents choisissent d'occuper cette place dépend bien sûr des conditions sociales et culturelles, des dispositions psychologiques et des histoires de vie qui viennent favoriser ou, au contraire, entraver la construction identitaire des grands-parents et l'appréhension de leurs fonctions (Castellan, 1998 ; Attias-Donfut et Segalen, 2001 ; Bouyer *et al.*, 2000 ; Schneider *et al.*, 2005), mais il faut souligner combien cette place nouvelle des grands-parents s'inscrit en réalité dans une représentation plus large et très positivée du lien familial, en contrepoint de la crise qu'avait la valeur famille au cours de la seconde moitié du XXe siècle (Gratton et Schneider, 2020 ; Fourquet et Legrand, 2021 ; Schneider, 2021).

Nous sommes donc passés d'une articulation forte entre statut générationnel, un rapport au travail et une entrée dans un vieillissement de courte durée à une disjonction entre ces termes conjuguée à un enrichissement des fonctions et des rôles grands-parentaux. On conçoit dès lors que la question de la grand-parentalité comme statut et processus ouvre une voie d'entrée pertinente pour l'analyse des rapports entre retraite et vie conjugale et familiale. Notons dans ce contexte qu'une expression symptomatique prend alors place dans le paysage médiatique, celle de « papy-boom », qui articule les liens générationnels aux évolutions sociologiques.

## 2. Le couple à l'épreuve de la retraite et de la grand-parentalité

Le couple, de façon générale, a traversé depuis une cinquantaine d'années deux changements importants. Il est d'une part devenu instable : en effet plus d'une personne sur deux arrive à la retraite en ayant connu une séparation ou un divorce, et éventuellement une recomposition conjugalo-familiale ; d'autre part les rôles de genre, au sein du couple, se sont rapprochés, qu'il s'agisse des rôles conjugaux (conjoint *vs* conjointe), parentaux (père *vs* mère) et sans doute grands-parentaux.

Par ailleurs, « la conciliation des temps entre vie professionnelle et vie familiale » (Cocandeau-Bellanger, 2007) concerne aussi bien les hommes que les femmes malgré le maintien de certaines inégalités. Cette évolution a été accompagnée de l'émergence d'une nouvelle norme pour définir les rapports entre individu et couple, puisqu'au-delà du couple, chacun est tenu de se réaliser lui-même. Couple et individus visent une sorte de validation et de réalisation réciproques (De Singly, 2000 ; Théry, 2000 ; Neyrand, 2020). Retraite et grand-parentalité vont dès lors être appelées à s'inscrire dans ce nouveau modèle.

Nous nous proposons donc ici d'explorer quelques facettes de ce rapport trilogique entre retraite, couple et grand-parentalité.

Mais avant d'aborder plus en détail le processus de grand-parentalité dans son rapport à la retraite sur un plan plus strictement psychologique, il apparaît pertinent d'examiner les données de la littérature sous un angle sociologique puisque l'examen des liens entre l'accès à la retraite, la conjugalité et la grand-parentalité a en particulier été abordé pour soutenir la réflexion sur le plan des politiques publiques. Nous nous proposons donc ici de synthétiser en trois temps quelques résultats qui nous sont apparus essentiels au propos : l'examen des liens entre conjugalité et passage à la retraite, et ce d'autant que, de fait, le passage à la retraite est souvent vécu au sein du foyer ; l'influence de la grand-parentalité sur la relation précédente ; les conséquences de la retraite sur les grands-parents eux-mêmes sur le plan de leur bien-être et de leur santé.

## 2.1 Dynamique du couple et passage à la retraite

Cette question mérite elle-même d'être examinée sous deux angles qui renvoient sans doute à des processus en réalité très différents : quel est l'impact du passage à la retraite sur le couple ? Quel impact a le couple sur le passage à la retraite ?

La dynamique du passage à la retraite d'un couple dépend d'un ensemble de facteurs qui interagissent de façon complexe et contribuent à expliquer les étapes et les modalités de la prise de décision, ainsi que la façon dont est vécu ce passage. Dans l'espace dévolu à ce chapitre, il est difficile de prendre tous ces facteurs en compte. Nous n'aborderons pas ici par exemple les facteurs de santé, d'âge et les facteurs financiers de façon directe, que nous évoquons *infra* et qui contribuent bien évidemment à expliquer les *scenarii* du passage à la retraite du couple quasi simultanée ou séquentielle. Nous n'illustrerons que les facteurs plus directement relationnels de la décision.

La qualité de la relation de couple semble d'abord avoir une influence sur le moment choisi pour prendre sa retraite. Szinovacz et DeViney (2000) ont montré que les couples qui se sentaient proches et qui étaient satisfaits de leur vie maritale avaient tendance à prendre leur retraite plus précocement.

La qualité de la relation de couple apparaît liée à la congruence entre les deux conjoints. Si ces derniers sont d'accord sur ce qu'ils souhaitent faire de leur retraite, sur le moment où la prendre et sur la façon de la vivre, les recherches montrent qu'ils seront beaucoup plus satisfaits. Par exemple, si le passage à la retraite conjoint semble préféré par la plupart des couples et s'il est lié à la satisfaction par rapport au passage à la retraite (Gustman et

Steinmeier, 2000 ; Smith et Moen, 2004), la congruence conjugale en termes de *timing* est liée à une meilleure satisfaction conjugale que l'absence de congruence (Moen *et al.*, 2001).

Mais si Moen *et al.* (2006) ont pu suggérer qu'un des partenaires avait une influence sur la décision de son époux de prendre ou non sa retraite, Smith et Moen (2004) rapportent que les hommes semblent plus satisfaits de prendre leur retraite quand leur femme a joué dans la décision, alors que les femmes apparaissent moins satisfaites quand leur mari a pesé dans leur décision : l'influence d'une épouse semble plutôt vue comme un soutien, et celle d'un mari plutôt comme une coercition...

De fait, la transition qu'opère le passage à la retraite amène des changements de rôles, d'identité, d'attentes, d'attitudes et de relations avec le conjoint puisqu'elle peut modifier, parfois fortement, l'existence des couples (implication professionnelle, relations sociales, ...). Que les deux conjoints aient chacun exercé une profession ou que seul l'un d'eux l'ait fait, ils ont généralement passé une grande partie de leurs journées séparément l'un de l'autre pendant plusieurs décennies (à de rares exceptions près, comme les entreprises familiales). Avec la retraite, ils se retrouvent subitement confrontés à une existence majoritairement passée en commun. En outre, les aspects qui prédominent dans leurs existences changent également : alors qu'ils étaient principalement préoccupés par leur carrière, les voilà soudain focalisés sur les loisirs et la famille (parents âgés, grands enfants, petits-enfants...).

Dayez (2013) propose cependant un bilan de la littérature nuancé sur cette question, observant qu'en dépit de ces variations, les études les plus récentes et les plus rigoureuses allaient plutôt dans le sens d'une continuité entre les relations conjugales avant et après la retraite, la relation conjugale n'apparaissant généralement pas fondamentalement modifiée par cet événement de vie.

C'est donc bien dans ce cadre que la question de la grand-parentalité va prendre place. Si nous avons mentionné *supra* la multiplicité des facteurs en interaction pouvant présider aux caractéristiques de la relation entre couple conjugal et retraite, nous allons bien évidemment être conduits au même constat, possiblement amplifié, en y ajoutant la question de la grand-parentalité.

## 2.2 L'entrée en grand-parentalité comme transition

S'il va de soi que la retraite – et la disponibilité qu'elle offre – peut avoir des effets sur l'implication grand-parentale, cette dernière s'inscrit aussi dans le prolongement des pratiques partagées de « parentalité » où chaque membre, grand-mère comme grand-père, (re)découvre autrement les plaisirs et déplaisirs des activités d'éveil, de soins et d'éducation à l'égard de jeunes enfants. L'interdépendance entre retraite, grand-parentalité et couple s'inscrit cependant dans des modèles culturels qui déterminent les représentations de chacun et de chacune quant à leur articulation et qui définissent les processus psychologiques quant au sens donné à l'investissement conjugal et intergénérationnel.

Pour tout individu, l'accès à la grand-parentalité constitue une crise maturative au même titre que la parentalité (Schneider *et al.*, 2005) : elle implique en effet le retour de questions d'identité en tant qu'image que l'on a de soi, image que les autres perçoivent de nous et nous renvoient. Le fait de ne pas « naître » grand-parent mais de le « devenir » signe une transition, une maturation, une élaboration. La problématique de la grand-parentalité peut s'étayer sur la définition que propose Poussin (1993) de la parentalité[1]. Si ce processus n'est pas strictement isomorphe, ni superposable à celui du « devenir parent », un travail d'élaboration du « devenir grand-parent » doit pouvoir se réaliser.

Tennenbaum (2000) avance que l'accès à la grand-parentalité conduit à une position identificatoire spéciale, une identification double, symétrique, à la fois à l'enfant qu'on a été et à son propre aïeul disparu : « Devenir grand-parent, c'est en quelque sorte reprendre à son compte tous les éléments de cette relation, qu'elle ait été satisfaisante ou non, et pour cela le mouvement psychique consiste à occuper toutes les places de la scène, être le grand-parent de son enfance et en même temps le petit-enfant de ce grand-parent-là » (p. 22). L'oscillation entre ces deux positions fait de chacune l'objet d'un travail de deuil : « De ce double mouvement naît chez le grand-parent le sentiment répétitif qu'il œuvre pour la postérité, pour

1. À la fois désir d'enfant quasi inscrit dans le développement du sujet (ici renouvelé), ligne de démarcation manifestant le passage de l'enfance à l'âge adulte (ici entre âge adulte et symbolique de l'entrée dans le vieillissement), mais aussi mouvement pouvant advenir ou non et susceptible de modifications aux différents âges de la vie.

le souvenir. Être totalement du côté de l'enfant, avec en même temps la présence constante en soi de sa mortalité » (p. 23). L'auteur précise alors les dispositions psychiques qui favorisent cet art d'être grand-parent : « La capacité retrouvée d'être à nouveau l'enfant de ce grand-parent-là et aussi la capacité de retrouver vivant en soi tout ce que les grands-parents d'autrefois nous ont donné » (p. 24), la capacité aussi, comme l'a décrit Bouchet (1972) au sujet des grands-mères, d'intégrer la perte de la position parentale, relation maternelle (ou paternelle) exclusive, de modifier la relation à son propre enfant : il ne s'agit plus d'avoir un enfant, mais d'accueillir un enfant, de l'adopter en quelque sorte, en s'inscrivant dans la continuité des générations.

La joie ressentie à l'idée d'une nouvelle descendance est souvent partagée avec l'angoisse du vieillissement : « Le fait de devenir grand-parent survient justement dans une période de la vie où il est difficile de bien habiter avec son âge [...]. L'image que l'on a de soi est incertaine et la naissance du petit-enfant vient la confirmer. Certains vont alors être rassurés et vivre positivement cette aventure qui commence ; ceux-là, contrairement aux apparences, prennent un « coup de jeune ». D'autres vont refuser l'évidence de leur âge et résister à cette nouvelle définition identitaire de grand-parent. Contrairement aux apparences, ceux-là savent bien qu'ils viennent de prendre un « coup de vieux » qui ne tardera pas à les rattraper » (Bille, 2002, p. 5). C'est donc dans ce contexte de crise identitaire individuelle qu'il faut considérer la question du couple au moment contemporain de l'accès à la retraite

## 2.3 Couples et grands-parents à l'heure de la retraite : les modalités d'une décision

Dans la plupart des pays d'Europe occidentale, la retraite et l'entrée dans la grand-parentalité sont des événements relativement parallèles pour la plupart des individus, la grand-parentalité intervenant souvent quelques années avant la retraite.

Kridahl (2017) pointe qu'au-delà de leur rareté, les études internationales et comparatives portant sur les relations entre grand-parentalité et accès la retraite présentent souvent des limites. Du fait d'échantillons modestes et des types de mesures utilisées, elles ont souvent du mal à prendre en compte la diversité des situations possibles concernant d'abord la grand-parentalité elle-même (nombre de petits-enfants, implication dans les relations), ensuite concernant les dispositifs et les modalités d'accès à la retraite (âge d'accès possible, flexibilité par rapport au moment de la décision…), enfin les usages culturels de la sollicitation des grands-parents visant en particulier la garde des jeunes enfants (voir *infra*). Il est cependant possible de tirer de la littérature un certain nombre d'observations.

D'abord une « confirmation », bien évidemment sans surprise : les grands-parents qui travaillent ont tendance à s'engager moins fréquemment dans des relations avec leurs petits-enfants, ils voient leurs petits-enfants moins fréquemment (Mahne et Huxhold, 2012 ; Oppelaar et Dykstra, 2004) et sont moins susceptibles de s'occuper des enfants (Hank et Buber, 2009).

Les grands-parents anticipent la retraite de manière plus positive que les non-grands-parents (Wiese *et al.*, 2016) et ont davantage tendance à prendre leur retraite à temps plein qu'à participer à un emploi temporaire (Dingemans *et al.*, 2016). En s'appuyant sur une enquête conduite dans 22 pays d'Europe, Van Bavel et De Winter (2013) montrent que le statut de grand-parent tend à favoriser un départ à la retraite plus précoce. Cet effet sur l'accès à la retraite anticipée porte essentiellement chez les grands-parents âgés de 55 à 60 ans (l'effet s'estompe ensuite). Les grands-parents qui se sentent en bonne santé à cette étape de vie et qui déclarent ne pas avoir de graves soucis financiers sont estimés à 124 % plus susceptibles de prendre leur retraite à l'âge considéré que leurs homologues sans petits-enfants. La probabilité de départ à la retraite d'un grand-parent de 55 ans est 88 % plus élevée que celle d'une personne de 55 ans sans petits-enfants, les effets étant plus marqués pour les femmes que pour les hommes. Ces résultats apparaissent d'autant plus notables que l'analyse est circonscrite aux personnes dont l'état de santé et la situation patrimoniale sont au moins satisfaisants et ils semblent très peu influencés par les différences entre pays ; en particulier l'effet de la couverture des services de garde d'enfants n'a qu'un effet modeste et nuancé.

Kridahl (2017) confirme pour la Suède les résultats européens de Van Bavel et de De Winter : les grands-parents de 58-60 ans prennent leur retraite plus tôt que les non-grands-parents du même âge, ces résultats se maintenant même après avoir contrôlé des prédicteurs classiques du moment de la retraite, tels que le revenu individuel disponible, l'éducation et le statut relationnel. La décision des grands-parents à prendre leur retraite anticipée semble être fortement motivée par leur propre besoin de s'engager auprès de leurs petits-enfants.

Être grand-parent est pour beaucoup un rôle social hautement valorisé et être bénéfique pour le bien-être, l'estime de soi et la satisfaction de vie ainsi que pour la transmission intergénérationnelle des connaissances, et ce malgré parfois la perte du gain financier lié à la non-poursuite du travail. Relevons enfin que dans ce pays où les pères sont fortement engagés auprès de leurs enfants, l'enquête ne parvient ici pas à montrer de différences entre grands-mères et grands-pères concernant les décisions considérées.

## 2.4 Le couple comme support d'une grand-parentalité de longue durée

Les données d'enquête en France de Attias-Donfut et Segalen (1998), qui confortent les études européennes (voir *supra*), ont montré que le contexte de couple favorisait l'engagement des grands-mères comme des grands-pères, comme l'illustre le jeu des solidarités intergénérationnelles dans le cadre de la garde de jeunes enfants. Si les grands-mères sont plus mobilisées que les grands-pères, ces derniers jouent cependant un rôle très actif. La présence grand-paternelle autorise une plus grande disponibilité, assure un soutien moral et matériel à la grand-mère. Les grands-mères qui vivent en couple gardent davantage leur(s) petit(s)-enfant(s) que celles qui ne vivent pas en couple. Les grands-pères partagent également les soins de l'éducation avec leur conjointe et font valoir l'importance du temps et de l'intérêt qu'ils consacrent aux petits-enfants (Schneider et Bouyer, 2005). Dans les rares cas où le grand-père ne vit pas en couple, il s'occupe beaucoup moins de ses petits-enfants (36 % contre 77 %, in Attias-Donfut et Segalen, 2001). Il apparaît donc que la pratique de la grand-parentalité est largement stimulée par le couple.

Mais accorder une importance particulière et originale à la phase d'accès à la grand-parentalité en tant que couple doit se situer dans une perspective qui prenne en compte la durée de vie du couple conjugal, la représentation que ce couple se fait de cette durée et les attentes qu'il développe vis-à-vis des étapes de ce devenir.

Considérons quelques repères démographiques pour souligner l'ampleur du phénomène[1] : en 2019 vivent en couple 69,7 % des hommes et 65,4 % des

1. Personnes vivant en couple selon le sexe et l'âge (Insee).

femmes de 55 ans ; 71,7 % des hommes et 64,4 % des femmes de 60 ans. La durée de cette vie de couple est favorisée par la réduction progressive de l'écart de l'espérance de vie entre hommes et femmes. Donc non seulement on est grand-parent beaucoup plus longtemps mais c'est aussi le temps de la grand-parentalité en couple qui s'est allongé. L'entrée en grand-parentalité inscrit donc cette projection dans le temps dans sa dynamique relationnelle. Or les grands-parents contemporains se trouvent en situation singulière en tant que couple grand-parental dans la mesure où ils ne disposent pas de modèles de référence, ni quant à la longévité, ni quant aux modalités de leur vie de couple, mais ils entrent dans cette phase nouvelle sur la base des représentations actualisées de réalisation de soi dans le couple (voir *supra*) : autrefois les couples vieillissants avaient pour visée principale d'être solidaires dans l'adversité : aujourd'hui les grands-parents ont encore du temps devant eux et recherchent l'épanouissement.

## 2.5 Les effets bénéfiques de la retraite en tant que grands-parents

L'engagement en tant que grands-parents au moment de la retraite semble de fait avoir des conséquences positives pour leur santé et leur bien-être dans une acception large.

Elle apparaît positivement associée à leur bien-être (Drew et Silverstein, 2007) et à leur satisfaction dans la vie (Boon et Brussoni, 1996 ; Peterson, 1999). La littérature sur les soins aux petits-enfants a suggéré que les grands-parents aidants jouissaient de sentiments accrus d'efficacité personnelle et d'estime de soi, d'un sentiment plus fort de valeur personnelle, d'un nouveau but dans la vie à un âge plus avancé, et de liens plus intimes au sein de la famille élargie, qui contribuent tous positivement à leur bien-être subjectif et à leur santé psychologique (Emick et Hayslip, 1999 ; Goodman et Silverstein, 2002 ; Guo *et al.*, 2008 ; Lou, 2011 ; Mahne et Huxhold, 2015). L'amélioration du bien-être psychologique peut se traduire par une meilleure santé physique (Di Gessa *et al.*, 2016 ; Ku *et al.*, 2013) et par une longévité accrue : Hilbrand *et al.*, (2017) dans le cadre d'une étude longitudinale européenne sur plus de 500 personnes montrent un lien marqué entre le statut grand-parental et l'espérance de vie ; **les grands-parents qui s'occupent de leurs petits-enfants (sans en avoir la garde) bénéficient d'une espérance de vie supérieure de sept ans à**

**celle des grands-parents ne s'occupant pas de leurs petits-enfants ou des non-grands-parents.**

Ces données doivent bien sûr être pondérées par les valeurs culturelles et les normes familiales associées qui varient d'une société à l'autre quant au rôle des grands-parents concernant la prise en charge des petits-enfants. Par exemple, les grands-parents américains valorisent souvent leur vie indépendante et leurs activités sociales par rapport à l'aide accordée pour s'occuper de leurs petits-enfants, qui relève plutôt de circonstances où les enfants adultes traversent des périodes de crise telles que le divorce, la pauvreté, la toxicomanie, les problèmes de santé mentale ou l'incarcération (Burnette *et al.*, 2013 ; Goodman et Silverstein, 2001, 2002 ; Minkler et Fuller-Thomson, 1999). C'est ce qui explique que les recherches aux États-Unis ont plutôt rapporté des effets négatifs de la prise en charge des petits-enfants sur la santé des grands-parents, en particulier lors de gardes prolongées, tels que des symptômes dépressifs élevés (Blustein *et al.*, 2004) ou une baisse de la satisfaction de la vie (Szinovacz *et al.*, 1999).

En revanche, il est intéressant d'observer les données issues de régions du monde jusqu'à une date récente moins fournies en données de recherche et relevant initialement de contextes culturels plus éloignés, mais en forte évolution tant démographique que socioculturels. Depuis le début des années 1990, l'augmentation de la prévalence et de l'intensité du rôle de grand-parent a été observée dans le monde entier[1] et a attiré l'attention sur ses implications pour la santé des soignants dans le contexte du vieillissement de la population.

En Asie de l'Est les normes familiales traditionnelles, qui mettent l'accent sur la solidarité familiale et les intérêts collectifs de la famille par rapport aux intérêts individuels, valorisent fortement la co-résidence multigénérationnelle ainsi que le mode de vie *net worked* – vivre séparément mais à proximité (Logan *et al.*, 1998). Des enquêtes récentes menées en Chine, à Hong Kong et à Taïwan ont de façon récurrente mis en évidence des avantages en termes de santé pour les grands-parents qui fournissent des soins occasionnels ou étendus à leurs petits-enfants. Par rapport aux personnes qui ne s'occupent

1. *The Economist,* évoquant « l'ère des grands-parents », évalue le nombre de grands-parents à 22 % de la population mondiale à l'horizon 2050, estimations faites à partir de données de l'ONU (*Courrier international,* n° 1693, avril 2023, p. 29).

pas de leurs petits-enfants, les grands-parents qui s'occupent d'eux présentent moins de symptômes dépressifs (Cong et Silverstein, 2008 ; Silverstein *et al.*, 2006 ; Tsai *et al.*, 2013), une meilleure santé, une plus grande satisfaction de la vie (Ku *et al.*, 2012 ; Silverstein *et al.*, 2006), et moins de limitations fonctionnelles de la santé (Guo *et al.*, 2008), et ce même lorsqu'ils assurent une double charge en tant que génération pivot (Xu, 2019).

## 3. La retraite au sein des couples grands-parentaux : quelques illustrations cliniques

Le passage et le vécu de la retraite semblent donc déterminés à la fois par la situation conjugale, le fait de vivre en couple, et par la situation familiale, avec la naissance d'une troisième génération. La retraite laisse un temps disponible qui peut être converti dans des formes de *retrait*, mais plus souvent de *retraitement* (Boutinet, 1990, p. 96-98). Comme l'a montré Caradec (2004), cette transition peut être partagée entre l'engagement citoyen comme bénévole et l'engagement familial *comme grand-parent*. Ce partage fait l'objet d'une conciliation des temps à l'échelle individuelle, mais aussi d'une renégociation à l'échelle conjugale. Pour prolonger le bilan synthétique et la mise en perspective des données de la littérature abordées jusqu'ici, nous nous sommes intéressés, à partir de trois vignettes cliniques, au processus transitionnel du passage à la retraite et des premières années qui l'ont suivi concernant des couples qui sont devenus simultanément grands-parents durant cette période. Nous faisons l'hypothèse que la retraite est une expérience vécue de manière d'autant plus satisfaisante qu'elle se réalise dans un contexte de grand-parentalité et qu'elle fait l'objet d'une expérience partagée au sein d'un couple stable. La retraite ne se présente alors pas comme rupture, mais comme une continuité et un nouvel équilibre entre un engagement citoyen qui prolonge l'activité professionnelle, la pratique de la grand-parentalité qui prolonge celle de la parentalité et une nouvelle expérience de vie conjugale et de loisirs. Cet équilibre est finalement à l'image de celui qui a été recherché aussi durant sa vie professionnelle mais qui se présente désormais à la retraite sans les mêmes contraintes (obligations) et sans les mêmes pressions (Rosa, 2010).

## 3.1 Méthodologie

De manière à explorer ces conditions de retraite « heureuse », nous avons procédé à des entretiens avec des couples, à la fois grands-parents et retraités. Nous avons opté pour une démarche qualitative à partir d'entretiens semi-directifs conduits en visio par les deux auteurs. L'un conduisait principalement l'entretien quand l'autre était davantage en retrait et dans l'observation. Les couples ont été recrutés dans l'environnement des auteurs à partir de critères objectifs : jeunes retraités (pour au moins un des membres du couple), grands-parents, couple stable. La proposition pour participer à la recherche a été lancée dans les réseaux des chercheurs et trois couples ont répondu positivement à cette sollicitation. Le chercheur qui conduisait l'entretien était celui qui ne connaissait pas les personnes. Les entretiens étaient enregistrés et transcrits. Ils ont duré une heure trente chacun. Ils ont été conduits en visioconférence du fait de l'éloignement entre chercheurs et participants. Les conditions de connexion étaient bonnes et les participants étaient généralement familiarisés avec les nouvelles technologies. Ils ont validé les éléments retenus par les auteurs avant toute diffusion.

Outre la limitation du nombre de participants – trois couples – la recherche introduit des biais que nous pouvons facilement identifier.

Les entretiens ayant eu lieu en couple, l'expression de chacun des membres peut se trouver limitée du fait de la présence de l'autre. Mais la coprésence présente aussi l'avantage d'une confrontation en direct quant à des sujets (la retraite, la grand-parentalité, le couple...) qui ne sont pas toujours discutés avec autant d'attention et souvent en l'absence de tiers, dans le quotidien. Les participants ont dit de fait avoir trouvé un intérêt dans cet échange en dehors même du contexte de la recherche.

Du fait de leur recrutement et de leur accord, les participants peuvent être enclins à « la désirabilité sociale » quant aux bonnes pratiques supposées de grands-parents et de conjugalité. Ils appartiennent pour la plupart aux professions intermédiaires et, de ce fait, correspondent aux habitus de ce milieu, valorisant par exemple la conciliation entre vie personnelle, vie familiale et activités (professionnelles ou engagement citoyen), et la recherche d'un compromis entre les espaces privés, les espaces partagés (couple, famille) et les espaces publics. Mais c'est aussi l'homogénéité de leur situation, assez représentative de la grand-parentalité actuelle, qui permet de souligner la granularité comparative des modalités des ajustements de chacun des couples à la période de transition analysée.

Pour l'analyse, nous procéderons à une présentation et à une analyse succincte des trois situations avant de discuter des éléments transversaux ou spécifiques à chacune de ces situations.

## 3.2 Annie et Alain, la retraite comme métamorphose ?

Annie a 64 ans. Elle a été secrétaire médicale, assistante sociale, puis formatrice. Elle a pris sa retraite à 62 ans, un an après Alain, qui a 65 ans. Il a fait des études de médecine, mais est finalement devenu enseignant SVT au lycée. Il a pris sa retraite à 62 ans. Ils ont l'un et l'autre anticipé leur retraite en travaillant à mi-temps en fin de carrière et en investissant d'autres activités, des passions pour Alain, des engagements associatifs pour les deux. L'activité reste intense pour chacun.

Ils sont mariés depuis 37 ans, ont deux enfants de 34 ans et 30 ans. L'aîné est séparé et a un enfant de 7 ans. Le second est célibataire ; il a vécu en couple 3 ans, sans vouloir d'enfant ; il a une actuellement une nouvelle amie. Les deux garçons sont associés depuis 4 ans dans la même entreprise. Annie a connu la maladie et s'occupe également de sa mère, 93 ans, aujourd'hui en établissement. Elle dit vouloir « ménager la monture ».

### 3.2.1 Séparation et rapprochements

L'annonce de l'arrivée d'un petit-enfant a été vécue avec bonheur, et avec une légère appréhension pour Alain, dont une sœur a fait une « anoxie prénatale ». Dans un premier temps, les rencontres étaient assez occasionnelles du fait de la distance. Leur fils avait alors suivi des études de droit mais sans trouver de débouché dans ce secteur. Dans la première année, il travaillait la nuit et s'occupait de son fils le jour. Leur belle-fille était juriste et assez impliquée professionnellement. La vie parisienne était compliquée et le couple a décidé de se rapprocher du lieu d'habitation des grands-parents (à environ 100 km), puis encore davantage. Durant le confinement, alors que leur petit-fils avait 4 ans, ses parents se sont séparés. Cette nouvelle situation et la proximité géographique ont alors intensifié le lien avec leur fils et leur petit-fils. La relation de confiance était déjà établie. Chacun des parents est en situation de recomposition familiale ; leur petit-fils déclare qu'il a plein de « chez [lui] », et « plein de grands-parents ». Annie, un peu jalouse de cette pluralité, a développé une relation de grande complicité avec son petit-fils tout en veillant à respecter la volonté des parents. Alain se rend disponible aussi pour son petit-fils et souhaite établir une relation naturelle avec lui sans vouloir lui inculquer quoi que ce soit, en contrepoint de ce qu'il a connu dans sa famille, notamment la relation entre ses parents et ses enfants. Le couple de grands-parents déclare assurer une fonction de suppléance, que leur petit-fils leur donne « la pêche » (Annie), ou encore éprouve du plaisir à faire des choses avec lui (Alain). Alain vit de façon plus détendue son rôle de grand-père que son rôle de père tel qu'il l'a conservé en mémoire. Il dit avoir appris de ses enfants cette sérénité, contrairement à l'éducation reçue de ses parents qui l'ont conduit à faire médecine malgré lui. Pour Annie, au contraire, son modèle de grand-mère est sa propre mère, sa manière d'accueillir ses petits-enfants (les gâteaux, le jardin, la mer, les rigolades…), voire sa grand-mère maternelle qui était également « gentille et aimante ».

À l'évocation d'un nouveau petit-enfant, Annie s'interroge cependant sur sa capacité à l'accueillir dans les mêmes conditions que le premier, la relation avec l'aîné semblant idéalisée. Elle s'appuie sur son expérience avec ses deux enfants pour se rassurer. Cette remarque permet à Alain d'évoquer son sentiment de passer au second plan avec son petit-fils comme cela pouvait être le cas avec l'arrivée de leurs enfants. Ils remarquent que se rejoue à la grand-parentalité des situations déjà rencontrées dans leur coparentalité, notamment sur le plan éducatif et quant à la centralité de l'enfant (fils ou petit-fils). « On pourrait s'accrocher sur les mêmes choses », dit Alain. Pour autant, des choses apparaissent comme différentes, notamment du fait que leur petit-fils est ressenti comme « un soutien » pour Annie et comme une source d'apprentissage pour Alain. Le petit-fils rapproche aussi le couple de leur fils, devenu parent comme eux. La grand-parentalité permet d'être non seulement acteur (comme c'était déjà le cas avec la parentalité), mais aussi témoin, « témoin discret », du lien entre cet enfant et chacun de ses parents. Ils revendiquent une certaine discrétion quant au lien qu'ils ont avec leur petit-fils, agacés parfois par la démonstration ostentatoire de photos de petits-enfants qu'ils observent chez d'autres grands-parents de leur entourage.

### 3.2.2 Transition et continuité

Annie et Alain recherchent un certain équilibre entre leur activité personnelle et leur fonction de grands-parents. Ils se montrent disponibles, mais sans que leur petit-enfant prenne toute la place, ce qui leur permet d'une part de revisiter leur parentalité autrement, avec du recul, et en référence au nouveau modèle éducatif parental de leur fils à l'égard de leur petit-fils, et d'autre part à l'un et à l'autre de rechercher les modèles d'identification et de contre-identification chez leurs ascendants, leurs propres parents, voire leurs grands-parents. La position grand-parentale apparaît comme une position charnière, un poste d'observation des enjeux de transmission et de co-transmission, ainsi que des transitions intergénérationnelles, familiales et sociétales.

Dans ces conditions, la retraite est vécue non pas comme une rupture, mais comme un prolongement de la vie, une métamorphose. Le temps libre qu'elle procure est réinvesti aussi bien dans des activités-passions, dans l'engagement associatif que dans la fonction grand-parentale. Le couple continue sa vie de couple à la retraite dans le partage d'expériences communes et dans la réalisation d'activités personnelles. Ce partage s'inscrit dans la sphère sociale, associative et familiale. Pour Annie, l'accent est davantage mis sur ce petit-fils dont elle se rend compte qu'« il a colonisé [sa] tête et [son] cœur » et pour Alain, dans la prudence à avoir à l'égard de toute emprise.

## 3.3 Béatrice et Bruno, la retraite comme disponibilité ?

Béatrice, 62 ans, a été institutrice durant 40 ans ; elle est à la retraite depuis un an et demi. Elle partage son temps entre activités personnelles, activités partagées avec son mari et contribution à la prise en charge de leur petit-fils. Bruno, 68 ans, était comptable en entreprise, puis expert-comptable durant les 15 dernières années de sa carrière. Ayant pris sa retraite il y a 7 ans, il s'est rapidement engagé dans une activité bénévole au sein d'une association caritative « en attendant la retraite de [sa] femme » et son engagement associatif initial s'est actuellement fortement réduit.

Béatrice et Bruno sont mariés depuis 37 ans. Ils ont 3 enfants. Leur fille aînée, Bénédicte, 35 ans, est mariée, et le couple a un enfant, Benjamin, 12 mois ; ils habitent à une heure de route. Leurs deux garçons, 32 et 30 ans, sont en couple, sans enfants.

Bruno montre une certaine ambivalence par rapport à son passage à la retraite : son travail lui apportait beaucoup de satisfactions, il se sentait encore actif et en pleine forme, il était partagé quant à la date retenue pour sa retraite. Fort de ses convictions à maîtriser ses choix, il a décliné les propositions de session de préparation à la retraite. Il dit avoir regretté cette retraite trop précoce, évoquant un brutal sentiment d'inutilité sociale et un besoin non suffisamment satisfait de s'occuper l'esprit occupé et d'une « dose des stress pour continuer à bouger » ; pour autant, il affirme « ne pas avoir été du tout déstabilisé », aidé en cela par l'engagement bénévole assez intensif dont il a fait le choix quelques mois après l'accès à la retraite.

Béatrice a été passionnée et investie jusqu'au bout dans son travail. Son choix de date de cessation d'activité a été motivé par sa différence d'âge d'avec son mari et le souhait partagé de vivre des choses ensemble, et ce dans une période où ils se sentent encore très actifs et disponibles. Béatrice exprime également le souhait de se dégager des contraintes de sa vie antérieure, à la fois professionnelles et familiales, qui lui ont parfois pesé, n'ayant eu jusqu'ici « jamais de temps réellement à (elle) ». Si les modalités d'entrée à la retraite ont été ressenties comme très rapides (du fait de dispositions calendaires résultant de la crise sanitaire), elle considère ne pas en avoir souffert et ne pas avoir eu envie de revenir en arrière, d'autant qu'elle a su très rapidement s'investir dans d'autres activités, activités qu'elle a délibérément choisies comme gratifiantes pour elle-même et non orientées vers la collectivité.

Si Bruno n'était pas trop dans l'attente d'avoir des petits-enfants, Béatrice « attendait désespérément que ça vienne », tout en étant vigilante à ne pas faire pression sur ses enfants. Benjamin est en réalité arrivé un peu plus rapidement que ses parents ne l'escomptaient, et dans un contexte spécifique. Le père est iranien et le couple vivait en Iran à la suite d'un choix professionnel de Bénédicte. Bénédicte et son mari reviennent en France durant la grossesse ; Benjamin naît prématuré, ce qui suscite des craintes par rapport au développement du bébé et un accompagnement très actif de la grand-mère. Si une certaine appréhension s'est ressentie en raison d'un décalage culturel, leur propre ouverture et un accueil direct des grands-parents paternels lors d'un séjour en France ont modulé leurs réserves. Les « négociations » souples sur les règles éducatives trouvent également un ancrage dans ce décalage culturel au constat d'un père très protecteur alors qu'eux-mêmes cherchent davantage à favoriser l'autonomie de Benjamin, le léger retard dû à la prématurité renforçant selon eux le principe d'une stimulation nécessaire.

### 3.3.1 La maîtrise des espaces de disponibilité

Les choix dont Béatrice et Bruno *rendent compte* illustrent leur volonté de maîtrise des espaces de disponibilité. Le fait qu'ils soient les seuls grands-parents à proximité comme ressources a en fait ouvert un espace de gestion des attentes. Il trouve écho dans leur disponibilité psychique d'abord rendue possible par la conjugaison de la retraite et de la grand-parentalité : « Quand on travaille le soir, tu reviens, tu es fatigué, tu as envie de te reposer, là on en profite vraiment (...) ; si on était en activité, on aurait le cerveau moins disponible pour Benjamin. » Disponibilité matérielle ensuite : « (...) quand il est malade, je reporte nos activités ; la priorité c'est Benjamin. » Mais une disponibilité au regard de ses propres choix de vie et quant au sentiment de maîtrise des décisions : « alors on n'arrête pas toujours toutes nos activités » (...) : s'il faut « on se rend disponibles ». Si Béatrice affirme plus explicitement ce choix, il se joue sur un registre un peu différent chez Bruno : partagé entre « un brin d'ennui quand même quelquefois » et sa résistance à ne pas être réabsorbé par les sollicitations associatives, il apprécie particulièrement les « moments chaleureux » liés à la présence de Benjamin qui autorisent une transition vers un nouveau de temps de retraite.

### 3.3.2 Une légitimation positivée de la revisitation des rapports de rôle et de genre

Bruno pointe les difficultés qu'il éprouve à se remémorer sa façon d'être avec ses propres enfants jeunes puisque « ça fait 30 ans » et qu'il déléguait plus à Béatrice l'éducation des enfants ; mais il lui semble qu'il est plus attentif aux progrès de Benjamin, plus « concerné » par ses progrès. S'il se sent « un peu plus dans le patriarcat » au sens où il déléguerait les tâches fonctionnelles, il retrouve sur ce plan une certaine continuité, mais la délégation (supposée) est légitimée par la pression des attentes alléguées de son épouse : « Je vois pas le changement, j'ai pas changé Benjamin une seule fois, mais j'ai moins le droit de m'en occuper parce que c'est vrai que ma femme aime bien jouer à la poupée quand même. » Les rapports de genre sont en quelque sorte légitimés du fait des bénéfices qui les sous-tendent : le plaisir d'exercice retrouvé d'une fonction maternante dans un espace choisi.

### 3.3.3 Un espace de couple grand-parental protecteur d'autant que non soclé sur une identité sociale

Si la présence de Benjamin nourrit des discussions, l'intérêt n'est pas tant l'échange sur ce qui ferait accord ou divergence de points de vue que le plaisir d'échanger : au final, « même si cela n'a pas fondamentalement changé la vie de couple, ça rapproche ». Mais pour Bruno et Béatrice, cette fonction enrichit d'abord un espace privatisé, il est contributif de leur intimité et ils gardent à cet égard d'autant plus de souplesse qu'ils se refusent à revendiquer et à partager une identité sociale de grands-parents avec leur entourage amical, ce qui leur permet d'échapper aux contraintes normatives de la fonction : « ça unit plus que ça désigne ».

## 3.4 Claudine et Christian, la retraite comme reconversion ?

Claudine travaille encore actuellement comme éducatrice et envisage de prendre sa retraite au 1er janvier de l'année qui vient. Elle a connu des périodes d'interruption de carrière : « 14 ans, où elle s'est occupée de ses enfants ». Pour bénéficier d'une retraite à taux plein, il faudrait qu'elle attende 67 ans, mais « la vie, on n'en a qu'une (...) et je suis en bonne santé ». Même si elle dit aimer son travail, en être passionnée, elle trouve que cela lui demande beaucoup d'énergie. Christian a 63 ans, il était représentant et « souvent sur les routes » et il est à la retraite depuis plus d'un an.

Claudine et Christian sont mariés depuis 43 ans. Ils ont trois enfants, deux fils de 42 et 37 ans et une fille de 32 ans. Ils sont devenus grands-parents jeunes, 47 ans pour Christian et 46 ans pour Claudine. Ils ont quatre petits-enfants, deux petits-fils de leur fils aîné, de 16 ans et 11 ans ; deux petites-filles de leur fille benjamine, de 7 et bientôt 2 ans.

Claudine comme Christian ont connu une promotion professionnelle dans leur carrière. Elle a d'abord été assistante maternelle, puis est devenue éducatrice ; lui a d'abord travaillé dans l'hôtellerie (comme son père), puis dans la motoculture de plaisance, 19 ans dans un groupe où il est devenu directeur technique, puis jusqu'à la fin de sa carrière dans un plus grand groupe étranger où il est devenu directeur de la filiale française. Christian dit être parti davantage pour des raisons liées à ses valeurs que du fait de son usure de carrière, car il reconnaît avoir eu finalement un travail plus intellectuel que physique.

Ils vivent actuellement une période transitoire car Christian est à la retraite alors que Claudine ne l'est pas encore. « Je lui prépare des petits plats, je fais le jardin, promener le chien, prendre mon jacuzzi, jouer au tennis de table... » relève Christian en soulignant le contraste avec son activité professionnelle où il était toujours sollicité : « La plus grande difficulté a été d'accepter de ne plus être demandé par l'extérieur... » Cette difficulté s'est estompée avec le temps bien que son fils travaille toujours dans l'entreprise qu'il a quittée. Aujourd'hui, il dit que ses « journées sont bercées par le réveil » de Claudine qui part au travail. Claudine souligne que Christian a du temps libre et la liberté de faire ou pas telle ou telle chose. Elle se projette dans leur retraite commune.

Actuellement, ils accueillent des personnes dans leur deuxième maison louée en Airbnb, ce qui leur permet de garder contact avec des personnes. Eux-mêmes aiment bien voyager, partir ensemble ou aller voir les enfants, les amis, etc. Ils partagent aussi une activité de bénévolat pour accompagner les personnes en situation de handicap dans des activités sportives.

Leurs activités de grands-parents concernent principalement leurs petites-filles qui habitent à faible distance et pour qui ils sont davantage sollicités. Leurs relations avec leurs petits-fils, plus grands et plus éloignés, sont plus occasionnelles, d'autant que leur fils étant maintenant séparé, il ne les accueille qu'un week-end sur deux. L'éloignement a toujours rendu leurs rencontres ponctuelles, par exemple lors de vacances dans la maison de famille. Christian était ravi d'être un grand-père jeune, de pouvoir faire des choses avec eux « en forme », alors qu'il avait une représentation des grands-parents comme de personnes très âgées. Parents jeunes à 19 ans, grands-parents jeunes à 43 ans.

Christian redoute en effet les écarts de générations qui peuvent rendre compliquées les relations, d'autant qu'il aurait, selon son propre avis, « tendance à gérer [ses] petits-enfants comme [ses] enfants ». Claudine voit davantage dans ce faible écart intergénérationnel la possibilité de faire des choses avec eux, comme de partir en voyage en Écosse avec son petit-fils, lorsqu'il avait 13 ans. Christian confirme en ajoutant que maintenant, il « analyse [aussi] avant de réagir » au contact de Claudine qui a acquis cette aptitude par sa plus grande présence auprès de ses enfants et par son travail auprès d'adolescents handicapés : « Claudine y est pour beaucoup puisque c'est quand même elle qui a passé une grande partie de ses années à s'occuper des enfants et l'éducation... Vis-à-vis de mes enfants, on discute à cœur ouvert, on discute vraiment. S'il y a un problème on en parle, (...) par rapport à mes petits-enfants. »

### 3.4.1 Des grand-parentalités

La séparation du fils aîné avec sa compagne a rapproché celui-ci de ses parents. La relation grands-parents petit-fils n'a initialement pas été affectée, mais la recomposition familiale de leur ex-belle-fille semble les avoir davantage éloignés d'autant qu'ils n'ont plus eu aucune relation avec elle. Christian exprime « le sentiment d'une scissure entre eux et nous, avec moi en tout cas », environ au moment où il a pris sa retraite. La relation avec leur fille, demandeuse, et leurs petites-filles est plus facile. Claudine avance : « Elle est maman, je suis maman. » Christian, à la retraite, « garde les petites » quand Claudine part au travail. Il y a des nouvelles presque quotidiennement. « On a deux cas d'école ! deux situations complètement différentes », note Christian. Le projet de retraite de Claudine serait d'être plus disponible et de pouvoir facilement se déplacer pour voir ses enfants et ses petits-enfants.

### 3.4.2 Le lien vital comme ouverture entre générations

Rétrospectivement, Claudine et Christian disent avoir vécu toutes ces expériences de parents et de grands-parents comme du bonheur, « quelque chose qui leur appartient », avec des moments « pas faciles », mais qu'ils ont su partager, sachant se remettre en cause. Ils ont toujours des projets, projets de voyage, projets de sortie, projets avec leurs enfants et petits-enfants. Ils soulignent qu'ils ont perdu l'un et l'autre leurs parents jeunes. Claudine a perdu sa mère lorsqu'elle avait 16 ans et a dû s'occuper de ses plus jeunes frères et sœurs. Leurs propres enfants n'ont quasiment pas bénéficié de relations avec leurs grands-parents, ce qui n'est pas le cas de leurs petits-enfants : « c'est comme un challenge d'être des grands-parents en bonne santé et actifs » et de donner la meilleure image de nous-mêmes, « une force vitale » pour nos petits-enfants. Leur engagement bénévole dans le handisport tient au partage qu'il est possible d'avoir entre personnes valides et non valides, le handicap, la maladie pouvant toucher tout le monde un jour. Cette « philosophie » est présentée comme celle du couple qu'ils forment, comme une ouverture vers les autres, et entre les générations, et ceci constitue aussi leur projet pour la retraite. Christian, ayant plus de temps libre, a anticipé davantage encore son engagement dans cette direction, mais il attend que Claudine puisse le rejoindre pleinement pour poursuivre ensemble ce bénévolat.

### 3.4.3 Des recompositions de rôle personnalisées

Pour Christian, l'expérience de grand-parent à la retraite lui permet d'avoir une disponibilité qu'il n'avait pas du temps où il était parent, où il devait compenser, durant le week-end, son absence de toute la semaine. Il découvre, en étant désormais à la maison alors que Claudine travaille, des dimensions relationnelles à l'égard de ses petites-filles qu'il ne connaissait pas avec ses enfants, même s'il garde globalement « la même ligne » dans son éducation. Claudine ne se sent pas responsable, elle, de l'éducation de ses petits-enfants contrairement à ce qu'elle a connu avec ses enfants. Elle parle de « légèreté », même si elle est toujours prête à répondre aux besoins de ses enfants et à discuter avec eux à propos de ses petits-enfants.

Entre eux, Claudine et Christian se considèrent en accord même s'ils ont des différences d'approche, différences que Claudine valorise (la richesse des différences) et dont elle souligne le rapprochement avec le temps, Christian faisant preuve de davantage de psychologie. La retraite semble s'inscrire dans la continuité de leur relation de couple, de parents et de grands-parents. Cette période transitoire de deux ans, où l'un est à la retraite alors qu'il avait été très actif professionnellement, et l'autre n'y est pas encore alors qu'elle avait connu une période de 14 ans sans activité professionnelle pour s'occuper des enfants, semble permettre à l'un et à l'autre de vivre autre chose, de se transformer tout en se préparant à cette nouvelle étape de leur vie.

## 3.5 En synthèse : les « conciliations » en question à l'heure de la retraite

Ces trois témoignages de couples manifestent à la fois la singularité de chaque histoire et les processus communs nécessaires à cette transition de la vie qu'est la retraite aujourd'hui. Blanché (2014) nous rappelle qu'il s'agirait pour le couple d'une odyssée dont l'épreuve serait de faire face à deux, entre quatre murs, 24 heures sur 24. Le passage à la retraite semble marqué aujourd'hui moins par le retrait que par la nécessité de « retraiter » sa vie. La grand-parentalité offre des opportunités pour continuer de concilier les temps et les espaces, ainsi que la vie relationnelle, conjugale et intergénérationnelle.

### 3.5.1 Une conciliation des temps

La retraite est un moment qui donne de la disponibilité et qui diminue habituellement les contraintes, liées aussi bien à l'activité professionnelle qu'aux pratiques de parentalité. Elle s'offre donc comme une opportunité pour redéfinir ses occupations et réaliser des actions qui prolongent ou remplacent le travail et/ou des actions qui s'inscrivent dans la continuité des pratiques parentales. Les six participants concilient les temps (personnel, conjugal, familial, loisirs, travail...) à la retraite comme ils les conciliaient déjà lorsqu'ils étaient en situation d'emploi.

La répartition entre ces différentes activités varie cependant entre « le temps professionnel » et « le temps de la retraite ». Pour les uns, la conversion du travail s'est effectuée principalement par un fort investissement dans le bénévolat (Bruno, Christian), dans la création et le développement d'une association (Annie) dans des actions de loisirs (Alain, Béatrice). Claudine n'est pas encore à la retraite, mais elle imagine s'investir aussi bénévolement aux côtés de Christian. La grand-parentalité semble également investie par les six participants, dans des proportions assez similaires, à savoir que cette fonction occupe une place certaine, souhaitée, parfois revendiquée, mais pas toute la place. En effet, la grand-parentalité se présente comme dégagée des obligations de la parentalité et favorise la création d'un lien différent en direction d'un ou des petits-enfants de celui qui avait été investi en direction de son ou ses propres enfants.

Chez les trois couples interrogés, qui appartiennent aux classes moyennes, il s'agit de trouver un nouvel équilibre quant à ses investissements. L'agilité à concilier les temps, acquise avant la retraite, se maintient après. Les jeunes retraités interrogés sont encore très « actifs ». Ils le sont davantage par choix que par contrainte. La transition semble s'opérer de manière relativement souple quand elle a été préparée (Alain, Annie, Béatrice et Claudine), de manière plus difficile pour Bruno qui s'est engagé dans le bénévolat comme substitut de son activité professionnelle ou de Christian qui a éprouvé un grand vide dans les premiers mois de sa retraite. Pour l'un et l'autre, cette difficulté tient à la fois à leur fort investissement professionnel passé (la conversion vers un nouvel équilibre est moins fluide) et au maintien transitoire de l'activité professionnelle de leur conjointe. La synchronie du passage à la retraite pour les deux membres du couple semble être un facteur favorable à la transition.

De même, il semble que le statut de retraité soit plus favorable quant à l'investissement de la grand-parentalité. Chez Annie et Alain comme chez Bruno et Béatrice, il s'agit d'une primo grand-parentalité. Annie et Alain, du fait de leur nouvelle retraite, ont pu manifester particulièrement leur soutien au moment de la séparation conjugale de leur fils. De même, Béatrice a pris sa retraite au moment de l'arrivée de son petit-fils en France. Cette synchronie participe de la compensation ou de la conciliation recherchée. Chez Claudine et Christian, la grand-parentalité est survenue en deux temps, un premier où ils étaient encore en forte activité professionnelle (naissance de leurs deux petits-fils issus de leur fils aîné) et un second où ils s'approchaient davantage de la retraite (deux petites-filles issues de leur fille benjamine).

Bien que d'autres facteurs aient pu jouer (proximité géographique, séparation conjugale du fils aîné, recomposition du couple de leur ex-belle-fille), la disponibilité qu'offre la retraite permet de tisser un lien plus étroit avec les petits-enfants. Nous pouvons donc penser que la synchronie entre retraite et grand-parentalité d'une part, et celle entre les deux membres du couple dans le passage à la retraite d'autre part, sont des facteurs favorables pour assurer une continuité et non une rupture. Par ailleurs, l'agilité acquise à concilier les temps de travail, de famille et de loisirs avec le temps de l'emploi est une compétence qui peut se transférer au moment du passage à la retraite.

### 3.5.2 Une conciliation des espaces : personnel, conjugal, grand-parental

À cette conciliation des temps s'ajoute une redistribution des espaces. Le travail au sein des trois couples constituait un espace personnel, relativement indépendant du partenaire. Annie (assistante sociale) et Alain (enseignant), tout comme Bruno (expert-comptable) et Béatrice (professeure des écoles) ou encore Christian (directeur d'une filiale) et Claudine (éducatrice, après avoir élevé ses enfants pendant 14 ans) disposaient chacun d'un tel espace spécifique, protégé du regard intrusif de l'autre. La famille, la maisonnée, représentent un espace durablement partagé puisqu'il s'agit de trois couples stables (non recomposés). Avec le passage à la retraite, la maisonnée devient le lieu principal et tend donc au partage continu d'un même espace. S'opère alors une redéfinition de cet espace commun, selon deux voies : le maintien d'un espace personnel en dehors du foyer, Annie dans son association, Bruno dans une association caritative, Béatrice dans des activités personnelles de bien-être etc. ; la division de l'espace commun (maison) en espace personnel, comme un bureau ou un lieu de montage (Alain). Certaines activités partagées, antérieures à la retraite, sont également « renégociées » au sein du couple au moment de ce passage, avec un investissement plus marqué d'un membre du couple par rapport à l'autre. Cela se traduit par la reconnaissance d'espaces privilégiés pour l'un ou pour l'autre, même si chaque partenaire bénéficie parfois d'un droit de regard, voire participe à l'activité et assiste son partenaire dans cet espace. La conciliation des temps strictement personnels, des espaces intimes (conjugaux) et des espaces partagés font l'objet d'une « renégociation » au moment de la retraite. Christian et Claudine ont connu une longue période pour laquelle la distribution des places était marquée par la division entre le travail pour Christian et le foyer pour Claudine. Cette situation est quasi inversée aujourd'hui puisque Christian est retraité à la maison alors que Claudine travaille encore. Christian parvient à investir « la maison » en portant son attention sur les tâches du quotidien, alors que Claudine se sent encore investie par son travail. À la retraite, ils aspirent à partager davantage d'espaces communs comme celui d'activités bénévoles autour du handisport. La retraite est l'occasion de redéfinir les espaces au sein du couple, soit dans une perspective de recherche de maintien de l'équilibre antérieur si celui-ci était satisfaisant, soit dans une perspective de compensation si les choix antérieurs étaient soumis à des fortes contraintes professionnelles ou familiales.

### 3.5.3 Une conciliation des personnes

Le troisième type de conciliation est explicitement relationnel. La retraite et la grand-parentalité correspondent à un âge de la vie qui est aujourd'hui pivot. Les intéressés ont généralement un recul sur ce qu'ils ont fait professionnellement et familialement. Ils peuvent revisiter leur histoire, faire une sorte de bilan et se projeter autrement, individuellement et conjugalement, dans la poursuite de cette histoire. Le couple a connu une période de vie à deux, puis la construction d'une famille, puis se retrouve à nouveau à deux. Ce retour n'est cependant pas un retour à l'identique car il est marqué par l'histoire professionnelle (mobilité individuelle), l'histoire conjugale (avec ses crises) et l'histoire familiale. Cette histoire familiale ne se limite pas à leur histoire commune mais aussi à la famille d'où chacun vient (les ascendants), aux alliances de leurs enfants et à l'arrivée de petits-enfants (les descendants).

L'expérience conjugale est déterminante quant à la manière de partager horizontalement ce qui s'inscrit dans la chaîne généalogique ascendante et descendante. Les couples rencontrés poursuivent ce qui a déjà été engagé et s'ajustent aux nouvelles réalités qu'ils ne maîtrisent pas : le choix des partenaires de leurs enfants, leur éventuelle séparation, le mode éducatif de leurs enfants, ... Il apparaît dans les entretiens auprès des couples une forme de similitude entre leur position parentale et leur position grand-parentale, les uns reconnaissant par exemple ce qui se rejoue avec les petits-enfants des situations relationnelles déjà connues du temps de la parentalité partagée. Cela concerne par exemple les modèles éducatifs, la centralité de l'enfant dans le jeu des places... Du côté des hommes, l'expérience de la grand-parentalité peut être assez différente de l'expérience de la paternité : Alain, par exemple, dit qu'il a beaucoup appris de ses enfants et aujourd'hui de ses petits-enfants (liens intergénérationnels horizontaux) alors qu'il a été éduqué de manière autoritaire (liens intergénérationnels verticaux). La disponibilité qu'offre la retraite rend les relations plus fluides et moins prescrites. Christian, en revanche, reconnaît qu'il tend à entretenir des rapports avec ses petits-enfants comme ceux qu'il a eus avec ses enfants, ce qui suscite parfois des difficultés. Claudine souligne qu'il fait preuve aujourd'hui de plus de psychologie. Bruno a une expérience récente de la grand-parentalité. Chacun tend à porter plus d'attention à l'égard des jeunes enfants et à considérer qu'ils ne sont pas « responsables » de leurs petits-enfants. Du côté des femmes, la grand-parentalité s'inscrit moins en rupture avec la maternité. Elles se positionnent en soutien de leurs enfants (fille ou fils) devenus parents. Cela semble d'autant plus « naturel » lorsqu'il s'agit d'une fille (relation mère-fille), ou d'un fils séparé (substitut maternel). Elles offrent une disponibilité, et indiquent des limites moins explicites que les grands-pères. Elles établissent avec leurs petits-enfants des relations de complicité (Annie), mais considèrent comme les grands-pères que ce sont les parents qui éduquent principalement leurs enfants. La grand-parentalité et la retraite tendent à rapprocher les positions entre les genres et redessinent la manière d'exercer ensemble une fonction de co-grand-parentalité, un agencement nouveau et négocié des liens aux différentes générations.

## Conclusion

Ainsi, tout en rappelant d'abord le biais de sélection de nos couples participants, il semble que nos données ont pu montrer que si la retraite et la grand-parentalité ont pu naître dans une conjugaison temporelle, le couple a bien constitué un élément structurel essentiel de leur articulation, facteur favorisant d'une « réalisation » de la grand-parentalité et d'une modalité d'adaptation à la retraite. Mais cette grand-parentalité est progressivement passée d'une « valeur-service » à une opportunité de réalisation de soi en couple, avec une génération de nouveaux retraités qui « cherchent à s'affranchir des clichés et à trouver une seconde jeunesse, [en référence aux] *seenagers* (contraction de *senior* et de *teenager*), libres et résolument tournés vers l'avenir » (Oliveira et Loureiro, 2023, p. 24).

Ce que nous donnent à voir les couples rencontrés, ce sont les modalités d'articulation actuelles des composantes. Si la grand-parentalité est une opportunité de réalisation de soi, elle peut aussi être une contrainte. Mais au final les couples choisissent en quelque sorte le degré de contrainte *vs* liberté qu'ils ont envie d'intégrer à leur rythme de vie, et ce de façon à la fois individuelle et conjugale, pour ouvrir à une « retraite (comme) nouvelle vie, odyssée personnelle et collective » (Blanché, 2014), et à un « vieillir en famille » positivé (Schneider, 2021). Cette liberté est bien évidemment relative puisque dépendante de la situation de leurs enfants et petits-enfants, mais dès lors que la grand-parentalité est accessible, elle offre des opportunités subtiles de négociation au sein du couple et dans son rapport à l'environnement familial et social pour gérer la transition vers une retraite qui s'annonce d'autant plus longue qu'elle est enrichie des rapports intergénérationnels.

Mais parmi bien d'autres facteurs en interaction que notre analyse ne peut systématiquement prendre en compte, notons les positions genrées qui contribuent aux positions individuelles et aux rapports au sein du couple. On peut avoir le sentiment que la rupture entre vie professionnelle et retraite reste un peu plus difficile pour les hommes pour lesquels le rapport au travail a été plus fondamental dans leur parcours personnel. Ils se découvrent dans une fonction grand-paternelle et dans une relation nouvelle avec de jeunes enfants. Pour les femmes, et ce indépendamment d'un niveau de qualification professionnelle, le parcours de vie parental a dû en permanence concilier des rôles. D'une certaine façon, elles appuient leur rapport à la grand-maternité sur cette expérience, ce qui les autorise à mieux maîtriser leur aspiration à l'autonomie. Mais c'est bien la présence réciproque des deux partenaires qui permet à chacun d'eux d'intégrer de façon positive leur rapport à la grand-parentalité dans la transition vers la retraite.

# Chapitre 7

# Se former à la retraite : pistes concrètes pour une ultime propédeutique[1]

1. Par **Christian Heslon**.

# Sommaire

Si la formation continue, ou « tout au long de la vie » selon les différentes réformes françaises et la loi 2018-771 du 5 septembre 2018, dite « Loi pour la liberté de choisir son avenir professionnel », s'est considérablement développée au cours de la vie adulte depuis trois décennies, elle n'en reste pas moins, comme son nom l'indique, très massivement cantonnée à la période de travail et à la carrière professionnelle. Elle n'intègre ainsi que rarement la dernière étape de ladite carrière, à savoir la retraite, pourtant souvent active et engagée, comme l'illustrent les divers chapitres du présent ouvrage. Ainsi des formations de préparation à la retraite, qui demeurent exceptionnelles. En effet, malgré les efforts faits en ce sens par de nombreuses entreprises soucieuses d'aménager et d'accompagner la transition de leurs salariés vers la retraite, de même que diverses initiatives prises par certaines caisses de retraite, l'immense majorité des retraités n'en bénéficient toujours pas... Et pourtant, n'est-ce pas justement le moment de faire un bilan et de nouvelles projections, au croisement des horizons rétrospectif et prospectif chers à Edmund Husserl (1928) ?

Car il s'agit là d'un moment charnière, précisément celui où l'on peut encore s'interroger sur son parcours et se lancer dans de nouvelles formes de vie. Tout un cheminement s'ensuit, qui mérite d'y prêter attention, dans la mesure où les tournants de vie qui s'opèrent à ce moment-là sont parmi les derniers de ceux où la contingence l'emporte encore sur la nécessité, et la conation, à savoir le domaine de l'intentionnalité, sur ce qui échappe à la volonté. C'est en ce sens que les pistes concrètes ici exposées constituent autant d'éléments d'une ultime propédeutique, voire d'une heuristique. Ces pistes peuvent être parcourues par tout un chacun, qu'il soit candidat à la retraite, apprenti-retraité ou encore retraité confirmé. Elles peuvent aussi guider divers dispositifs d'accompagnement, servir de base à des actions de formation ou de préparation à la retraite, ou enrichir et compléter tel ou tel autre mode d'intervention en vue de faciliter la transition vers la retraite pour que soit mieux négocié ce cap de l'existence – dont plusieurs figurent dans les autres chapitres de ce livre. Ces pistes concrètes s'organisent autour de cinq thèmes : prendre en compte son âge subjectif, remplacer le travail, imprimer de nouvelles dynamiques familiales, éviter divers facteurs de risque et explorer certaines voies, généralement délaissées lors de la carrière professionnelle.

## 1. De la « police des âges » à l'âge subjectif

Utilisé par les historiens et les sociologues, le terme « police des âges » (Bessin, 1994) désigne la régulation et la normalisation des parcours de vie par l'intermédiaire de l'âge d'état civil. Caractéristique de la modernité occidentale à partir du XVIIe siècle, cette police des âges s'est étendue progressivement au cours de l'époque industrielle, notamment par la définition de l'âge légal du travail (fixé en France à... 8 ans en 1841, puis 12 ans en 1874 !). Elle a défini parallèlement et peu à peu l'âge scolaire, l'âge du mariage, les différents âges de la majorité (civique, pénale, sexuelle, etc.), l'âge du service militaire autrefois, l'âge d'accès à différents concours et, bien sûr, l'âge de la retraite. Aujourd'hui contestée au titre de l'« âgisme », plus particulièrement dans les pays anglo-saxons, cette police des âges s'est également largement estompée du fait du relâchement des normes d'âge selon lequel tout ou presque paraît désormais possible à tout âge (Heslon, 2021) : apprendre et se former, changer d'emploi ou d'orientation, se marier ou divorcer, donner la vie à un enfant – même la frontière de la ménopause semble vaciller devant la procréation médicalement assistée, la gestation pour autrui ou encore l'utérus artificiel. Cependant, cette police des âges subsiste toujours en matière de retraite, jusqu'à monopoliser l'essentiel des débats : 60 ans, 62 ans, 64 ans ou plus ?

Or, d'un point de vue psychologique, est-ce véritablement l'âge d'état civil qui compte, c'est-à-dire celui de la morne arithmétique chronologique qui décompte nos années vécues depuis celle de la naissance ? Ou ne serait-ce pas plutôt l'« âge subjectif », c'est-à-dire celui auquel chacun s'identifie, celui que nous ressentons, celui qui guide véritablement nos conduites et nos inconduites ? Étudié, théorisé et mesuré par de nombreux psychologues dans de nombreux pays – là encore, principalement anglo-saxons –, cet âge subjectif a fait l'objet d'une synthèse exhaustive établie par Sophie Tripon (2023). La tendance générale, que confirment ces nombreuses études internationales, est celle du « rajeunissement subjectif » : à partir de l'âge de 30 ans, la plupart des adultes tendent à se sentir plus jeunes qu'ils ne le sont. Les explications avancées sont triples : valorisation de la « jeunesse » dans les sociétés contemporaines, mécanisme de défense contre la peur de vieillir, processus cognitif selon lequel le temps semble passer de plus en plus vite au fur et à mesure que l'on avance en âge. Néanmoins, cette tendance générale au rajeunissement est parfois contrariée par un sentiment de vieillissement subjectif lors des accidents de la vie (deuil, séparation, perte d'emploi, maladie, handicap, dépendance d'un proche, etc.). À l'inverse, certaines expériences provoquent une accentuation du sentiment de rajeunissement : rencontre amoureuse, sortie d'une épreuve (maladie, épuisement au travail ou en tant qu'aidant), atteinte d'un but poursuivi de longue date mais aussi, paradoxalement, naissance d'un petit-fils ou d'une petite-fille...

C'est ainsi que l'âge auquel prendre sa retraite n'est pas uniquement celui, chronologique, qui autorise à faire valoir ses droits mais aussi – et parfois surtout – celui, subjectif, auquel on est prêt à affronter et à assumer ce changement de vie. Certains, usés par leur vie de travail, aspirant légitimement à accéder au plus tôt à la retraite, verront leur âge subjectif diminuer, ou au moins se stabiliser lorsqu'ils pourront enfin se reposer et jouir de leur temps libre. D'autres à l'inverse se sentent encore trop « jeunes » ou, du moins en pleine possession de leurs moyens dans un travail qui leur plaît, pour s'identifier à la figure du « retraité » ... Le bon âge pour partir à la retraite, c'est le moment subjectif auquel on s'y sent prêt !

J'ai par ailleurs déjà suggéré (Heslon, 2010) que le bon âge pour prendre sa retraite dépendait non seulement de l'âge subjectif, mais aussi du *self-calendar* de Bernice Neugarten (1996). Cette sorte de « calendrier intime » se compose des diverses échéances, souhaitées ou inévitables, que chacun se donne de manière plus ou moins explicite : finir ses études à tel âge, avoir un enfant avant tel âge, atteindre tel poste ou telle fonction à tel âge, etc. Et bien sûr, prendre sa retraite à tel âge. Ainsi, certains se projettent déjà à 45 ans dans une lointaine retraite attendue, quand d'autres ne s'y projettent toujours pas à 65 ans. S'ensuivent un ensemble de transactions d'âge, calendaires et subjectives, qui varient selon les personnes et évoluent au fil des ans, en fonction de nombreux critères dont la situation financière, la satisfaction ou l'insatisfaction au travail ou la nature des projets de retraite, sans oublier les temporalités de l'entourage proche : parents ou beaux-parents dont il faut payer l'EHPAD, âge de retraite du conjoint, fin des études des enfants notamment. C'est au gré de ces transactions qu'arrivera le moment propice pour enfin prendre « sa » retraite – il est souhaitable que ce moment soit celui que l'on détermine soi-même, comme l'a démontré Neugarten à propos de toutes les échéances du *self-calendar*, que l'on vit toujours mieux lorsqu'elles coïncident avec l'âge auquel le sujet s'était projeté. Ce n'est malheureusement pas toujours le cas, qu'il s'agisse de la retraite parfois imposée, ou d'autres échéances subies sans que l'on y soit préparé...

## 2. Remplacer le travail ? Les sept questions à se poser

Encore s'agit-il, une fois négocié ce virage d'âge, de se projeter dans la nouvelle vie que sera cette retraite tant attendue. Or, parce qu'elle succède à quatre décennies de travail, il faudra bien trouver moyen de « remplacer » ledit travail qu'elle impose de quitter – mis à part les cas où la retraite fait suite au chômage, à la maladie, à l'inaptitude, ou a été prise de façon progressive. Or, à l'horizon de ce passage, beaucoup d'aspirants à la retraite expriment non pas leur désir de « remplacer le travail », mais bien celui de le bannir, de s'en affranchir ou, tout simplement, de bénéficier enfin du *temps retrouvé* célébré par Marcel Proust (1927). Ceux-là aspirent enfin au « temps choisi », après plus de quarante ans de « temps contraint » du fait de leurs précédentes obligations familiales et professionnelles. Il n'empêche : il s'agit bien de transformer le temps consacré au travail en d'autres manières d'habiter sa vie, c'est-à-dire tout de même de parvenir à « remplacer le travail » d'une manière ou d'une autre. Certains le remplaceront par des loisirs, renouant avec l'*otium* des Latins de l'Antiquité. Jean-Claude Milner (2017) avance à ce propos que l'*otium* revenait à une redistribution inégalitaire de « sur-salaire » et de « sur-temps », là où les politiques salariales contemporaines rétribuent soit en salaire, soit en temps. Ce qui ouvre à toute une réflexion pour notre XXIe siècle sur les équilibres nouveaux à inventer entre-temps pour soi (à la retraite comme aux autres âges de la vie) et la rétribution du temps durant lequel chacun contribue au bien-être collectif – et pas seulement à son seul enrichissement. D'autres retraités se consacreront au contraire à des activités exigeantes, par passion, par générosité ou par besoin d'exister, activités bénévoles ou peu rémunérées qui se substitueront à leur travail antérieur en leur apportant plus de satisfaction, ou de meilleurs bénéfices narcissiques, ou les deux à la fois. Quoi qu'il en soit, il s'agit bien dans les deux cas de combler le vide laissé par la déréliction du travail.

Ce vide tient aux différentes fonctions psychosociales que remplit ledit « travail ». Celles-ci tombent subitement en déshérence dès lors que le travail s'arrête, quelles que soient les causes de cet arrêt (chômage, maladie, prison ou... retraite !). C'est en ce sens que la transition vers la retraite impose de « remplacer le travail ». Il s'agit de trouver non pas un nouveau travail, mais de nouveaux moyens de remplir autrement les fonctions que le travail remplissait auparavant. Selon Jacques Limoges (2018), ces fonctions psychosociales du travail, entendu comme activité durable et régulière, socialement reconnue, source de revenu et de protection sociale, sont au nombre de sept : il procure un revenu, confère un statut, donne un rôle clé, fournit des relations sociales, organise l'espace, structure le temps et aide à trouver du sens à la vie. J'en déduis les sept questions que je suggère à tout candidat à la retraite (après me les être moi-même posées) :

**Comment vivre avec mes revenus ?** Si la question du *Comment vivre ?* sert de titre au livre de Sarah Bakewell (2010) sur l'œuvre de Montaigne, c'est que *Les Essais* contiennent toute une philosophie du « savoir-vivre », au sens littéral. Et si je l'évoque ici, c'est d'abord parce que la question financière à la retraite, pour essentielle qu'elle soit, s'inscrit dans une remise en cause plus large du mode de vie antérieur. S'agit-il de déménager ou de rester dans le même lieu de vie, de consommer à l'identique ou de faire d'autres choix, de faire avec moins d'argent, ou autant, ou plus ? Les pensions de retraite sont certes inférieures aux salaires, mais le premier chapitre du présent ouvrage a montré que le niveau de vie des retraités était souvent maintenu, du fait par exemple de l'absence de dette, des économies épargnées et des héritages reçus. Et surtout, comment faire usage de ces revenus quels qu'ils soient, et dans quel but ? La place manque ici pour examiner la symptomatologie du rapport psychique à l'argent – dont on craint de manquer, que l'on dilapide ou, à l'inverse, que l'on accumule au risque de la rétention névrotique. Il faudrait aussi décrire les évolutions, souvent anxieuses, de ce rapport à l'argent au fur et à mesure que l'on avance en âge… je me contenterai donc d'inviter le candidat-retraité à examiner ses revenus futurs au regard de ses choix de vie actuels et à venir, tout en relisant Montaigne (1588). Car Montaigne représente me semble-t-il, et à plusieurs égards, le prototype du retraité d'aujourd'hui (Heslon, 2019). Nul doute que sa lecture attentive, à quatre siècles et demi d'intervalle, puisse aider à confronter les désirs en gestation aux impératifs de gestion !

**De quel statut ai-je besoin ou envie pour me définir ?** La seconde fonction du travail est de fournir un statut, c'est-à-dire une identité sociale. Or, c'est encore généralement à partir de l'emploi occupé que l'on situe et définit autrui, de même qu'il nous situe lui aussi à partir des représentations qu'il se fait de notre travail. Certains métiers ou professions sont associés à un statut social précis, prestigieux ou reconnu, valorisé ou envié, etc. D'autres au contraire connaissent des images plus floues, sont synonymes de déclassement ou de fonctions contestables, voire connotés négativement. De même au sein de l'entreprise ou du milieu socioprofessionnel dans lequel chacun évolue, le statut contribuera à alimenter l'image que les autres se font de lui, et celle qu'il a de lui-même. Or, retraité n'est pas vraiment un statut car c'est un terme générique qui englobe des réalités disparates et des cultures multiples, héritées de la carrière professionnelle. Le candidat à la retraite doit donc réfléchir au nouveau statut social auquel il aspire : grand-parent ? Président d'association ? Membre de tel ou tel collectif ? Retraité retiré du monde ? Etc.

**Quel « rôle clef » vais-je me donner ?** De manière complémentaire au statut, le travail fournit un rôle clef dans l'existence, une raison de se lever le matin, des choses à faire, des projets auxquels se vouer, des activités à mener à bien, etc. Quel sera le rôle clef à trouver ou à retrouver lors de la retraite ? Chacun trouvera sa voie, après une période de répit, de tâtonnements, d'essais plus ou moins fructueux ou infructueux ou très rapidement, du fait du prolongement d'activités déjà investies pendant la période de vie professionnelle. Toujours est-il qu'il sera bénéfique de trouver le rôle clef idoine à cette nouvelle étape de vie.

**Quelles seront mes relations sociales ?** On comprend que, là encore, le travail constitue le lieu de nombreuses relations sociales, plus ou moins choisies ou subies, agréables ou non, conviviales ou strictement professionnelles, collégiales voire amicales, parfois stimulantes, d'autres fois conflictuelles, etc. La question est donc identique : par quelles relations sociales remplacer celles auparavant tissées pendant la vie professionnelle ? Il est possible que certaines de ces relations se poursuivent par-delà la barrière de la retraite, mais l'expérience prouve plutôt que les liens se distendent vite avec la plupart des anciens collègues, sauf à avoir antérieurement construit avec eux des relations extra-professionnelles suffisantes, généralement nouées autour d'autres projets partagés : loisirs, sport, engagements militants, entraide de voisinage, activités bénévoles ou lucratives, etc. C'est ainsi qu'il est souvent nécessaire de tisser de nouvelles relations sociales lorsque l'on prend sa retraite, soit que l'on déménage, soit que l'on perde de vue plus ou moins rapidement ses anciens collègues…

**Comment vais-je organiser mon espace de vie ?** Le travail répartit généralement l'espace entre le lieu de vie et le lieu de travail, sans oublier les temps de trajet entre ces deux lieux. Même si le télétravail a rebattu les cartes, notamment depuis que la crise sanitaire de la Covid-19 des années 2019 à 2021 l'a aussi incroyablement propulsé, le fait de ne plus disposer que d'un espace de vie oblige le néo-retraité à repenser et à redistribuer ses territoires et leur circulation. Territoire du domicile à répartir dans le couple – car l'immense majorité des retraités vivent en couple : qui s'approprie le salon, la cuisine, le bureau, la chambre, le garage, le jardin, etc. ? Territoires variables des autres lieux parcourus ou investis avant, puis pendant la retraite : lieux familiers, lieux de vacances, lieux d'escapade, lieux de douleur ou de retour vers le passé – je songe ici au *Retour à Reims* de Didier Eribon (2018), endroit du tombeau de son père, ainsi qu'à quasiment toute l'œuvre d'Annie Ernaux (2008), qui dépeint la sombre attraction des tristes lieux de l'enfance. Il s'agit quoi qu'il en soit de redistribuer ses lieux, ses espaces, ses territoires et les déplacements entre eux, de repenser son logement et le partage des territoires lorsque l'on vit en couple, de trier ses biens pour faire de la place et de créer des espaces pour accueillir les amis, les visiteurs et, surtout, les enfants et petits-enfants...

**Comment structurer mon emploi du temps en l'absence de travail ?** Le travail rythme les journées, les semaines, les saisons et les années. Sa cessation impose donc de structurer soi-même l'emploi de ce temps retrouvé. De nombreuses analyses plus détaillées de la question du temps seraient certes utiles pour approfondir la réflexion, par exemple les travaux de Gaston Pineau sur la synchronicité (2022), d'Harmut Rosa sur l'accélération (2010), de Boutinet sur l'agenda (2004). Mais puisqu'il s'agit de pistes concrètes, je me contenterai ici d'indiquer les différentes questions auxquelles chacun donnera ses propres réponses, par ailleurs appelées à évoluer au fil du... temps ! Comment rythmer ses journées et notamment le cycle veille-sommeil ? Comment rythmer également ses semaines, mais aussi les mois, les saisons, les années ? Il semblerait que des rendez-vous journaliers (pas seulement ceux de la télévision), mais aussi hebdomadaires, mensuels et annuels soient une bonne manière de commencer. J'ai ainsi montré (Heslon, 2007) que les anniversaires et autres moments qui reviennent cycliquement (liturgies, rituels, fêtes annuelles) étaient tout autant l'occasion de réunir famille et amis que de réaliser différentes transactions identitaires précieuses – c'est-à-dire de *se faire soi*, comme l'exprime Jean Guichard (2004). Ensuite, comment occuper le temps : tâches et relâches, contraintes domestiques ou administratives, moments extérieurs et moments à l'intérieur de chez soi, loisirs ressourçants et activités bénéfiques, occupations et projets, activités à investir, etc. Enfin, quel usage du temps autre que de l'occuper, puisque l'âge, c'est précisément l'inscription du temps dans le corps ? Que faire au fond du temps qui reste ? Quels rêves réaliser ? Mais aussi, à quels renoncements consentir ?

**Où vais-je dorénavant puiser le sens que je donne à ma vie ?** Tout dépend en l'occurrence du degré de centralité du travail dans la vie active de celui qui négocie ce passage vers la retraite. Il arrive en effet que le travail ait perdu de son sens, ou n'en ait jamais tellement eu – ce que l'on appelle depuis peu le *brown-out*, ou épuisement au travail, à la suite des *Bullshit Jobs* ironiquement dépeints par l'anthropologue David Graeber (2018). Dans bien des cas toutefois, le travail fournit du sens à l'existence, aux trois sens du mot « sens » : une direction, une signification, des sensations. Les travaux sur le sens de la vie sont au principe même de la psychologie existentielle (Bernaud, 2021), ceux sur les convergences ou divergences entre sens de la vie et sens du travail se déploient dans différentes perspectives épistémiques, culturelles et linguistiques, à l'instar de l'ouvrage de Jean-Luc Bernaud *et al.* (2019). Mais qu'en est-il du sens de la vie lors de la retraite ? Les travaux ici manquent et font défaut, de même que les modélisations. Tout juste peut-on avancer que trois grandes options semblent se présenter. La première est celle d'activités substitutives au travail rémunérateur : engagements bénévoles associatifs ou politiques, participation à des conseils d'administration, mais aussi, plus prosaïquement, activités tournées vers la famille (notamment le rôle de grand-parent) ou vers la production de résultats tangibles et partageables : bricolage, jardinage, cuisine, écriture, création à vocation artistique, sport, passe-temps, etc. Ces activités disparates s'avèrent pourvoyeuses de sens de la vie en ce qu'elles fournissent aussi un statut, un rôle clef, des relations sociales, une organisation de l'espace et une structuration du temps. L'autre option, quasiment opposée, comme l'est la *vita contemplativa* de la *vita activa* selon la dichotomie médiévale reprise par Hannah Arendt (1958), consiste à développer une vie intérieure, spirituelle, religieuse, métaphysique, qui manifeste radicalement une quête de sens et, sans doute, peut aussi y répondre dans bien des cas. Nos sociétés matérialistes rendent très minoritaire cette deuxième option. La troisième option, encouragée par le capitalisme de consommation et par l'individualisme qu'il encourage, est la fuite en avant consumériste dans les achats compulsifs, les voyages catastrophiques pour la Planète et toutes autres sortes d'addictions : sans prodiguer quelque sens que ce soit à l'existence, elle se repaît de la quête de sens qu'elle feint de pouvoir satisfaire par la possession, sans jamais en tenir la promesse puisque, sitôt possédé, l'objet acheté perd toute attractivité au profit de l'objet suivant, que l'on n'a pas encore acquis…

## 3. De nouvelles dynamiques familiales

C'est ainsi que l'entrée dans l'âge de la retraite interroge la manière dont le temps qui reste à vivre va trouver son sens. L'apprenti-retraité en quête de sens à sa vie gagnera sans nul doute à considérer une à une les questions qui précèdent : quels revenus pour quels usages, quel statut, quel rôle clef, quelles relations avec quelles personnes, quels aménagements de l'espace et du temps, quels moyens pour donner du sens à l'existence ? Or, ces questions se heurtent aussi à l'évolution des dynamiques conjugales et familiales. Ces dynamiques sont en effet reconfigurées par la retraite elle-même, mais également par les âges de la vie du conjoint, des parents, des beaux-parents, des enfants, des petits-enfants et de toute la constellation familiale.

### 3.1 Réaménager la vie de couple

Le couple, en premier lieu. Certes, tous les retraités ne vivent pas en couple mais c'est cependant le cas de l'immense majorité d'entre eux – sous réserve de préciser que les retraités les plus âgés, surtout les retraitées, sont souvent veufs ou veuves, ce veuvage amorçant d'ailleurs l'apparition des risques de dépendance du grand âge... Cependant, nous nous consacrerons ici à la première retraite, celle de la séniorité qui, très généralement, se vit en couple. Les cas de figure varient certes, entre les couples de longue date et les plus récents, les recompositions familiales anciennes ou nouvelles et, bien sûr, selon la dynamique même du couple face à la durée et malgré les crises conjugales qu'une vie entière aura nécessairement conduit à traverser. Pour prolonger la réflexion entreprise par Annie de Butler dans *Le couple et l'épreuve du temps* (2008), je dirais que les couples sont plus ou moins fonctionnels ou dysfonctionnels, ceux que j'appelle « fonctionnels » se caractérisant par la capacité à transformer les crises de couple en crises maturationnelles. Ces crises qui font mûrir le couple l'amènent à évoluer, et certaines qui aboutissent à une séparation n'en sont pas moins maturationnelles pour l'un des conjoints – ou les deux. Reprenant l'essai en anglais de Pamela Paul (2002) sur les âges de la vie du couple, j'en retiens quatre grandes modalités de la relation conjugale : le couple amoureux autosuffisant, le couple parental, le couple tourné vers l'accomplissement de soi pour chacun des deux conjoints et le couple où l'un des conjoints devient l'aidant de l'autre.

Si Pamela Paul y voit des modalités successives, des étapes développementales parcourues soit avec le même conjoint, soit en changeant de conjoint, il me semble que ces quatre formes de relation conjugale connaissent en fait des hybridations ou bien des allers-retours, parce que la durée potentielle de vie conjugale s'est considérablement allongée et parce que, désormais, la vie amoureuse et sexuelle perdure jusqu'à des âges fort avancés. C'est ainsi qu'il arrive qu'explose le couple quinquagénaire ou sexagénaire, tourné vers l'accomplissement de soi, sous l'assaut d'une nouvelle passion amoureuse autosuffisante, voire sexuellement dévorante, jusqu'à éventuellement conduire ensuite à une nouvelle expérience parentale, pour peu qu'un homme de 50 ou 60 ans ait un enfant avec une plus jeune compagne. Deux ouvrages entre autres témoignent de cette variété des situations conjugales, amoureuses et sexuelles à l'âge de la retraite : celui de Catherine Grangeard, *Il n'y a pas d'âge pour jouir* (2020), véritable manifeste contre la « retraite sexuelle », et celui de Josiane Asmane, *Les Fleurs de l'âge* (2021), sur la vie professionnelle, sociale et amoureuse de femmes de 50 à 100 ans, montrant comment celles-ci se réinventent dans la seconde partie de leur vie. Les Anglo-Saxons ont forgé le terme *perennials* (« les vivaces ») pour désigner ce phénomène. Certaines et certains enfin, à l'instar de Françoise Simpère et son *Guide des amours plurielles* (2020), explorent le « polyamour » qui, à la différence des relations extra-conjugales clandestines, revendique l'absence de mensonge et l'accord de toutes les personnes concernées.

Quoi qu'il en soit des pactes conjugaux implicites ou explicites passés entre les conjoints, la question de la réalisation de soi et de la liberté mutuelle au sein du couple se pose avec plus d'acuité lorsque sonne l'heure de la retraite, car c'est bien l'ultime période encore riche de possibles, comme François de Singly (2000) l'a repéré voici presque un quart de siècle. Plus concrètement, les réaménagements de la vie de couple rendus nécessaires par le fait que les conjoints n'auront plus chacun leur propre vie professionnelle vont tourner autour de trois sujets. Le premier concerne l'équilibre entre les projets de couple et les projets personnels, c'est-à-dire les activités partagées et celles dans lesquelles chacun des conjoints dispose de sa pleine latitude. La recherche de cet équilibre suppose un dialogue maintenu au sein du couple. Le deuxième tient à la répartition des espaces de vie, plus précisément au partage des territoires. Le lieu de vie étant unique, il doit se distribuer entre des espaces communs et des espaces propres, voire des jardins secrets. De même, il s'agit ici de trouver des points d'accord, de faire des concessions, de comprendre l'autre, de changer des habitudes, etc. Enfin, la vie sexuelle connaît aussi ses infléchissements à l'âge de la retraite. D'un côté, la médecine avec des produits comme le Viagra et de nombreux autres traitements ou soutiens sexologiques, de même que l'évolution des mœurs qui tend à rendre possible, voire souhaitable, de continuer à faire l'amour après 60, 70 ou 80 ans, favorisent une sexualité active à ces âges avancés de la vie. D'un autre côté, l'usure du désir, le déclin de la libido, voire l'absence d'attirance pour la sexualité font que certaines ou certains ne souhaitent pas, ne souhaitent plus, de vie sexuelle. Là encore, la difficulté surgit si ce désinvestissement n'est pas partagé par les deux conjoints. Alors seuls l'échange et le dialogue peuvent permettre à chaque couple de trouver ses propres accords et ses pactes. Pourquoi pas avec l'aide d'un sexologue ou d'un conseiller conjugal ?

Enfin, un autre défi, qui n'est pas des moindres, se profile à l'horizon des couples retraités : il s'agit du veuvage, précédé par ce que Pamela Paul (2002) appelle le *Soulmate Connecting Marriage*, le « couple de la connexion des âmes ». Cette métaphore désigne le moment où l'un des deux conjoints fermera les yeux de l'autre, après l'avoir accompagné jusqu'au bout de sa vie. Car si une immense majorité des retraités vivent en couple, ancien ou récent, de 60 ans jusque vers 70-75 ans, la courbe fléchit peu à peu entre 75 et 85 ans pour ensuite s'inverser – 85 ans étant l'âge auquel la surmortalité masculine et l'écart d'âge moyen entre conjointes et conjoints font que plus de la moitié des femmes retraitées se retrouvent veuves. Si Vincent Caradec (2007), qui fournit ces chiffres, analyse dans le détail le décours sociologique de cette phase de la vie des retraités que constitue le veuvage, les études psychologiques manquent toujours pour en analyser les processus : surmonter la douleur et la perte, réorganiser sa vie solitaire, faire le deuil de l'être aimé, affronter le sentiment de vide, relire sa vie de couple sans enjolivement mensonger ni minorer ses bienfaits, renoncer aux formes atténuées de sexualité que le grand âge autorisait encore, assumer seul sa grand-parentalité, etc. C'est-à-dire trouver d'autres ressources d'équilibre que celles fournies par le couple pour peu qu'il soit « fonctionnel ». Force est en effet de constater, contre toute bienséance, que les conjoints libérés par le veuvage d'un « couple dysfonctionnel » s'en porteront évidemment mieux !

## 3.2 Devenir grand-parent

À ces nouvelles donnes du couple, la retraite ajoute une nouvelle fonction, celle de grand-mère ou de grand-père. Certes, tous les retraités ne sont pas grands-parents mais, dans l'immense majorité des cas, le moment de la retraite n'est d'une part guère éloigné de l'entrée dans la grand-parentalité, d'autre part libérera le temps et les moyens requis pour investir ce rôle. Or, non seulement les dimensions psychologiques de la grand-parentalité sont peu traitées, mais encore la plupart des travaux sur la retraite, trop rares eux aussi, délaissent la grand-parentalité qui en est pourtant l'une des composantes majeures. Bien sûr, les grands-parents ne s'identifient pas tous à ce rôle au même degré. Pour certains, ce sera un nouveau statut qui structurera une bonne partie de leur emploi du temps et occupera un fort espace psychique. Pour d'autres au contraire, ce sera une source d'inquiétude, voire de dérangement ou de contrariété. Cependant, les études mentionnées dans le chapitre qui précède tendent à montrer que c'est plutôt une source d'équilibre, pour diverses raisons : sentiment de transmission et d'accomplissement quand vient au monde l'enfant de son enfant, rajeunissement d'âge subjectif, occasion de revivre et de rejouer une simili-fonction parentale, moins anxiogène car à temps partiel et débarrassée de la charge de responsabilité qui incombe aux parents… Cependant, ces éléments varient au gré des systèmes familiaux et des « âges de la vie de famille », explorés par Aubeline Vinay (2017), selon que l'on soit grand-mère ou grand-père, qu'il s'agisse du premier petit-enfant ou des suivants, selon que ces petits-enfants soient filles ou garçons, nés d'un fils ou d'une fille, eux-mêmes différemment situés du fait de leur rang de naissance (aîné, cadet, benjamin) ainsi que des proximités ou des éloignements géographiques mais aussi affectifs. Selon aussi le fait que le couple grand-parental soit resté uni depuis qu'il s'est constitué en couple parental, ou bien que les deux grands-parents évoluent chacun dans un couple distinct, avec un conjoint lui-même grand-parent ou pas, à moins qu'ils ne vivent seuls… Selon également que l'on soit grand-parent maternel ou paternel, avec les enjeux habituels de différence et de préférence ou, du moins, de proximité et d'éloignement entre beaux-parents. Sans oublier les brouillages des âges, selon lesquels certains parents redeviennent parents d'un bébé au moment où l'un de leurs enfants donne lui aussi naissance à un nourrisson. Sans oublier non plus les décours de la vie conjugale desdits filles et fils, qui peuvent subir une séparation pendant la petite enfance du petit-fils ou de la petite-fille… Toutes ces données imbriquées fournissent à chaque fois des combinaisons grand-parentales différentes, plus ou moins agréables ou complexes, qui évolueront au fil des ans, des naissances et des décès : naissance d'autres petits-enfants, cousins des premiers, décès des arrière-grands-parents ou d'autres ascendants.

C'est dans cette variété et cette diversité que se déploie le rôle de grand-parent, qui n'a jamais été autant investi par les grands-parents, mais aussi par les enfants devenus parents, de même que par les petits-enfants. Trois raisons à cela : d'une part, les grands-parents n'ont jamais eu devant eux une aussi bonne santé et une espérance de vie sans incapacité aussi longue ; d'autre part, ils sont souvent des retraités disponibles, dotés de moyens financiers et de mobilité qui font que l'éloignement géographique n'est pas un obstacle, alors même que les enfants et petits-enfants vivent, travaillent ou sont scolarisés à des distances de plus en plus grandes du domicile grand-parental ; enfin, face aux fragilités du couple parental et aux aléas économiques ou professionnels des jeunes parents, les grands-parents constituent un point de repère stable et fiable, notamment lorsque couples et familles se séparent et/ou se recomposent. Enfin, les grands-parents ont pour fonction de réunir les cousines et les cousins, dont les fonctions identificatoires dans la vie psychique et de support à la sédimentation identitaire demeurent, elles aussi, quasiment ignorées par la psychologie, faute de travaux de recherche et d'explorations psychothérapeutiques. Ainsi en va-t-il des cousins comme des grands-parents et des retraités : ils sont les actuels « continents noirs » de la psychologie – on se souvient que voici plus d'un siècle, Freud appliquait ce terme à la féminité...

Cette fonction de grand-parent suppose cependant que l'apprenti-retraité se pose à lui-même, et pose aussi à son conjoint, un certain nombre de questions, parmi lesquelles :

- **Celle des limites :** à quelle fréquence, pendant combien de temps à chaque fois, jusqu'à quel point s'occuper du ou des petits-enfants ?
- **Celle des équilibres de vie :** comment conjuguer le couple grand-parental, mais aussi les projets individuels de chacun des conjoints, devenus « papy » et « mamie », avec ce nouveau projet commun ?
- **Celle de la succession générationnelle :** dans quelle mesure soutenir et aider ses enfants devenus parents, sans pour autant ni se substituer à eux, ni les déposséder de leurs responsabilités ni, non plus, contrarier leurs liens d'attachement avec leurs propres enfants ?

– **Celle des relations d'alliance :** les grands-parents sont toujours quatre et les parents toujours deux, sauf dans les situations très particulières de gestation pour autrui, d'adoption, de filiations incertaines, etc. Comment faire en sorte de ménager à chacun sa place sans laisser libre cours aux éventuelles rivalités de lignées ? Comment rester neutre par rapport aux possibles divergences et conflits entre grands-parents maternels et paternels ?

## 3.3 Le rôle d'aidant de ses ascendants

Mais il est également fréquent que les futurs retraités ou les retraités débutants soient aidants de leurs parents ou beaux-parents âgés, menacés par le risque de dépendance ou soignés et hébergés dans un EHPAD coûteux, qui rogne soit sur l'héritage, soit sur une trop faible pension de retraite, soit sur les deux, sans oublier un coût moral ou affectif encore plus élevé dans bien des cas... C'est ainsi qu'au moment de la vie où bien des sexagénaires aspirent à la tranquillité et à l'indépendance qui sied si bien à la séniorité, nombre d'entre eux se voient empêtrés dans de nouveaux liens d'interdépendance, assaillis par une double responsabilité d'autrui : celle de leurs descendants ou des descendants de leurs descendants pas toujours autonomes ; celle de leurs ascendants ou des ascendants de leur conjoint, glissant peu à peu vers la dépendance. Les évaluations du nombre de ces aidants familiaux varient presque du simple au triple, entre 4 et 10 millions en France, selon l'amplitude conférée à cette notion d'« aidance » : de l'assistance quotidienne aux repas et à la toilette à la simple surveillance lointaine des dossiers administratifs et bancaires. Quoi qu'il en soit, cela représente plus de la moitié des retraités qui se trouvent, à un moment ou à un autre, en situation d'aidants familiaux de façon plus ou moins durable ou ponctuelle – soit l'autre moitié, plus âgée, a déjà perdu ses parents et beaux-parents après les avoir antérieurement aidés, soit elle appartient désormais à la catégorie des ascendants âgés qui ont maintenant besoin d'aide.

La « proximologie » naissante (Joublin, 2010), qui étudie ces différents degrés de proximité ou de distance entre aidants et aidés, commence à apporter ses fruits, éthiques et ontologiques, à la meilleure compréhension de ce qui se joue dans ces relations quelque peu post-œdipiennes où filles et fils, eux-mêmes un tant soit peu âgés, voire déjà grands-parents, se muent en quelque sorte en « parents de leurs parents »... Peu préparés à cette fonction inédite, les retraités-aidants d'ascendants âgés requièrent eux-mêmes ce qui s'appelle une « aide aux aidants » afin de prévenir leur épuisement, de trouver des espaces de répit, de déposer leur culpabilité et leur souffrance, de réparer leur couple malmené par les exigences irrépressibles d'un parent âgé usant, car souffrant de démence de type Alzheimer, d'oser s'occuper d'eux-mêmes, mais aussi de leurs amis, de leurs amours, de leurs enfants et petits-enfants, etc. Fleurissent alors les initiatives, les « cafés d'aidants », les « plateformes de répit », les groupes de parole, etc. C'est ainsi qu'avec « La lettre d'un aidant », j'ai eu l'occasion durant de longues années de libérer la parole d'aidants épuisés à partir d'un espace théâtralisé par Clarisse Léon et Patrice Charrier, du théâtre de la Jeune Plume. S'en est suivi un article à visée réflexive sur les conséquences positives de ce dispositif (Heslon, Léon et Charrier, 2022) – plusieurs contributeurs du présent ouvrage y verraient une élaboration de sens !

Reste une question ardue tout autant que saturée de sens, déjà posée dans ma *Psychologie des âges de la vie adulte* (Heslon, 2021). Cette question est la suivante, qui guette tous les retraités débutants : la fonction d'aidant de ses parents convoquant nécessairement sa part de régression infantile, quand bien même on serait âgé de 60 ou 70 ans, jusqu'à quel point peut-on s'éprouver comme adulte tant que l'on n'a pas survécu à ses parents ?

## 4. Quels processus d'adaptation face à quels facteurs de risques ?

Si la psychologie est science de l'adaptation, la retraite est certainement la période de la vie qui mobilise le plus les processus adaptatifs. Nouvelle vie, nouvelles relations sociales, nouvelle gestion de l'espace et du temps, nouvelles dynamiques conjugales et familiales, tous ces changements ramassés dans une temporalité courte supposent de réussir rapidement de nombreux réaménagements identitaires et, donc, de mettre en œuvre tout un ensemble de processus d'adaptation, certes déjà éprouvés avec plus ou moins de succès aux précédents âges de la vie, mais rarement de manière aussi concentrée. En effet, la vie adulte passée du néo-retraité l'a amené à s'adapter et à se réadapter à plusieurs reprises, mais généralement face à une seule situation particulière : deuil, nouvel emploi, rencontre ou séparation amoureuse, déménagement, renoncements divers et variés, etc. Or, on vient de le voir, c'est à tout cela ensemble et à d'autres choses encore que les retraités ont à s'adapter. Qui plus est, la finitude qu'implique la retraite rend plus cruciaux la réussite ou l'échec de ces adaptations, puisqu'il s'agit de l'ultime période de la vie. Enfin, non seulement la retraite impose-t-elle de nombreuses adaptations simultanées sur lesquelles pèse la nécessité de faire les bons choix puisqu'ils seront parmi les derniers, mais encore survient-elle à un âge de la vie où, précisément, lesdites capacités d'adaptation tendent à diminuer. Faire plus avec moins, en quelque sorte...

C'est pourquoi, malgré les promesses ambiantes qui prônent le « bien-vieillir » et le « vieillissement actif en bonne santé », toutes les transitions vers la retraite ne sont pas aussi heureuses qu'on pourrait le souhaiter. Robert Atchley (1974, 1980, 1982), pionnier des études psychologiques sur la retraite, a ainsi repéré, voici plus de quatre décennies, trois formes d'adaptation à la retraite :

- la **continuité**, qui consiste à réinvestir ses compétences acquises lors de la carrière professionnelle dans les activités menées lors de sa retraite ;
- la **rupture**, qui suppose le choix inverse, c'est-à-dire opter pour des activités qui n'ont rien à voir avec la vie professionnelle passée ;
- le **désengagement**, c'est-à-dire la retraite à la Montaigne, qui consiste à se retirer du monde au profit de sa vie intérieure ou du cercle restreint du couple, de la famille et de quelques rares amis choisis.

Il n'est de bonne formule que celle qui convient à chacun. Ainsi, certains, qui se réaliseraient plutôt dans le désengagement, peuvent se laisser flatter par les sirènes de la continuité et céder à des sollicitations qui valorisent leur ancienne identité, pour ne pas s'y retrouver et, finalement, vivre une amère retraite faite d'autant de contraintes et de responsabilités que celles qu'ils connurent dans l'exercice de leur travail alors qu'ils eussent préféré explorer un changement radical d'identité. D'autres au contraire cherchent à mettre à profit la continuité leurs expertises et expériences acquises et, par facilité ou par faiblesse, s'engagent dans des voies de rupture qui ne leur correspondent pas. D'autres encore se retirent alors qu'ils auraient eu besoin de rester impliqués dans des activités en continuité ou bien en rupture avec leur vie passée.

Fort de ses études, ce véritable précurseur que fut Robert Atchley identifie six phases du *retirement* – là où le mot français « retraite » désigne plutôt un état, celui, anglais, de *retirement* renvoie au processus transitionnel qui consiste à « se retirer ». Ces phases sont les suivantes :

- **le pré-retrait,** pendant lequel le sujet attend, souvent avec hâte, la fin officielle de son activité rémunérée ;
- **l'entrée dans la retraite,** généralement d'abord vécue comme une libération pendant une période d'une à trois années (également dite période de « lune de miel ») ;
- **la désillusion,** voire la dépression, car tout ce qui apparut d'abord comme libératoire et bienvenu doit maintenant s'installer dans une durée viable, passé les premiers mois ou premières années ;
- **la réorientation,** qui suppose l'examen réfléchi des changements à opérer, des transactions à mener et des transformations à réussir ;
- **la stabilité recouvrée,** une fois réussis les processus d'adaptation requis ;
- **la « complétion »,** qui consiste à ajuster les choses afin qu'elles puissent s'installer dans la durée.

Les processus adaptatifs requis sont, également selon Robert Atchley, au nombre de six : évaluer ses ressources financières ; définir ses objectifs de retraite ; planifier ses étapes de retraite ; définir son épargne et ses revenus financiers ; prendre soin de sa santé à court, moyen et long terme ; intégrer ses besoins sociaux et émotionnels.

Actualisant les travaux d'Atchley qui datent des années 1970-1980, Yu, Zhang et Wu (2021) confirment qu'ils restent toujours pertinents en notre premier quart de XXIe siècle. En particulier le fait que la période de « lune de miel » avec la retraite dure entre 1 et 3 ans. C'est-à-dire que les premières années de retraite se vivent généralement bien et que ce n'est qu'une fois passé ce délai, généralement occupé à faire ce que l'on n'avait pas eu le temps de faire avant la retraite, que peuvent surgir les épisodes psychopathologiques et les pathologies somatiques – à moins qu'elles n'aient antérieurement préexisté sous une forme larvée. De même, les données selon lesquelles les premières années de retraite se passent bien dans 80 % des cas, mais s'accompagnent tout de même dans 20 % des cas de troubles notables (soit un néo-retraité sur cinq) demeurent également une tendance moyenne vérifiée dans les études internationales récentes. Ces troubles notables concernent les addictions légères à sévères, la dépression, les passages à l'acte suicidaires ou violents, les décompensations psychopathologiques, les accidents cardiovasculaires et autres maladies somatiques – souvent déjà connues mais non traitées. Les facteurs de risque identifiés pour ces 20 % de retraités exposés à des troubles notables sont les suivants, dans cet ordre de causalité : arrêt brutal du travail après une période de surcharge intense, problèmes de santé antérieurs mais négligés, conflits familiaux et/ou conjugaux, faiblesse ou absence de vie sociale en dehors du travail et absence de successeur connu à qui transmettre son expertise et/ou son expérience au moment du départ de son entreprise. Ce dernier facteur de risque vaut surtout dans les cas, toujours majoritaires en France mais de moins en moins de par le monde, où l'on a passé la majeure partie de sa carrière au sein d'un même et unique lieu de travail. On le comprend aisément, puisque ce type de carrière monovalente n'a que très peu sollicité et entraîné les capacités d'adaptation, au contraire des carrières dites « protéennes », au sens déjà ancien de Douglas T. Hall (1996), également dites carrières « multiples », au sens plus récent de Marci Alboher (2007).

## 5. Générativité/intégrité, flow et épigénétique : trois pistes psychologiques à explorer

On le voit, il ne suffit pas de tourner la page du travail en se fiant, de manière incantatoire, aux promesses que fait miroiter la retraite pour y trouver réponse à ses besoins ou à ses aspirations, qu'elles soient hédonistes, eudémoniques, altruistes ou introspectives... À chacun certes de trouver sa voie, mais quelques pistes peuvent être suggérées aux futurs retraités et aux néo-retraités qui me lisent. La première découle des travaux fondateurs d'Erik Erikson (1997), qui modélisa les cycles identitaires de l'ensemble des âges de la vie en huit stades. Le dernier est celui de la vieillesse, qui peut tendre vers le pôle du désespoir, ou bien vers celui de l'intégrité identitaire. Ce pôle d'intégrité comporte quatre caractéristiques : accepter son bilan de vie, rester curieux vis-à-vis du monde actuel, admettre ses propres contradictions et s'intéresser à ce qui va passer après sa propre mort. Le stade précédent, celui du milieu de vie selon Erikson, peut lui aussi s'orienter vers un pôle « dystonique », celui de la stagnation, ou bien vers un pôle « syntonique », celui de la générativité, elle aussi caractérisée par quatre attitudes ; le goût d'apprendre, le désir de transmettre, le besoin de se sentir utile et la créativité. La transition vers la retraite se situant entre ces deux âges, la réussir supposerait donc de cultiver ces huit dispositions, les quatre qui entretiennent la générativité (apprendre, transmettre, être utile et créer), et les quatre autres qui garantissent l'intégrité (acceptation du bilan de vie, curiosité pour le temps présent, reconnaissance de ses contradictions et intérêt pour l'après-soi).

Une autre piste à explorer est celle des « expériences optimales » analysées par Mihaly Csikszentmihalyi (1990). Ces expériences provoquent le *flow*, c'est-à-dire l'inverse du stress. Elles consistent en des activités qui réunissent sept composantes : but clair, contrôle de l'action, concentration totale, défi réaliste, *feed-back* immédiat, suspension du temps, possibilité de raconter cette expérience. Par exemple, écouter ou faire de la musique, mais aussi cuisiner, suivre un entraînement sportif, mener à bien un projet qui motive intrinsèquement, voire faire un travail dans lequel on se sent autonome et épanoui peuvent constituer autant d'expériences optimales génératrices de *flow*. Pourquoi ne pas mettre à profit la retraite pour chercher et choisir la ou les activités susceptibles de se muer en expérience optimale ?

Enfin, une autre et récente piste est frayée, depuis seulement quelques années, par la psychologie épigénétique, dont les découvertes toutes fraîches et les progrès rapides sont recensés dans l'ouvrage dirigé par Fabienne Lemétayer, Marion Trousselard et Cyril Tarquinio (2024). Cette science neuve étudie en effet comment nos conduites et nos pratiques concrètes et quotidiennes peuvent influencer nos programmations génétiques, en modifiant non pas nos gènes, mais leur fonctionnement. C'est ainsi qu'en particulier, il est maintenant scientifiquement prouvé que la pratique régulière de la méditation de pleine conscience ralentit le processus de vieillissement physiologique !

Puissent ces trois pistes concrètes, directement issues de la recherche en psychologie, à savoir la générativité *vs* intégrité, les expériences optimales prodigues en *flow* et les découvertes de l'épigénétique, permettre au lecteur en transition vers sa retraite de correctement entamer *L'Année du Phénix* – titre que Danièle Laufer (2013) a donné à son ouvrage consacré à « la première année de la retraite », rédigé à partir des histoires de vie de plusieurs dizaines de nouveaux retraités. Réussir cette métamorphose, c'est renaître de ses cendres…

# Chapitre 8

# Quelques processus expérientiels du passage à la retraite mis en lumière par une analyse interprétative phénoménologique (IPA) et thématique[1]

1. Par **Cristina Spinoglio** et **Isabelle Olry-Louis**.

# Sommaire

Ce chapitre vise à présenter l'analyse interprétative phénoménologique (IPA), une approche dont nous nous efforcerons de montrer la pertinence pour étudier les transitions fondamentales de la vie qui sollicitent un changement de cadre, une recherche de sens, une interrogation sur soi et une projection dans une nouvelle période de vie. Non seulement le passage à la retraite réunit tous ces critères, mais il présente aussi un caractère propre : il porte l'individu à un état permanent et définitif, sans retour, dans la mesure où la condition de retraité est censée durer jusqu'à la fin de la vie. Plus particulièrement, nous présenterons comment cette méthode a été mobilisée dans le cadre d'un travail doctoral à des fins de compréhension des processus caractérisant le vécu individuel de la transition de retraite (Spinoglio, 2023 ; Spinoglio *et al.*, 2020 ; Spinoglio et Olry-Louis, 2021, sous presse).

Avant d'exposer le cadre théorique de l'IPA en le situant dans son contexte historique et de décrire sa mise en œuvre, nous allons reprendre les caractéristiques psychosociales de la transition de retraite que nous jugeons essentielles. Nous procéderons ensuite à une application de la méthode à nos données, lesquelles seront examinées dans un second temps au moyen d'une analyse thématique. Dès lors, nous serons en mesure de comparer les forces et les limites de chacune de ces méthodes, dont la possible complémentarité sera questionnée à la lumière des résultats qu'elles permettent de mettre en évidence. En conclusion, nous engagerons une discussion sur la portée théorique et pratique des résultats obtenus et nous pointerons l'intérêt de l'usage de méthodes qualitatives pour une compréhension approfondie du vécu individuel de la transition de retraite.

## 1. La transition de retraite et ses processus

Dans les sociétés contemporaines, le passage à la retraite représente un moment clef de la vie des individus. Il s'agit d'une transition majeure accompagnée par des changements identitaires, un bouleversement des routines et des habitudes, la recherche d'un nouveau sens à la vie et un éventuel engagement dans de nouvelles activités. Puisque c'est une période concomitante à l'entrée dans la vieillesse, elle est potentiellement associée à des interrogations sur sa propre finitude. Aussi peuvent surgir des préoccupations relatives à la sensation du temps qui passe et à la crainte d'éventuels problèmes de santé, de la possible perte d'autonomie, de la diminution de la vitalité, de la curiosité, de l'enthousiasme. Au-delà de ces considérations générales, comment cette période a-t-elle été décrite par les sociologues et par les psychologues ?

L'image et la représentation sociale de la retraite ont considérablement évolué à partir des années 1960. À l'idée d'une retraite déprise-désengagement s'est progressivement substituée la perspective d'une retraite associée à l'activité et à la participation sociale : de nouvelles activités de volontariat et de formation seraient favorisées par un temps plus libre et flexible, et par une redéfinition de soi qui ne tienne plus compte du rôle social et professionnel. Caradec (2018) a proposé de prendre ses distances avec le concept de déprise en insistant sur l'enjeu pour les retraités du maintien de « prises » sur le monde. Guillemard (2002) qui, au début des années 1970, avait forgé le concept de « retraite-mort sociale » parle désormais de « retraite solidaire », se référant au fait que plus d'une personne retraitée sur deux est membre d'une association au moins et s'engage dans le social (Michaudon, 2000 ; Prouteau et Wolff, 2007). Si, dans le passé, la retraite était associée au repos et aux loisirs, c'est la notion de « vieillissement actif » (OCDE, 1998) qui l'emporte aujourd'hui, avec l'idée d'un droit à l'éducation et à la formation tout au long de la vie et d'un nécessaire maintien de toutes ses capacités. À cet égard, le mot « retraite », dans le sens de « se retirer » du monde de la vie active et de la société, ne semble plus correspondre au vécu réel de la retraite, aujourd'hui entendue plutôt comme un nouveau départ.

Au niveau personnel et psychologique, la littérature insiste sur le fait que la cessation du rôle occupé précédemment par le travail et la perte de l'identité professionnelle génèrent la nécessité d'une transformation globale de l'existence, qui se joue entre continuité et rupture. Les situations de chacun oscilleraient entre ces deux pôles en fonction du rôle prédominant du travail dans la vie antérieure et de la capacité de mobiliser des ressources nouvelles. Le changement s'opérerait plus en douceur avec la mise en place de deux processus en amont du passage à la retraite : la désocialisation professionnelle anticipée, qui consiste à prendre de la distance avec la vie professionnelle durant les derniers temps d'exercice (Caradec, 2008), et la transmission des compétences, qui met l'individu dans une condition de partage de son expérience professionnelle et d'une continuité de sa propre valeur et de son utilité (Auricoste *et al.*, 2019). La possibilité de mobiliser les ressources et de renouveler les activités (familiales, associatives, de formation...) pendant la transition de retraite jouerait un rôle d'autant plus bénéfique pour la transition de retraite que les individus l'inscriraient dans un projet de vie, qui peut consister aussi à renouer avec des intérêts du passé délaissés à cause du travail. « On raconte sa retraite comme un projet que l'on a préparé, investi ou que l'on va construire » (Eraly, 2013, p. 13).

Des apports théoriques ont été proposés sur la question de la retraite vécue comme une continuité ou comme une rupture. La théorie de la continuité dans l'identité (Atchley, 1999) n'attribue à la retraite qu'un impact minimal en matière de changement parce que les attitudes, les actions et les modes de vie resteraient en réalité plus stables qu'on ne le pense à travers les âges de la vie. Le modèle théorique de l'adaptation à la retraite conçue comme un processus dynamique fondé sur les ressources que l'on a accumulées tout au long de la vie irait également dans le sens de la continuité (Froidevaux, 2016). La théorie relationnelle du travail (Blustein, 2011), selon laquelle le travail est intrinsèquement relationnel, suggère qu'une conséquence relationnelle importante du travail est qu'il renforce le « sentiment de compter pour autrui » *(mattering)*. Dès lors, la qualité d'adaptation à la retraite serait corrélée à la possibilité de conserver des relations valorisantes, qui confèrent une valeur pour les autres (Flett, 2018). Deux aspects existentiels feraient cependant l'objet de transformations majeures avec le passage à la retraite. L'un concerne le rapport au temps, en référence notamment au temps qui passe, au sens donné à la finitude de la vie, à la conscience de ne plus avoir beaucoup de temps devant soi puisqu'à l'horizon s'esquisse l'épreuve du grand âge. La retraite réinterroge en effet le vécu des temporalités, car le quotidien n'est plus rythmé par le temps productif ni scindé entre travail et loisirs (Membrado, 2010). Selon Talpin (2017), alors que le travail organisait et rythmait la temporalité en l'associant à des repères spécifiques (les horaires, les temps de repos et de vacances), les individus déléguant à d'autres la gestion de leur temps, ils sont amenés, une fois la retraite venue, à réviser seuls l'organisation de leur temps devenu libre. Des moments d'euphorie liés au sentiment de redevenir « maîtres de leur temps » peuvent alors alterner avec des moments de désarroi et de confusion, avec un temps devenu long et difficile à remplir. Le second objet existentiel de transformations relève de l'identité. Des processus de reconstruction et de recomposition identitaire impliquant un retour réflexif sur soi sont mis en place pour assurer la constitution d'une image de soi qui conserve une certaine cohérence avec le passé tout en intégrant une modification des engagements, des activités et de l'environnement social. Définie comme un « état charnière », la transition de la retraite, correspondrait à une période de « déstabilisation narcissique » (Blanché, 2010, p. 24), renforcée par la conscience du corps vieillissant. Alors que la reconnaissance est centrale dans la construction de l'identité (Eraly, 2013), la difficulté de trouver de nouvelles sources de reconnaissance affaiblirait les possibilités de réajustement identitaire. *In fine*, la crise d'identité dépendrait non seulement de la centralité du travail dans la vie antérieure, de la possible réactivation d'activités et d'intérêts abandonnés pendant la vie professionnelle, mais aussi de la conscience de soi dans la transition en cours (Barnes et Parry 2004).

Les principaux processus impliqués par le passage à la retraite ayant été précisés, voyons à présent comment leur description pourrait être enrichie au moyen de l'analyse interprétative phénoménologique (IPA).

## 2. L'analyse interprétative phénoménologique

L'IPA constitue un instrument précieux, non seulement pour explorer et analyser l'expérience des sujets, mais surtout pour comprendre le sens qu'ils lui donnent. Élaborée et conceptualisée par Smith au Royaume-Uni dans les années 1990, l'IPA est devenue une des principales méthodes qualitatives en psychologie (Smith *et al.*, 2009). D'abord appliquée en psychologie de la santé, elle s'est progressivement étendue à l'étude des changements dans la trajectoire de vie et à la signification que les individus s'efforcent de leur donner (Antoine et Smith, 2017 ; Restivo *et al.*, 2017). Fondée sur l'étude approfondie de l'expérience vécue telle qu'elle est racontée et mise en forme par le sujet, elle considère ce dernier comme un protagoniste actif, capable de réflexion sur soi grâce à un travail constant d'interprétation de son vécu, qui permet de saisir le sens et la signification de l'expérience dans le cadre de la totalité de son parcours.

### 2.1 Les bases conceptuelles et les fondements de l'IPA

L'IPA prend sa source dans le courant philosophique de la phénoménologie et s'inscrit dans le courant de la psychologie existentielle, dans la mesure où cette méthode permet d'investiguer la signification d'une expérience spécifique en la situant dans le cadre plus général de la recherche du sens de la vie (Husserl, 1900/2001 ; Smith *et al.*, 2009). Le principe fondateur de la théorie phénoménologique consiste à examiner l'expérience comme elle est vécue. Selon Husserl, pour d'appréhender l'expérience, il faut revenir aux choses elles-mêmes, c'est-à-dire au contenu expérientiel de la conscience. L'expérience est désignée par le terme de phénomène, c'est-à-dire ce qui émerge à la conscience d'une chose, d'un objet, du corps, d'une pensée, etc., au-delà de la chose elle-même. L'apport d'Heidegger (1927) consiste en l'élaboration du *Dasein,* c'est-à-dire l'être-au-monde de l'homme, qui existe dans l'ici et le maintenant, dans une relation constante aux autres et un retour à soi-même. On notera que l'intersubjectivité est fondamentale et se comprend par la présence virtuelle de l'autre, même quand il est absent. Ainsi, et c'est ce qu'en retiendra l'IPA, l'être humain ne peut être conçu qu'à travers un monde spécifique d'objets et de personnes, dans le langage et dans les relations (Smith *et al.*, 2009). L'œuvre de Merleau-Ponty a nourri le projet phénoménologique de Husserl en s'appuyant sur l'idée d'un être-au-monde incarné, qui refuse le dualisme corps *vs* esprit, puisque le corps est « notre ancrage au monde » (Merleau-Ponty, 1945, p. 169). Pour ce philosophe, la perception que nous avons du monde et le sens que nous lui donnons passe par notre corps, ce qu'il convient de prendre en considération quand on tente d'approcher l'expérience vécue en entretien (Antoine, 2017). De son côté, Sartre (1946) a théorisé l'idée selon laquelle l'existence précède l'essence. Autrement dit, l'homme existe d'abord avant de se définir. L'IPA est aujourd'hui héritière de ces contributions phénoménologiques multiples, qui peuvent être jugées complémentaires. En bref, selon Antoine (2017, p. 40), « Husserl a mis l'accent sur le caractère psychique de l'expérience, Merleau-Ponty sur son caractère corporel et incarné, Heidegger sur l'importance de l'être-dans-le-monde, puis Sartre sur un versant existentiel ». Le parcours visant à approcher l'expérience se nourrit du langage, car « dans la phénoménologie, c'est l'expérience qui crée le mot, et le mot qui façonne l'expérience » (Lionet, 2021, p. 145).

## 2.2 L'application de ces fondements théoriques à l'IPA

Toute recherche psychosociale conduite avec l'IPA consiste essentiellement à décrire le sens attribué à une expérience (Ribau *et al.*, 2005). Concrètement, la méthode se propose de chercher ce sens à travers le récit d'un sujet qui raconte son expérience au cours d'un entretien. Aux yeux de celui-ci, c'est en termes de sens ou de significations que le monde prend sa forme, sa réalité et sa consistance. Lui et le monde ne sont pas deux entités différentes existant dans des contextes isolés l'un de l'autre qu'il est difficile de mettre en relation : ils sont liés par une base commune de sens et de signification. L'IPA considère la personne dans une activité continue d'interprétation de son « monde vécu », lequel s'inscrit nécessairement dans les relations avec les autres.

Analysant par entretiens l'expérience individuelle d'un petit corpus de sujets, l'IPA a pour objectif, non pas de théoriser une expérience singulière en la généralisant mais de comprendre la complexité d'un phénomène à partir de plusieurs vécus individuels. Les participants à la recherche sont considérés comme « experts de leur vécu et c'est ce vécu que l'IPA cherche à saisir » (Lionet, 2021, p. 145).

La méthode IPA a déjà été appliquée à la transition retraite avec une focalisation sur ce qui a changé par rapport à la vie antérieure au travail, que ce soit du point de vue de la quête d'une nouvelle identité après la perte d'une identité professionnelle ou académique fortement valorisante (Miron *et al.*, 2022), pour des publics spécifiques comme les sportifs de haut niveau (Lavallee et Robinson, 2007), sous l'angle des micro-transitions occupationnelles effectuées (Pettican, 2011) ou encore d'un point de vue longitudinal (Gee, 2018). Ces études s'inscrivaient donc dans une perspective un peu différente de la nôtre, qui entend étudier les significations accordées au passage à la retraite en lui-même.

## 3. Problématiques et méthode de la recherche

### 3.1 Trois questions centrales

Comme la transition de retraite implique un changement radical des cadres de la vie, elle semble rendre nécessaire l'attribution de significations au nouveau parcours qui s'ouvre devant soi. Nous partons de l'idée selon laquelle les transformations induites par le passage à la retraite pourraient se jouer à trois niveaux du point de vue de la quête de sens : sur le versant de l'identité, de la temporalité et du rapport avec autrui. Nous nous sommes fixés trois objectifs.

Premièrement, il s'agira de comprendre l'ampleur et la forme des transformations identitaires impliquées par le passage à la retraite. Jusqu'à quel point une recomposition identitaire se révèle-t-elle indispensable et avec quels instruments peut-elle s'opérer ? Le changement est-il perçu comme une rupture ou comme une possibilité de se vivre plus en douceur, dans le cadre d'une continuité ressentie ? Comment ces deux modalités peuvent-elles aider ou entraver la recherche de sens dans la nouvelle vie ? Le sentiment de continuité pourrait s'associer à une perception positive de soi, la personne se vivant comme active, avec le même dynamisme qu'avant et avec un réseau social satisfaisant. Le sentiment de rupture pourrait être lié à la centralité du travail dans la vie d'avant et à la perte d'identification à son rôle professionnel, lesquels nécessitent ensuite de pouvoir apprendre à se définir autrement. Dans ce cadre, les remaniements identitaires pourraient être importants et douloureux.

Deuxièmement, nous cherchons à repérer dans quelle mesure les transformations vécues lors du passage à la retraite affectent le vécu temporel. Comment la question des temporalités s'exprime-t-elle dans les récits de vie ? Quelles sont les modalités temporelles les plus évoquées parmi les possibles relectures du passé, les anticipations de l'avenir, ou le « vide » du présent ? Est-il fait mention d'une réinterprétation ou d'un réajustement des temporalités ? Le vécu temporel de la transition apparaît-il facilité lorsqu'un travail d'anticipation et de désocialisation anticipée a été accompli préalablement (Caradec, 2008) ?

Troisièmement, nous chercherons à cerner l'importance des relations sociales et des rapports personnels avec autrui dans cette transition. Dans quelle mesure les relations avec les autrui significatifs ainsi que le sentiment d'avoir une valeur pour les autres influencent-ils le vécu de cette transition ? En lien avec la théorie relationnelle du travail (*relational theory of working* ; Blustein, 2011) selon laquelle la valorisation de soi est davantage déterminée par les expériences relationnelles que par le déroulement du travail en soi, le défi de la retraite, quand le réseau social du milieu professionnel vient à manquer, consiste à faire les ajustements nécessaires pour continuer à se sentir utile et à reconstruire un réseau social qui permette d'avoir le sentiment d'avoir une valeur pour autrui.

## 3.2 Méthode

### 3.2.1 Participants

Les entretiens centrés sur le récit du passage à la retraite ont été conduits auprès d'un échantillon de 28 personnes volontaires, de nationalité française ou italienne. Elles ont été recrutées directement ou indirectement par le biais de réseaux relationnels en France et en Italie, ce choix étant lié à la nationalité italienne de la première auteure. L'échantillon comprend 16 femmes et 12 hommes, dont 14 personnes françaises et 14 italiennes, d'âge moyen de 65 ans. Seize d'entre elles sont à la retraite depuis deux à huit ans, six depuis moins de deux ans, six autres partiront à la retraite dans les deux ans à venir. Ce choix résulte d'une volonté d'étudier l'expérience individuelle de cette transition, de son anticipation jusqu'à l'installation en pleine retraite.

### 3.2.2 Procédure et matériel

En accord avec les principes éthiques en vigueur, des consentements écrits ont été recueillis et l'anonymat des participants a été rendu possible par la suppression de tout élément permettant de les identifier, y compris les prénoms, ici modifiés. D'une durée variant entre 45 minutes et une heure, les entretiens ont été menés en face-à-face ou à distance par la même intervieweuse au moyen d'un dispositif de visio-conférence. Leur conduite s'est fondée sur une approche non directive, cohérente avec le modèle propre de l'IPA. La consigne initiale était large et ouverte : « J'aimerais que vous me parliez de la façon la plus approfondie possible de votre vécu de la retraite. » Des relances entendues comme des actes indirects de demande d'explication portant sur le contenu ont ensuite été apportées dès que nécessaire, prenant le plus souvent la forme de reformulations partielles (Blanchet, 1989).

### 3.3.3 Traitement des données

Une fois retranscrites, les données recueillies ont été analysées par l'intervieweuse de deux façons. D'une part, conformément aux recommandations portant sur l'application de l'IPA à des cas, un petit nombre d'entretiens retranscrits (6) ont été sélectionnés à des fins d'analyse par cette méthode. Le but de cette analyse IPA était d'examiner en profondeur des discours empreints de subjectivité et d'expérience vécue, préservant la singularité de chaque participant. Le choix de ces 6 entretiens particuliers a été suggéré par la teneur du discours des sujets. Ils abordaient spontanément et amplement les questions au cœur de la problématique de recherche relative au vécu de la temporalité, au rapport avec les autres et au sens à donner aux transformations du quotidien. D'autre part, une analyse thématique a été systématiquement appliquée à l'ensemble des discours recueillis auprès des 28 participants dans le but de faire émerger les éléments de contenu communs à tous les sujets.

## 4. Mise en œuvre de l'IPA

La méthode implique plusieurs étapes successives : une lecture itérative d'un entretien, l'annotation des commentaires, le repérage de thèmes émergents, des rapports entre eux et du sens qui leur est attribué, et la mise en relation des thèmes dégagés de ce cas avec des thèmes extraits d'autres cas, dans le cadre d'une démarche comparative (Smith *et al.*, 2009 ; Spinoglio et Olry-Louis, sous presse).

### 4.1 Le cas d'Angela

Notre choix s'est porté sur le cas Angela en raison du caractère emblématique de l'entretien conduit avec elle. On y retrouve en effet tous les présupposés que l'on est censé analyser : la tentative de donner du sens à l'expérience vécue, l'importance du rapport avec autrui, la conscience du changement dans l'image de soi et l'attention prêtée à l'enchaînement des temporalités. Angela est une femme italienne de 71 ans, à la retraite depuis neuf ans et ayant travaillé comme employée administrative dans la fonction publique. Elle est divorcée, vit seule et a une fille adulte. Pour mieux faire saisir la démarche d'analyse, nous allons présenter des extraits de son entretien, avec les thèmes émergents qui lui sont associés (voir tableau 8.1).

***Tableau 8.1 – Exemples de thèmes extraits de la retranscription de l'entretien d'Angela***

| Extraits | Thèmes |
|---|---|
| J'ai ensuite décidé que je devrais présenter la demande pour présenter mes droits à la retraite, plus pour une raison bureaucratique et administrative que pour un choix... parce qu'il semblait qu'on allait retarder le moment de l'entrée à la retraite [...].<br>Par rapport à quand je travaillais, ... évidemment tout change, en premier lieu il y avait des horaires à respecter, il fallait se lever le matin, et ensuite rester dehors toute la journée [...].<br>J'avais la peur d'un temps qui me... d'un temps vide, d'un temps que je ne connaissais pas, j'ai commencé à travailler à 18 ans [ ...].<br>Je me rappelle que les premiers temps cela se déroulait comme ça, quand quelqu'un me téléphonait, ça suffisait qu'il dise je ne sais pas allons à X ou à Y, j'y allais. Tous ceux qui me proposaient de faire quelque chose, je le faisais... [...].<br>Voilà un des problèmes que j'avais avant la retraite, c'est-à-dire que ma vie n'ait plus de sens, il te semble que le travail donne du sens à ta vie [...].<br>Mais j'avais peur du vide qu'il y aurait pu y avoir après, quand je n'avais plus d'engagements pour le travail. J'ai rempli le temps dans toutes les manières possibles [...].<br>C'était la crainte la plus grande que j'avais, de ne plus avoir un rôle avant tout, de toutes ces personnes qui te téléphonent parce qu'elles avaient besoin de discuter avec toi, pour des choses, des projets, de penser que le rôle c'est toi, je ne sais pas comment dire. Le fait de ne plus avoir ce rôle me faisait peur [...].<br>Je fais du volontariat à l'hôpital, dans le sens que je m'occupe d'enfants abandonnés à l'hôpital, dans les heures de mon emploi du temps, je m'occupe des enfants dont j'ai la responsabilité et ensuite je fais du volontariat dans des associations de commerce solidaire [...].<br>Oui, disons que ma fille est l'affect le plus important, mais les amis aussi sont un sentiment important, très, c'est-à-dire rencontrer des amis me remplit la journée, le matin penser que le soir je rencontrerai cette amie ou une autre me remplit la journée, ça suffit pour me faire sentir bien, je suis bien [...].<br>Une sensation de perte. C'est un morceau de ta vie qui finit, c'est vraiment une partie de ta vie qui finit [...].<br>Je ne considère pas la retraite comme une conquête. Ce n'est pas une arrivée magique, cela signifie, qu'il y a peu de temps, bientôt je ne serai plus là [...]. | Travail d'anticipation de la retraite<br><br>Changements spatio-temporels<br>Perte de repères temporels<br>Acceptation de propositions d'autrui sans discrimination<br><br>Perte du sens de sa vie<br>Peur du vide<br><br>Sensation de ne « plus avoir un rôle »<br><br>Engagement dans des activités<br>Volontariat<br><br>Les autres<br><br>Sensation de perte par rapport au passé<br>Le futur identifié avec la finitude de la vie |

En cherchant des connexions à travers les thèmes émergents et en les mettant en relation les uns les autres, on a pu caractériser son expérience au regard des trois processus qui nous intéressent.

1) Recherche d'un sens donné aux événements quotidiens et remaniement identitaire

Angela nous a semblé saisir l'occasion de cet entretien pour réfléchir au sens qu'elle avait cherché à donner à sa vie au moment de son départ à la retraite et sur lequel elle continue de s'interroger au long des années, avec hésitation et détermination à la fois. Après une sensation initiale diffuse de vide, elle a cherché un sens et une unité à sa vie, en essayant de lui donner une structure. Le vide du début de la retraite a été comblé provisoirement par une série d'activités ponctuelles et par l'acceptation de toutes les propositions de son entourage. Très vite, elle s'est rendu compte que cela ne la satisfaisait pas, et elle a cherché à programmer sa vie d'une façon plus stable. Elle s'est engagée dans le volontariat avec la prise en charge d'enfants dans la crèche d'un hôpital et avec un travail administratif hebdomadaire dans une ONG de commerce équitable. Ses nouvelles activités de volontariat ont compensé en partie la perte du rôle, du sens d'utilité et d'appartenance éprouvé par rapport à sa vie professionnelle antérieure. Les éléments de transformation vécus à ce moment sont associés à la conscience d'un changement dans la place occupée dans la société et dans l'image de soi : le deuil du rôle valorisant offert par l'activité professionnelle rend plus aiguë la question du sens de la vie. Angela a dû opérer un travail identitaire important : la retraite n'a pas à proprement parler représenté une rupture, mais un changement progressif s'est opéré qui a rendu nécessaire la reconfiguration d'une structure et des remaniements identitaires. La programmation d'activités et la présence des autres (sa fille, les amis) ont favorisé cette transformation.

2) Lecture et (ré)-interprétation des temporalités

Angela a engagé un travail d'anticipation de la retraite avant tout pour une raison administrative : elle a prévu son départ anticipé pour échapper à une nouvelle réforme sociale en cours. La relecture qu'elle fait de son passé l'amène à le considérer avec une certaine fierté, mêlée à une sensation de perte : elle souligne l'importance du rôle professionnel, qui lui donnait un sentiment d'appartenance et d'utilité, « mais c'est un morceau de la vie qui finit ». Elle porte sur le futur un regard teinté d'une certaine mélancolie, percevant une association entre la retraite et la vieillesse. « La retraite nous rapproche de la fin », dit-elle franchement d'un ton ironique, qui semble une tentative de mise à distance, une façon d'exorciser sa peur de la mort. L'entretien montre un net changement de la conscience du temps, dont Angela a une pleine conscience. L'engagement dans des activités précises et rythmées lui permet de faire face aux temporalités nouvelles de cette phase de la vie.

3) L'importance d'autrui et des relations

La socialisation a un rôle fondamental pour Angela, une socialisation axée sur l'utilité sociale dans le volontariat et sur l'affectivité dans les rapports personnels. La présence de sa fille et de ses amis remplit vraiment son existence aujourd'hui. Le sens qu'Angela donne à ses rapports avec les autres s'inscrit donc dans le cadre de l'affectivité, de la reconnaissance d'autrui et de l'utilité. L'expérience subjective en effet ne s'inscrit jamais dans un vide social, et le sujet est toujours situé dans un contexte social, qui n'agit pas comme un seul lieu d'appartenance, mais aussi de participation et de rencontre (Apostolidis *et al.*, 2018).

L'entretien d'Angela confirme que la recherche d'un sens de la vie devient plus aiguë lors de la transition de retraite, et qu'il est alors nécessaire d'opérer un remaniement identitaire pour faire face à la perte de l'identité professionnelle. En même temps, il apparaît que la relecture temporelle de l'existence favorise une quête unitaire de sens et qu'une socialisation réussie et la conscience d'être importante pour les autres significatifs de son quotidien facilitent cette phase et lui apportent plus de sens.

## 4.2 Comparaison avec cinq autres cas

Puisque l'un des intérêts de l'IPA réside aussi dans la comparaison de différents entretiens entre eux, nous présenterons ci-dessous cinq autres entretiens tirés de notre corpus et analysés par l'IPA. Les sujets choisis sont : Florence, 64 ans, encore en activité ; Ursula, 72 ans, à la retraite depuis 2 ans ; Francesca, 66 ans, à la retraite depuis 4 ans ; Jean-Pierre, 66 ans, à la retraite depuis 4 ans ; Michel, 74 ans, en activité parce qu'il a fondé une entreprise. Parmi eux, trois sont à la retraite depuis 2 à 4 ans (Francesca, Jean-Pierre et Ursula), une attend sa retraite dans un an ou deux (Florence), et le dernier a créé sa propre entreprise une fois à la retraite (Michel). Nous avons choisi ces cas parce qu'ils sont emblématiques par rapport à la question du sens de l'expérience de deux façons diamétralement opposées : Francesca et Florence parlent explicitement de leur recherche d'un sens à leur expérience, Ursula,

Jean-Pierre et Michel n'en parlent pas. Nous tenterons de montrer que la méthode IPA dégage le sens de l'expérience même quand la question du sens n'est pas directement abordée.

1) Les thèmes émergents dégagés des entretiens et mis en rapport avec les points d'appui de notre problématique sont résumés dans le tableau 8.2.

***Tableau 8.2 – Comparaison entre les cas***

| Participants | La recherche du sens et les remaniements identitaires | Le rapport avec le temps | Le rapport avec autrui |
|---|---|---|---|
| Florence, 64 ans, encore en activité | Quête de sens amplifiée par un grave problème de santé qui la fait réfléchir sur la finitude de la vie.<br>Besoin anticipé de s'engager dans une activité intellectuelle une fois à la retraite. | Préparation à un désengagement professionnel.<br>Sens de la finitude de la vie. | Nécessité de se créer un nouveau réseau social à cause du retour dans son pays d'origine.<br>Importance des autres. |
| Ursula, 72 ans, à la retraite depuis 2 ans | Sentiment que sa vie a toujours eu un sens.<br>Pas de changement lié à la retraite. | Pas de sens du vide ou de trouble dans la structuration temporelle de la journée. | Plus de tolérance envers les autres. |
| Francesca, 66 ans, à la retraite depuis 4 ans | Crise, remise en question personnelle.<br>Engagement dans un travail de reconstruction de soi (thérapie, groupe d'autobiographie). | Difficulté à prendre un nouveau rythme par rapport au temps à occuper. | Importance du réseau amical.<br>Nécessité de se confronter aux autres.<br>Sensation de perte au départ de sa fille en Amérique. |
| Jean-Pierre, 66 ans, à la retraite depuis 4 ans | Cheminement paisible, sans trace de rupture.<br>Mise en place d'un autre rythme de vie.<br>Une vie plus en contact avec la nature ajoute du sens à son expérience. | Vécu dans le temps présent, sans projection dans l'avenir. | Nécessité de créer un nouveau réseau amical en raison d'un départ en province. |
| Michel, 74 ans (en activité parce qu'il a fondé une entreprise) | Peu de questions sur le sens, mais nécessité de faire face à toutes les exigences de sa nouvelle entreprise. | Désengagement difficile en raison de multiples choses à faire. | Sensation d'appartenance envers l'équipe de l'entreprise qu'il vient de créer. |

## 4.4 Interprétation des résultats

Y a-t-il un lien entre le passage à la retraite et le besoin d'un remaniement identitaire, d'un nouveau regard sur soi ? La méthodologie de l'IPA s'est révélée particulièrement appropriée pour apporter des réponses à cette question et à celles qui en découlent. Comment l'individu, qui se prépare à la retraite ou qui s'y est déjà installé, donne-t-il du sens à son vécu de changement et au questionnement sur sa propre identité qui a été longtemps nourrie par une activité professionnelle dans toutes ses nuances, valorisée, voire identifiée au travail ou bien remise en discussion, parfois en contradiction ou en souffrance ? Les sujets ont-ils mis en place des ajustements de quelques aspects limités de leur existence ou ont-ils opéré une reconfiguration plus radicale ?

Dans le cas de Francesca, c'est à travers l'engagement dans un travail personnel qu'elle cherche à reformuler son identité, à avoir un nouveau regard sur elle-même et à trouver un sens dans son expérience de la transition de retraite. Pour Michel, qui ne se pose pas directement la question du sens et de l'identité, la nouvelle image qu'il a de lui-même est associée au sens d'appartenance au sein de l'équipe qui gère l'entreprise qu'il a créée une fois à la retraite. Pour Jean-Pierre et Ursula, le passage à la retraite se fait dans la continuité. Ursula ressent sa vie comme un tout chargé de sens. Jean-Pierre trouve dans le contact avec la nature une source qui donne un sens nouveau à son expérience vécue. Pour Angela, il y a une adaptation progressive, après un sentiment de vide, et un processus de valorisation de soi grâce à ses activités de volontariat, qui compensent la perte de son identité professionnelle.

Deux de nos sujets (Francesca et Florence) ont remis leur vie en cause, chez la première avec un travail de reconstruction de soi, chez la deuxième avec un désengagement progressif du travail qui, avant, avait été le centre de sa vie. Un troisième sujet (Angela) a opéré une reconfiguration globale, mais sans éléments de rupture : elle a cherché des activités pour pallier la perte de son rôle professionnel, tout en étant à l'écoute et à la rencontre des autres significatifs de sa vie (sa fille, ses amis). Les trois autres sujets ont vécu la transition en continuité avec leur vie précédente, sans choc et sans rupture.

## 5. L'analyse thématique

Dans notre recherche, les 28 entretiens recueillis ont tous été soumis à une analyse thématique. L'analyse thématique est un instrument d'analyse qualitative qui fait intervenir des procédés de réduction des données : pour traiter le corpus, on a recours aux « thèmes » (de courtes expressions qui dégagent l'essentiel d'un propos), grâce auxquels on va procéder à la lecture du corpus et à un travail systématique de synthèse des discours. L'analyse thématique a deux fonctions principales : une fonction de repérage et une fonction de documentation. Premièrement on saisit l'ensemble des thèmes d'un corpus, pertinents et en lien avec les objectifs de la recherche. Deuxièmement, on trace des parallèles et des complémentarités, ou bien des oppositions et des divergences entre les thèmes.

Procéder à une analyse thématique signifie pour le chercheur attribuer des thèmes en lien avec l'objectif de la recherche. En premier lieu, il importe de déterminer quelle technique sera adoptée pour le travail de thématisation, qui tienne compte du mode d'inscription des thèmes (en marge, en inséré, à l'aide de codes de couleurs, sur fiche...) et du type de démarche de thématisation, le plus souvent la thématisation en continu, qui consiste en une démarche ininterrompue d'attribution de thèmes. La façon de procéder relève d'une démarche inductive. On ne décide pas *a priori* des thèmes importants orientant l'analyse, mais on les élabore à partir de l'examen des entretiens recueillis et transcrits. Le but de l'analyse thématique n'est pas de résumer un texte, mais de l'analyser. Il est donc important d'arriver à l'identification de thèmes de la façon la plus rigoureuse possible : le thème n'est pas un ensemble « ordinaire » de mots, il est un outil analytique attentif non seulement à la recherche des mots justes pour synthétiser les propos recueillis, mais aussi à l'économie d'ensemble et au rapport des parties au tout, en lien avec les questions fondamentales de la recherche (Paillé et Mucchielli, 2016).

### 5.1 Mise en œuvre de l'analyse thématique et résultats

Le processus de thématisation a été conduit dans le cadre d'une démarche qui se voulait à la fois exhaustive et économique. L'intention est d'explorer de la façon la plus complète possible l'univers des significations constitué par le corpus des entretiens et ses réalisations sémantiques et lexicales. Chaque propos est ramené à un seul thème, lequel peut se décliner en différents sous-thèmes. Les classes thématiques, les thèmes et les sous-thèmes ont été choisis en fonction de leur présence ou évocation dans le cours de l'entretien et de leur pertinence avec notre objet d'étude. Ils sont présentés dans le tableau 8.3.

***Tableau 8.3 – Classes thématiques, thèmes et sous-thèmes***

| Classes thématiques | Thèmes | Sous-thèmes |
|---|---|---|
| **Réorganisation externe** | Le temps | Temps vide |
| | | Richesse du temps pour soi |
| | | Sensation de ne pas avoir assez de temps |
| | | Besoin de réorganiser le temps |
| | | Changement des rythmes |
| | Les autres | Réseau social diminué |
| | | Pas de changement |
| | | Investissement accru |
| | | Regret de perdre les collègues |
| | | Rapports axés sur l'utilité sociale |
| | Les activités | Intérêts personnels et activités culturelles |
| | | Voyages et loisirs |
| | | Volontariat |
| **Réorganisation interne** | Vécu de la transition | Changement net |
| | | Adaptation progressive |
| | | Continuité |
| | | Préparation et anticipation |
| | | Transmission des compétences |
| | Les grandes problématiques existentielles | La vieillesse qui approche |
| | | Le sens de la vie |
| | | L'identité |
| | | Le recours à la spiritualité |
| | | La conscience de la finitude de la vie |
| | Les émotions | Peurs et angoisses |
| | | Regrets |
| | | Soulagement et liberté |
| | | Réjouissance |

L'analyse thématique permet ici de visualiser d'emblée des thèmes et des sous-thèmes par rapport auxquels sont positionnés tous les sujets. Ainsi, le tableau 8.4 met en relation sur le mode présence *vs* absence les thèmes et les sous-thèmes avec les participants caractérisés par leur position temporelle à l'égard du passage à la retraite lors de l'entretien (un an à un an et demi avant la retraite, moins de deux ans après la retraite, plus de deux ans après la retraite).

Tableau 8.4 – Analyse thématique de tous les entretiens

| | | | A | C | F | **F** | P | K | L | P | S | T | V | B | E | G | R | M | D | B | F | P | **F** | G | L | M | L | **M** | O | U |
|---|---|---|---|---|---|---|---|---|---|---|---|---|---|---|---|---|---|---|---|---|---|---|---|---|---|---|---|---|---|---|
| Réorganisation externe | Temps | Temps vide | X | X | X | | | | | | | | X | X | | | | X | | X | | | | | | | | | | |
| | | Pas de temps | | | | | | | | | | | | | | | X | | | | | | | | | X | | | | |
| | | Programmation | X | | X | | | | | | | | | | | X | | | | | | | | X | | | | | | |
| | | Chgt. rythmes | | X | | | | | | | | | | X | X | | | | | | | | X | | | | | | X | |
| | | Richesse temps | | | | X | X | X | X | X | X | X | | | | | | | X | | X | X | X | X | X | | X | X | X | X |
| | Les autres | Diminution | | X | | | | | | | | | X | | X | | | X | | | X | | X | | X | | | | | |
| | | Pas de changement | | X | | X | X | X | X | X | | X | | | | X | X | | X | | | | | X | | X | X | X | X | X |
| | | Plus Investis | | | | | | | | | X | | | X | | | | | | | X | X | X | | | | | | | |
| | | Perte collègue | | | | | | | | | | | | X | | | | | | | | X | | | X | | | | | |
| | | Utilité sociale | | | | | | | | | X | | | X | | | X | | | | | | | | | | | | | |
| | Activités | Pers. cult | X | | X | | X | X | X | X | | X | | X | X | X | X | X | X | | X | X | X | X | X | | | | | X |
| | | Voyages loisirs | | | | X | X | X | | X | | X | X | X | | | | | | | | | X | | X | | | | | |
| | | Volontariat, pol. | X | | | X | | | | | X | | | X | X | | X | | | | | | | | | | | | | |

| | | | | | | | | | | | | | | | | | | | | | | | | | | | | | | | |
|---|---|---|---|---|---|---|---|---|---|---|---|---|---|---|---|---|---|---|---|---|---|---|---|---|---|---|---|---|---|---|
| Réorganisation interne | Grandes problématiques existentielles | vieillesse | X | X | | | | | | | | | X | X | | | X | X | | | X | | | X | X | | | | | |
| | | sens vie | X | | | | | X | | | | | | | | | | X | X | | X | | | | | | | X | | |
| | | identité | | X | X | | | | | | | | | X | | | | X | X | | | | | | | | | X | | X |
| | | spiritualité | | | X | X | | | | | | | | | | | | X | X | | | | | | | | | | | X |
| | | Finitude vie | X | | | | | | | | X | | | | | | | | | | X | | X | | | | | | | |
| | Vécu de la transition | Chang. net | X | | | | | | X | X | X | | X | | | | | | | X | X | | | X | | | | | | |
| | | Progrès adaptat. | | | X | | | | | | | | | X | X | | | | X | | | | | | | | | | | |
| | | Continuité | | | | X | X | X | | | | X | | | | | | | | | | | | | | | | X | X | X |
| | | transmission | | X | | | | | | | | | | | | | | | | | | | | | | X | X | | | X |
| | | préparation | | X | X | | | | | | | | | | | | | | X | X | X | X | | X | | | | | | |
| | | Centralité travail | X | X | X | | X | | | | | | X | | | | | | | | | | | | | | | | | |
| | État émotionnel | Peur | X | | X | | | | | | | | X | X | | | | X | | | X | | X | | | | | | | |
| | | Regrets | | | | | | | | | X | | | | | | | X | | | | | | X | | | | | | |
| | | Liberté | X | X | | | X | X | | | X | X | | X | | | | | | | | | | X | X | | | | | |
| | | Réjouis | X | X | | | | | | | | | X | X | | | X | | | | | | | | | | | | | |

*Légende : sur l'axe horizontal figurent les initiales des sujets. X : retraite plus de 2 ans ; X : retraite 2 ans au plus ; X : pas encore à la retraite ; X : à retraite, mais exerçant encore une activité professionnelle.*

## 5.2 Interprétation

Selon les résultats, le thème de la transformation apparaît dominant. C'est surtout dans le rapport avec le monde que porte le discours sur la transformation et aussi dans la façon d'aborder le temps. Les thématiques relatives à la réorganisation externe de la vie (le rapport avec les autres et l'éventuel changement dans les relations, le besoin de s'engager dans des nouvelles activités, de se dédier à ses intérêts et à la culture, de se consacrer aux loisirs, de voyager) sont en effet une préoccupation constante chez presque tous les sujets, tout comme le thème du temps.

En ce qui concerne les différences en fonction de la position temporelle par rapport à la retraite, chez presque les deux tiers des sujets à la retraite depuis plus de deux ans, le temps est bien vécu. L'idée d'avoir du temps pour soi est alors considérée une richesse. Néanmoins, 3 sujets sur 11 craignent les temps vides et pour deux d'entre eux, ceux-ci nécessitent une stricte programmation. Il n'y a pas beaucoup de différence entre les sujets qui sont à la retraite depuis au moins deux ans et ceux qui le sont seulement depuis un an ou deux. En revanche, chez tous les sujets qui ne sont pas encore à la retraite (sauf un), le temps libre est vécu comme une source de richesse personnelle et ne fait pas l'objet de la crainte de ne pas savoir comment le remplir. Les sujets qui ont maintenu une activité professionnelle tout en étant à la retraite n'ont jamais de sensation de vide associée au temps. Les sujets à la retraite depuis plus de deux ans investissent plus que les autres dans l'organisation de leur vie : installés à la retraite, ils ont dépassé la période de la transition proprement dite et s'engagent pour avoir une situation stable.

L'idée que la retraite nécessite des remaniements identitaires et la mobilisation de nouvelles ressources, ainsi que la crainte que la reconnaissance sociale soit affectée par la perte du statut professionnel, sont des thèmes qui ressortent souvent et montrent l'importance de l'interrogation sur sa propre identité au moment de la retraite. Émergent des doutes sur le rôle et la position que l'on a dans la société, qui incitent à opérer des remaniements et à se redéfinir. Dans l'évocation de la problématique touchant à l'identité, il n'y a guère de différence entre les participants selon leur position temporelle par rapport à la transition de retraite.

## 6. Discussion et conclusion

L'IPA vise à dégager l'essence de l'expérience des participants tandis que l'analyse thématique se propose d'identifier les thèmes les plus partagés par ces derniers. L'analyse thématique donne une vision d'ensemble, analogue à une vue d'avion, tandis que l'IPA descend au sol et fait parler le terrain en profondeur à travers la mise en évidence de processus gorgés de sens par les sujets. De ce fait, l'analyse thématique donne la possibilité d'explorer les préoccupations communes aux sujets, en termes de tendances répertoriées systématiquement en référence à l'objet étudié, le vécu individuel s'immergeant dans des grandes thématiques collectives choisies par le chercheur parce qu'elles caractérisent le plus grand nombre de sujets, de thèmes et de sous-thèmes possibles. Elle offre donc l'intérêt de caractériser les vécus individuels en les situant dans le contexte collectif.

À la lumière de notre problématique, qui vise à apprécier l'ampleur et la forme des transformations identitaires impliquées par le passage à la retraite, ainsi que leur portée sur le vécu de la temporalité et sur les rapports avec autrui, l'analyse thématique a permis de comprendre que les transformations opérées par la retraite se manifestaient surtout par un besoin de réorganisation externe de la vie. Le vécu de temporalité est particulièrement affecté, et le besoin de réorganisation vise à s'adapter au changement des rythmes temporels et à transformer le « temps pour soi » en une série d'engagements (activités, rôle grand-parental, volontariat...), en passant de la sensation d'un temps vide à celle d'un temps libre et fertile. Le rapport avec autrui est une préoccupation générale et le besoin d'avoir une valeur pour autrui est collectivement ressenti.

Si l'analyse thématique se propose de décrire ce qui apparaît le plus communément partagé dans les discours, l'IPA cherche à faire émerger les significations individuelles. Elle permet en effet de saisir le sens de l'expérience non seulement dans les mots des participants mais dans l'interprétation qui en est faite par eux, avec un questionnement sur soi, une recherche des liens entre les événements de la vie, des allers-retours entre émotions et rationalisation. Plus qu'à identifier des liens entre les thèmes produits, l'analyse IPA vise à faire émerger une organisation qui permette d'articuler individuellement et collectivement les thèmes les uns aux autres et à souligner les aspects majeurs du récit. En examinant en profondeur le sens que cette transition a pour les participants, elle apporte une richesse et une épaisseur.

L'IPA nous a permis d'affiner et d'approfondir par la description de processus les grands thèmes soulevés identifiés grâce à l'analyse thématique, qui, de son côté, a été très utile pour cerner les préoccupations collectives inhérentes à la retraite, les représentations, les idées partagées.

Du point de vue des résultats, alors que l'analyse thématique nous a surtout permis de différencier des éléments de transformation externes à la personne, les éléments de transformation interne apparaissant catégorisés de façon sommaire et superficielle, l'IPA nous a amenées à approfondir ces derniers et à analyser des processus réflexifs assez subtils concernant le réaménagement des rapports aux temps et aux autres, la quête de sens et l'intention d'introduire de la continuité ou des transformations du rapport au monde et à soi. Sur le premier point, l'IPA nous a permis d'éclairer la façon dont s'imbriquent le présent, le passé et l'avenir, avec par exemple l'évocation d'un passé structurant, d'un présent momentanément « vide » ou investi pleinement, et la formulation de craintes et d'espoirs de l'avenir. Sur le deuxième point, le sens donné aux relations interpersonnelles avec d'autres et à la reconnaissance sociale confirme que l'expérience subjective situe chaque personne dans un contexte social de participation et de rencontre (Restivo *et al.*, 2018). En ce qui concerne le troisième point, les résultats ont mis en évidence des logiques de reconfiguration de vie pour certains et de continuité pour d'autres. Finalement, l'ampleur et la forme des transformations données au quotidien, variables chez les personnes, apparaissent toutes pourvoyeuses de sens, de même que deux éléments partagés par la majorité des sujets : un vécu temporel marqué par un présent à reconfigurer et des relations interpersonnelles jugées centrales.

Nous préconisons une utilisation conjointe de ces deux analyses pour pallier leurs limites respectives. La limite de l'IPA est qu'elle ne peut s'appliquer qu'à un effectif restreint, qui peut fort bien ne pas être représentatif de l'ensemble des participants et, même si elle procède à un résumé des idées exprimées, elle ne cherche pas à éliminer la subjectivité de l'interprétation du chercheur. La limite de l'analyse thématique est d'énoncer un très grand nombre de thèmes, sans pouvoir les étudier en profondeur. La fréquence et la répétition des thématiques ou, au contraire, leur rareté peuvent influencer le choix des catégories d'analyse, au détriment de leur pertinence avec l'objectif de l'étude.

Les implications pratiques de notre étude concernent l'accompagnement. En soulignant l'importance accrue de la recherche du sens de l'expérience et d'une reconstruction identitaire pendant la transition de retraite, nos résultats vont dans la même direction que les conceptions de l'accompagnement par le sens. Selon celles-ci, d'une part l'accompagnement, conçu comme une aide à la construction de soi tout au long de la vie, se poursuit au-delà de la cessation de l'activité professionnelle, vers la transition de retraite (Lhotellier *et al.*, 2020). D'autre part, la fonction psychologique de ces conceptions touche précisément à la construction du sens de la vie (Bernaud *et al.*, 2015). Non seulement nos résultats peuvent être directement réinvestis dans ce type de pratiques, mais ils pourraient aussi alimenter des pratiques centrées sur la transmission au moment du passage à la retraite qui appellent à développer une réflexivité sur l'expérience professionnelle (Auricoste *et al.*, 2019).

À un niveau plus fondamental, l'analyse qualitative fondée sur les deux méthodes présentées a montré son intérêt principal dans la capacité de pénétrer les univers sociaux à travers l'expression des significations individuelles. En cela elle se situe dans la lignée des méthodes susceptibles d'éclairer les liens entre l'individuel et le social et d'alimenter les théories articulant ces liens.

# Chapitre 9

# Deux dispositifs d'accompagnement au sens de la retraite[1]

1. Par **Émilie Lessard** et **Laurence Ruiu-Renard**.

# Sommaire

## Introduction

Les transitions professionnelles occupent une place grandissante dans le champ de la psychologie du travail et de l'orientation : ces dernières sont en effet de plus en plus nombreuses, de moins en moins normées et de moins en moins prévisibles (Masdonati et Zittoun, 2012). Longtemps centrés sur la transition études-premier emploi, les travaux de recherche se sont progressivement étendus aux transitions de l'âge adulte, dans une perspective de développement tout au long de la vie (Olry-Louis *et al.*, 2017). Dans un contexte de vieillissement de la population, la transition emploi-retraite, qui renvoie à un processus psychologique comprenant une série d'étapes avant et après le départ à la retraite, suscite un intérêt croissant (Wang et Shi, 2014).

Davantage individualisée, moins arrimée à un âge particulier et à la cessation totale de l'activité professionnelle, cette transition se caractérise actuellement par une grande diversité de situations. Si les façons de vivre et d'envisager la retraite varient fortement d'un individu à un autre (Van Solinge *et al.*, 2021), la perspective du passage à la retraite semble, davantage que par le passé, être associée à un nouveau départ pour les salariés en fin de carrière, amenés à vivre plus longtemps que leurs aînés. En 2003, l'espérance de vie à 62 ans était de 26 ans pour les femmes et de 22 ans pour les hommes (Insee, 2024).

Paradoxalement, la transition emploi-retraite, généralement appréhendée comme une étape charnière dans les parcours de vie (Henning *et al.*, 2016 ; Wang et Wanberg, 2017), semble relativement peu accompagnée sur le plan psychosocial. La notion de « préparation à la retraite » renvoie le plus souvent à des aspects administratifs et financiers. Si certains retraités peuvent se voir proposer des stages de préparation par leur entreprise, l'accompagnement psychologique, visant à faciliter l'orientation post-emploi et l'adaptation lors de la transition, y tient encore une place limitée, comme cela a été souligné par Fouquereau (2006). Or, compte tenu de la place occupée par le travail dans la vie des individus comme dans nos sociétés, le passage à la retraite s'accompagne, le plus souvent, de questionnements profonds (Froidevaux, 2014). S'il peut être perçu comme une opportunité de développement pour les personnes, il peut également s'accompagner, dans certains cas, de doutes et d'appréhensions, voire de manifestations somatiques (Fouquereau, 2006 ; Fouquereau et Chevalier, 2022).

Les résultats de nos enquêtes réalisées auprès de personnes ayant pris récemment leur retraite ont permis de mettre en évidence que le fait de se préparer à ce changement est perçu, *a posteriori,* comme important et/ou utile pour une majorité de participants.

Après un examen de la littérature, nous avons relevé un déficit de modèles d'accompagnement psychologique, centrés sur les individus, en individuel ou en collectif, reposant sur des démarches empiriques, ce qui nous a amenées à orienter nos recherches sur ce sujet.

Nous avons développé et expérimenté, dans le cadre de nos thèses de doctorat, deux dispositifs d'accompagnement avec le sens pour fil conducteur.

Après un bref rappel des enjeux psychologiques de cette transition et un focus sur les processus adaptatifs à l'œuvre, le présent chapitre a pour objectif de présenter ces deux dispositifs.

## 1. Les principaux enjeux de cette transition

La transition emploi-retraite désigne le processus par lequel un individu s'adapte aux changements liés à l'arrêt de son activité professionnelle, processus généralement caractérisé par un engagement psychologique réduit et par un retrait comportemental du travail (Shultz et Wang, 2011). Une perspective plus récente appréhende cette transition non plus comme une sortie de carrière mais comme une phase de développement, en fin de carrière. Intégrant les évolutions sociétales de ces dernières années, elle repose sur une vision plus nuancée et plus positive de la retraite, initialement associée à un déclin général, enraciné dans un déclin physique (Froidevaux et Hirschi, 2015).

Les effets psychologiques de cette transition ont donné lieu à de nombreux travaux qui se sont notamment intéressés aux conséquences de la cessation de l'activité professionnelle, cette dernière constituant un repère central pour les individus. Comme l'indiquent Fouquereau et Chevalier (2022), la fin de l'emploi implique non seulement la perte d'un rôle professionnel mais aussi de nombreux autres changements, provoqués par le nouveau statut de retraité. Ces changements affectent l'ensemble des aspects de la vie des individus, en bouleversant leur rapport aux finances, au temps, aux autres, à leur corps et à soi (Schlossberg, 2005) et, par là même, leurs représentations du monde comme leurs conduites.

Avec la cessation de leur activité professionnelle, les séniors font face à une perte de repères et à un changement de rythme. Pour maintenir un certain niveau de bien-être, les individus vont devoir s'engager dans des activités nouvelles qui vont dépendre des ressources mobilisées et de l'appropriation progressive des représentations liées à leur nouvelle catégorie d'appartenance : celle des « retraités ». Nous avons décrit dans le chapitre « Transformations identitaires à la retraite ou comment "devenir soi" » comment le dialogue interne entre les deux instances du SOI (le je – l'identité personnelle – et le moi – l'identité sociale) conduisait à une projection de soi à être. Par des processus de comparaison et d'identification à des figures sociales qui lui sont proches, l'individu choisit ou rejette les attributs qu'il souhaite s'approprier. Ce dialogue interne, plus ou moins conscient, donnera lieu à des actions menées en correspondance. C'est par ces actions et par leurs effets que les représentations des individus vont pouvoir changer, et cette nouvelle catégorie être acceptée.

L'individu s'interroge sur tous les changements liés à sa vie, à ses ressources financières, à son réseau social (famille et amis), aux nouvelles activités dans lesquelles s'engager, mais aussi au vieillissement et à la vieillesse. C'est à partir de ces questionnements qu'il va pouvoir se projeter dans de nouvelles manières d'être. Il réalise des comparaisons pour se définir, surtout en début de retraite, avec des traits de personnalité en général attribués à la jeunesse. Pour conserver une image positive et cohérente avec les représentations qu'il se fait de lui-même, il se décrit en tant que retraité par des traits le différenciant de ses aînés, par exemple « je suis retraité mais différent d'eux, car je suis curieux et dynamique ».

La représentation sociale, reflet tant de l'objet que de l'activité du sujet, a une fonction conservatoire mais aussi une fonction adaptative (Guichard, 1993). Tout changement, dans la représentation qu'un individu se fait d'un objet, entraîne, plus ou moins profondément, des modifications dans son univers cognitif, ce que Guichard (2004) définit comme un système de formes identitaires subjectives. L'approche existentielle offre une lecture intéressante et complémentaire des enjeux de cette transition. Lorsqu'il s'extrait du cadre sécurisant du travail, l'individu est amené à exercer sa liberté face à de multiples choix qui s'offrent à lui (Edward et Milton, 2014 ; Osborne, 2012) ; il peut prendre conscience qu'il entre dans une longue mais dernière étape de sa vie et être confronté à la pensée de la mort. Si cette pensée peut générer de l'angoisse, elle peut également constituer une opportunité et amener la personne à chercher à se réaliser dans une existence plus authentique et porteuse de sens. Il s'agit notamment de maintenir ou de développer un sentiment d'utilité, à travers des buts de vie et des actions associées.

## 2. Les processus adaptatifs de la transition emploi-retraite

Comme cela vient d'être évoqué, la transition emploi-retraite implique des bouleversements qui peuvent être importants dans la vie des séniors, ce qui génère, le plus souvent, de nombreuses questions sur soi, sur sa place et sur son rôle au sein de la société. L'ensemble des rapports au monde nécessite des aménagements personnels qui vont permettre de s'adapter aux changements induits par cette transition.

Si les activités de construction de sens sont impliquées dans le processus de toute transition, la question du sens se pose de manière d'autant plus aiguë lors du passage à la retraite, compte tenu de la place centrale occupée par le travail dans la vie des individus. Se désengager de la sphère professionnelle amène, en effet, la personne à construire du sens autour de sa situation (façonner une vision positive de la retraite et percevoir les apports de cette expérience, au regard de la situation en emploi) et, plus globalement, à repenser son identité et à envisager une nouvelle orientation signifiante (donner du sens à sa vie à la retraite, à travers de nouveaux buts ayant de la valeur).

La transition est considérée comme achevée dès lors que l'individu parvient à se définir comme un retraité, et à se détacher psychologiquement et socialement de son travail (Froidevaux et Maggiori, 2020). Pour cela, il est nécessaire qu'il parvienne, comme le mentionne Osborne (2012), à ne plus se définir par sa dernière activité professionnelle, à être engagé dans des activités qui vont lui permettent de se décrire et, enfin, à présenter un certain état de bien-être.

L'identité, une fois à la retraite, renvoie à une acceptation et à une satisfaction à l'égard de sa condition. À l'inverse, si elle n'est pas acceptée on pourra parler de crise identitaire. La satisfaction à la retraite est associée à une bonne santé, physique et mentale, mais aussi à une bonne santé de l'âme et de l'environnement de vie.

Pour parvenir à construire de nouveaux rôles, conduites et représentations qui permettront une nouvelle définition de soi, les individus doivent réussir à vivre sans le renforcement positif de la reconnaissance du travail et des autres. La reconnaissance peut se concrétiser par le sentiment que les autres ont besoin de nous, sont intéressés par nous ou sont concernés par ce que l'on fait. Avoir le sentiment de compter pour les autres est crucial pour la santé mentale (Rosenberg et McCullough, 1981). Être à la retraite, ce n'est pas forcément se priver de cette reconnaissance mais cela implique que chacun et chacune trouve personnellement comment compter dans et pour la société, ainsi que pour les autres : par du bénévolat, par des créations artistiques, des performances sportives, de l'entraide ou encore par le renforcement de relations amicales par exemple. Il appartient à chacun et à chacune d'identifier des activités qui vont lui permettre de se sentir apprécié, remarqué, utile au regard des autres.

Avoir du temps pour soi permet de réfléchir à ce qui est important, c'est-à-dire d'identifier ce qui fait sens. L'engagement dans d'autres sphères d'activités semble lié à un travail préalable de création de sens, amenant la personne à s'interroger sur elle-même, sur ses représentations de la retraite, sur ce qui la guide ainsi que sur sa place au sein de la société.

La notion d'adaptation désigne un processus dynamique de changement, lié aux capacités innées ou acquises d'un individu, amené à réagir à des changements externes ou internes, à des contraintes ou à des conflits (Fischer, Tarquinio et Dodeler, 2020). L'indiquent ces auteurs, l'individu va chercher à réduire ou à éliminer les conséquences défavorables de ces changements, à travers des ajustements divers lui permettant de « survivre » et de créer un nouvel équilibre compatible avec sa « survie », ce qui impliquera la mobilisation de plusieurs processus adaptatifs et entraînera différents niveaux de réactions. Dans cette contribution, nous nous intéresserons aux réactions psychologiques et comportementales, c'est-à-dire aux processus intervenant au cours de la transition emploi-retraite : d'une part, le processus décisionnel et, d'autre part, les processus d'engagement et de désengagement.

Le processus décisionnel, très bien décrit par Mullet *et al.* (2000) dans le modèle *Push-Pull, Anti-Push-Anti-Pull* permet de rendre compte des dimensions contradictoires qui influencent la décision et le vécu du départ à la retraite. La prise de décision apparaît ainsi comme la résolution d'un conflit intrapsychique qui influence l'engagement dans la préparation de la retraite. Les processus d'engagement et de désengagement développés par l'approche fonctionnaliste rendent comptent de l'attitude volontariste des individus, consistant à maintenir un niveau élevé d'activité pour compenser la perte de certains rôles antérieurs à travers l'intensification d'autres rôles comme celui de citoyen ou encore à travers l'investissement de nouveaux rôles. L'adaptation se trouve facilitée par une qualité qu'il convient d'entretenir : la flexibilité des rôles (Havighurst, 1963). Le désengagement (Cumming et Henry, 1961) est une autre forme d'adaptation à la retraite. Il correspond à l'acceptation par l'individu de se retirer et par là même de se désengager aussi bien socialement que psychologiquement d'un certain nombre de rôles, conformément aux attentes de la société. Il s'agit d'un retrait volontaire d'une partie du système social. Si les individus ont moins de rôles qu'auparavant, ils s'y engagent plus intensément.

La mise en œuvre de stratégies de *coping* se réfère à la théorie cognitive du stress. Elle est considérée comme un modérateur des processus qui affectent la relation entre un événement stressant (comme quitter son emploi) et les ressources dont dispose l'individu pour y faire face (Fischer, Tarquinio et Dodeler, 2020). Schlossberg (1981) a montré que les réactions de l'individu étaient des moyens de contrôle pour gérer l'événement nouveau et faire face au stress qu'il engendre, et ainsi le rendre acteur.

Il existe trois stratégies de *coping*. La première consiste à exercer un contrôle sur la situation et désigne l'ensemble des efforts qui consistent à mettre en place des actions de contrôle, comme repousser la date du départ à la retraite. La deuxième est une stratégie qui consiste à agir sur le stress et désigne tous les efforts mis en œuvre pour mettre à distance de soi les inquiétudes et les questionnements. Il peut s'agir de défenses psychiques comme le déni, l'acceptation passive, le recours à l'imaginaire et au fantasme mais aussi de comportements tels que pratiquer du sport ou de la méditation. La troisième stratégie consiste à exercer un contrôle sur la signification du problème et désigne l'ensemble des efforts visant à attribuer du sens aux événements, en apportant une signification aux situations et en élaborant des liens entre eux, comme minimiser le caractère douloureux du désengagement professionnel en valorisant de nouveaux engagements. C'est sur cette dernière stratégie que reposent principalement les dispositifs proposés dans ce chapitre. Le processus d'adaptation par le sens se caractérise par un travail significatif de construction de sens impliquant de revisiter son passé, d'interpréter son présent et de se projeter dans l'avenir, ce qui constitue un préalable à la réalisation d'un projet signifiant.

## 3. L'approche de la psychologie existentielle pour accompagner le sens de la retraite

Dans le champ de l'orientation, l'approche de la psychologie existentielle s'inscrit dans une tendance de fond qui relève aujourd'hui d'une orientation tout au long de la vie, s'ouvrant sur la subjectivité de l'individu confronté à des choix de vie et intégrant progressivement les questions de la réflexivité et du sens (Soidet *et al.*, 2020). Comme le soulignent les auteurs, dans un contexte plus incertain, il s'agit à présent d'aider les personnes à être actrices de leurs parcours en leur proposant un accompagnement individuel ou collectif, en leur offrant un cadre de pensée où le sens puisse s'élaborer.

La psychologie existentielle peut se définir comme une branche de la psychologie qui étudie l'être humain dans ses dilemmes de vie, appelés les grandes questions de la vie (Jacobsen, 2007, p. 1). Cette discipline académique et professionnelle puise son inspiration dans la philosophie, qui offre des cadres de pensée sur des thématiques liées au rapport à l'existence telles que le sens de la vie, la liberté, l'angoisse, la responsabilité ou encore l'authenticité.

La psychologie existentielle s'est développée dans la deuxième moitié du XXe siècle, à partir de plusieurs courants de pensée, orientés initialement sur une approche thérapeutique. Elle s'ancre dans différents travaux de psychologues et de psychiatres, situés principalement en Europe du Nord et aux États-Unis, parmi lesquels Rollo May (1909-1994) ainsi que Médard Boss (1903-1990) et Ludwig Binswanger (1881-1966), fondateurs de la *Daseinsanalyse.*

Le psychiatre Viktor Emil Frankl (1905-1997) a, par ailleurs, joué un rôle prépondérant dans le développement de cette discipline en montrant notamment le rôle central du sens de la vie. L'approche de Frankl (2006) repose sur le fait que l'individu cherche « une raison de vivre et est responsable de réaliser son but dans la vie » (p. 133). L'auteur précise que l'individu doit rechercher du sens à l'extérieur de lui-même plutôt qu'en lui-même, l'existence étant toujours dirigée vers autre chose ou vers quelqu'un d'autre que soi.

Centrée sur le développement du potentiel humain de l'individu et son accomplissement, la psychologie existentielle est proche de la psychologie humaniste. L'importance accordée à la réalité subjective, à la réalisation de soi ainsi qu'à la liberté et à l'authenticité est des principes communs de ces deux disciplines qui ont toutefois des approches distinctes. Dans l'approche humaniste, l'accompagnement psychologique vise, par exemple, à révéler la personnalité préexistante alors que dans l'approche existentielle, les interventions ont pour objectif de rendre les personnes davantage conscientes de leur pouvoir d'agir ainsi qu'à « les accompagner dans la réalisation d'une vie authentique et pleine de sens » (Bernaud, 2021, p. 17). Les pratiques en psychologie existentielle se fondent sur la conception du courant existentialiste, reposant sur une approche non déterministe de l'individu. Selon Sartre (1946), « l'existence précède l'essence » (p. 26), ce qui signifie que « l'homme existe d'abord, se rencontre, surgit dans le monde et se définit après » (p. 29).

Si la psychologie existentielle a des points communs avec la psychologie positive, cette dernière vise davantage le fonctionnement optimal que la capacité à faire face aux difficultés de l'existence, à penser sa vie et la vivre pleinement, comme c'est le cas dans la perspective existentielle.

L'approche de la psychologie existentielle, qui avait initialement une vocation thérapeutique a également investi d'autres champs de la psychologie, notamment celui de l'orientation et du conseil. Les transitions sont des moments de vie qui rappellent l'individu à sa condition humaine avec des questions qui ont trait, par exemple, à sa place dans le monde, à ses choix de vie passés ou futurs ainsi qu'à sa finitude, ce qui peut être source d'angoisse. S'appuyant sur des recherches qualitatives et quantitatives, elle vise, sur le plan pratique, à rendre les personnes actrices de l'existence en les amenant à en comprendre le sens et à lui donner du sens (Bernaud, 2021). Elle repose sur des réflexions, sur des dialogues amenant le bénéficiaire à mieux comprendre sa situation présente, à l'interpréter et à s'orienter dans un projet signifiant.

L'un des points forts de l'approche existentielle repose par ailleurs sur un cadre bienveillant et sans jugement, en lien avec l'approche humaniste de Rogers (1951, 2019).

Si nous avons pu relever des programmes d'accompagnement au sens se référant de cette approche tels que les dispositifs « Sens et projet de vie » proposés par Gomez-Gonzales *et al.* (2013) et « Sens de la vie, Sens du travail » (Bernaud *et al.*, 2015), ces derniers sont destinés à des publics adultes en quête de repères, demandeurs d'emploi ou salariés. Inédits, les dispositifs que nous avons développés s'inscrivent dans la continuité de ces travaux tout en répondant aux besoins spécifiques des séniors, amenés à prendre leur retraite ou nouvellement retraités.

## 4. Présentation d'un accompagnement individuel « Sens de la vie, sens de la retraite : préparation d'une transition » proposé avant ou après le passage à la retraite

### 4.1 Description et bénéfices de l'accompagnement individuel

Ce dispositif a été créé, testé et validé dans le cadre de travaux de thèse (Lessard, 2022), et il est aujourd'hui utilisé au quotidien dans l'accompagnement des séniors, bientôt ou déjà à la retraite, rencontrant des difficultés à s'adapter à la transition emploi-retraite. Il se prête aussi bien à un travail de suivi individuel que collectif mais, à ce jour, il est davantage utilisé dans le cadre d'accompagnements individuels, en réponse à une demande croissante. La relation duelle facilite l'alliance de travail entre le praticien (qui doit être professionnel de l'accompagnement) et le ou la bénéficiaire, dans un climat de confiance où l'assurance de la confidentialité est respectée. Cette relation en face-à-face encourage des échanges plus authentiques, où les masques sociaux s'effacent au profit d'un travail réflexif sur celui que l'individu souhaite devenir en tant que retraité. Les mécanismes de transfert et de contre-transfert, présents dans tout suivi thérapeutique, sont pris en compte et mobilisés comme outils d'aide à la compréhension de soi et des liens d'attachement, sans qu'une place trop grande y soit accordée.

La posture du professionnel s'appuie sur l'approche centrée sur la personne de Carl Rogers (1951). C'est une méthode de relation d'aide qui repose sur la croyance que tout individu possède, de façon innée, un système de motivation (la tendance actualisante), c'est-à-dire que l'être profond est orienté positivement vers la maturation, l'autonomie et les rapports constructifs avec autrui. Cette posture repose sur trois attitudes qui encouragent et facilitent l'expression de soi : la compréhension empathique, la congruence (cohérence entre l'expérience, la conscience de soi et ce qui est exprimé), et la considération positive inconditionnelle. Cette dernière attitude renvoie au fait de porter sur autrui un regard positif et respectueux, sans jugement, fondé sur la confiance dans son autoréalisation.

L'échange prend la forme d'un dialogue et permet à l'individu de formuler sa pensée, d'en prendre mieux conscience, de partager ses idées et de dérouler son raisonnement. Les échanges avec l'intervenant sont plus libres et approfondis en individuel grâce à la posture du professionnel invitant plus spécifiquement à la réflexion. Lors d'un accompagnement collectif, les réactions des bénéficiaires apportent une richesse dans les échanges, cette fois grâce au miroir social et au partage des différents points de vue.

## 4.2 Présentation du dispositif

Dans le cadre du dispositif « Sens de la vie, sens de la retraite : préparation d'une transition », inspiré des travaux de Bernaud *et al.* (2013), le suivi se déroule en cinq séances d'une heure trente, à l'appui d'un carnet de bord qui propose des exercices conduisant à un cheminement réflexif. Il s'adresse aux personnes bientôt à la retraite ou à la retraite depuis moins de cinq ans, se sentant perdues face à la transition.

Une première version de ce dispositif a déjà fait l'objet d'une publication dans l'ouvrage *Sens de la vie, sens du travail : Pratiques et méthodes de l'accompagnement en éducation, travail et santé* (Bernaud *et al.*, 2019), où il est présenté dans le détail. Il vise à encourager la réflexion sur la transition emploi-retraite, ainsi que la construction de la signification d'expériences et de concepts pour aboutir à une nouvelle définition de soi. Ainsi, au cours des séances, les différents exercices interrogeant les changements de rapport au monde (sur le travail et les nouvelles activités, la santé, la temporalité et le vieillissement, sur soi et la projection de soi à la retraite), avaient pour objectif d'actionner la réflexivité sur le sens et d'engager rapidement les bénéficiaires, dans un processus d'identification de soi et de projet à être. Les bénéficiaires, dans une logique de centration *vs* décentration, partent de leur propre histoire pour être amenés à réfléchir à leur relation de travail et à la vie de manière plus générale pour revenir à soi. Une image de soi dans un projet d'être à la retraite est ainsi conçue.

## 4.3 Présentation des séances

Après une présentation du dispositif, la séance 1 interroge le parcours professionnel et les ressources mobilisées face aux transitions et aux difficultés rencontrées. L'objectif est de permettre d'une part à l'individu de se raconter et, d'autre part, de lui faire prendre conscience de son fonctionnement et de la tendance de ses réactions dans des situations de transition. À la fin de la séance, le questionnaire sur les valeurs de Schwartz (2006) est administré.

Les résultats sont restitués dès le début de la séance 2. Cette séance repose dans son ensemble sur un travail réflexif sur les valeurs et permet l'analyse d'attentes existentielles vis-à-vis des changements liés au rapport au travail.

Durant la séance 3, le travail sur les valeurs est enrichi par le choix commenté de citations sur le sens de la vie, le sens du vieillissement et le sens de la retraite, menant à la formulation de représentations sur ces trois dimensions. Cette formulation permet d'aider à comprendre ce qui est important pour soi dans cette période de vie et de construire un nouveau système de représentations de soi.

La séance 4 invite à la projection de soi future avec l'exercice de l'éloge funèbre et par un travail réflexif sur la mise en place de nouvelles routines qui seront en adéquation avec les valeurs identifiées et la représentation de soi à la retraite.

Un travail de synthèse est réalisé lors de la dernière séance. Les bénéficiaires doivent répondre à la question « Qui ai-je envie d'être à la retraite ? » en reprenant le travail mené durant les quatre séances précédentes. Ce travail permet à l'individu de décrire son projet de vie à la retraite et très souvent d'aborder les actions déjà réalisées. L'observation du discours permet d'identifier l'ébauche d'une nouvelle définition de soi en tant que retraité.

## 4.4 Les effets du sens sur la construction identitaire

Le travail d'introspection permet à l'individu d'identifier le professionnel qu'il a été, puis grâce à sa réflexion sur sa posture face au sens de la vie, au vieillissement, et à la retraite, d'ajuster ses représentations avec celui qu'il a envie d'être, et d'envisager son devenir.

Durant la phase expérimentale de ce dispositif, une analyse du discours des bénéficiaires a permis de confirmer que le travail réflexif mené au fil des séances permettait cette élaboration identitaire. En effet, au fur et à mesure que les bénéficiaires font le bilan de leur parcours professionnel et réfléchissent au sens de la retraite, le nombre de projections de soi dans le futur augmente dans le discours, cristallisé par des actions concrètes engageantes pour leur définition de soi.

Ce dispositif est apparu aussi efficace pour les retraités et futurs retraités. Dans le cas des personnes en poste, il leur permet de se projeter sur un avenir qui permet de réduire l'anxiété, par la mise en place d'actions qui préparent la transition, et par un engagement vers de nouvelles formes identitaires. Il s'agit d'une stratégie de *coping* qui agit sur l'anxiété grâce à la recherche d'informations et à la mise en œuvre d'actions. Dans le cas des personnes déjà à la retraite, il permet la mise en place d'actions, rendant réelles les nouvelles formes identitaires anticipées et, par là même, une nouvelle définition de soi.

Dans cet accompagnement, la question du sens est utilisée comme un processus médiateur de l'élaboration identitaire. Les questionnements identitaires et existentiels sont étroitement liés : Qui suis-je ? Que vais-je devenir ? Où vais-je ? C'est le JE qui s'interroge sur son existence. Ainsi, par une stratégie d'adaptation, par un contrôle sur le sens, le travail réflexif mené sur les questionnements identitaires et de l'existence facilite une projection sur une nouvelle manière d'être soi.

## 5. Présentation d'un accompagnement collectif « Sens et orientation post-emploi » proposé à des salariés en fin de carrière

### 5.1 Description

Ce deuxième programme expérimental a été développé et déployé dans le cadre de travaux de thèse réalisés entre 2020 et 2022 (Ruiu-Renard). Il s'agit d'une variante du premier dispositif qui s'en distingue en trois points.

Premièrement, cet accompagnement se situe en amont du départ à la retraite : il a été conçu pour être proposé à des personnes encore en emploi et amenées à prendre leur retraite à échéance de trois à vingt-quatre mois ; sa finalité est, par conséquent, d'amener des salariés à anticiper le changement et à s'y préparer.

Deuxièmement, il s'agit d'un programme collectif destiné à des salariés d'une même organisation ou de différentes structures : pouvant accueillir six à dix participants, ce parcours se structure autour de quatre ateliers, proposés une semaine sur deux, en distanciel ; s'il vise à développer une attitude réflexive, il repose sur une dynamique de groupe, avec des interactions et un dialogue entre les futurs retraités. Durant ce parcours, les participants sont invités à répondre à des propositions, seuls, puis en sous-groupes afin de s'exprimer sur leurs perceptions de la retraite, leurs ressentis, ou encore à aborder leur trajectoire passée comme leurs projets d'avenir. L'accompagnement a ainsi pour finalité d'amener les futurs retraités à développer du sens, qui se construit dans l'introspection comme dans les interactions avec autrui ; il doit ainsi créer des conditions favorables à l'échange et au partage, avec un cadre bienveillant et respectueux tout en veillant à un équilibre entre des temps individuels de réflexion, d'échange en sous-groupes et en grand groupe.

Troisièmement, ce dispositif comporte un nombre réduit de séances (4 séances de 3 heures, soit 12 heures d'accompagnement au total) car il est destiné à des personnes encore en activité qui peuvent être, par conséquent, moins disponibles. Plus spécifiquement centré sur l'accompagnement au sens de la retraite et à l'orientation post-emploi, il repose sur des propositions à approfondir en séance et dans le cadre d'un travail en intersession :

à l'issue de chaque séance, une fiche est proposée afin d'approfondir les propositions abordées et de préparer la séance suivante.

Tout comme le dispositif individuel « Sens de la vie, sens de la retraite », le programme « Sens et orientation post-emploi » s'inscrit dans la durée, en cohérence avec le processus de cette transition, et repose sur les principes de l'approche existentielle de l'orientation, dont nous présentons une synthèse (Bernaud, 2021) :

- elle prend en compte l'être en devenir, amenant les bénéficiaires à se focaliser sur des intentions et des projets ; elle accorde une place au moins aussi importante à la dimension prospective qu'à la dimension rétrospective ;
- elle vise la construction de sens de la part du ou de la bénéficiaire ; elle repose sur des interactions, des moments de réflexion, des dialogues amenant ce dernier à mieux comprendre sa situation, à l'interpréter et à lui donner du sens ; elle lui permet également de s'interroger sur ses décisions et de repérer les mécanismes d'influence de ses choix ;
- si elle amène le ou la bénéficiaire à identifier des activités créant du *flow,* en lien avec ses sources de sens, elle doit lui permettre également de s'exprimer sur des questions liées à l'angoisse et à la finitude.
- elle invite les personnes à agir en accord avec elles-mêmes en identifiant ce qui les guide tout en les amenant à se tourner vers autrui, dans une perspective d'autotranscendance.

## 5.2 Présentation des séances

Lors de séance 1, il s'agit de créer du lien entre les participants, qui sont invités à se présenter. Après une introduction sur le dispositif et le cadre de travail, chacun est invité à évoquer le changement à venir, la façon dont il le perçoit comme ses ressentis. La notion de sens de la vie est abordée à travers une citation à commenter, parmi un choix de propositions ; par la suite, les participants disposent d'un temps de réflexion pour identifier les temps forts de leur trajectoire professionnelle et les sources de sens associées, puis sont amenés à échanger en sous-groupes.

La séance 2 aborde les mécanismes du changement et approfondit la notion de transition ; un premier temps est consacré à l'identification collective des apports et des fonctions du travail ; les participants sont, par la suite, invités à échanger, en sous-groupes, sur les opportunités et les écueils perçus de la retraite.

Lors de la séance 3, les participants sont amenés à identifier leurs principales sources de sens, avec l'appui d'un inventaire (Lacour et Schnell, 2020), ainsi que des activités associées, puis à échanger en sous-groupes.

La séance 4 débute par une séquence centrée sur des témoignages de retraités (podcasts) : les participants sont invités à commenter ces témoignages qu'ils ont pu découvrir, en intersession ; ils et elles sont, par la suite, invités à se projeter dans plusieurs scénarios de vie et à envisager les modalités. Enfin, un bilan du dispositif est, par la suite, proposé.

### 5.3 Synthèse des principaux apports de ce dispositif test

Ce dispositif a été déployé auprès de trois groupes de cadres salariés. Ces futurs retraités (N = 22) ont été réunis, sur la base du volontariat, en 2021 et 2022. L'accompagnement a été réalisé à distance, par l'intermédiaire d'une plateforme en ligne, auprès de salariés du groupe Engie, avec l'appui des équipes de la Direction de la diversité ainsi que les équipes opérationnelles des ressources humaines. Enfin un autre groupe de salariés, en inter-entreprise cette fois, a été constitué pour une dernière expérimentation, programmée au cours de l'automne 2022. L'étude, qui avait pour objectif de mieux cerner l'accueil du dispositif, ses apports et ses effets, a reposé sur une méthodologie mixte, qualitative et quantitative. Les résultats permettent de souligner que ce dispositif a bénéficié d'un accueil positif avec une forte implication des participants, lors des séances, et un taux de satisfaction très élevé.

Cet accompagnement est avant tout perçu comme un espace d'échange et de partage aidant à structurer la réflexion avant le passage à l'action. Parmi les apports perçus, l'aspect réflexif est le plus cité (approfondir), suivi de l'aspect social (partager) puis de l'aspect méthodologique (valider ou encore donner forme à un ou à plusieurs premiers projets). Les données issues de l'observation de la séance de suivi, proposée aux participants des trois groupes, trois mois après la fin du dispositif, ont par ailleurs montré que l'accompagnement pouvait constituer un support à l'action, qu'il s'agisse de la programmation d'une date de départ à la retraite ou encore du développement de projets.

Paradoxalement, si les participants ont exprimé, rétrospectivement, le besoin d'échanger avec des personnes concernées par cette transition et ont perçu l'intérêt de ce dispositif, la majorité d'entre eux n'avaient pas spontanément envisagé de participer à ce type d'accompagnement. Il semblerait que le fait de s'accorder du temps pour s'y préparer, à travers un programme dédié, ne soit pas encore perçu comme une démarche naturelle pour ces futurs retraités, ce qui fait écho aux constats d'Arbuz (2013) et de Froidevaux (2014).

## Conclusion

La transition emploi-retraite, qui a connu des évolutions importantes au cours de ces dernières années, tend à être davantage associée à une étape de développement. Déménager, travailler sous une autre forme, se former, renouer avec une passion endormie, faire du bénévolat, soutenir davantage ses proches, etc., le champ des possibles est vaste.

Malgré les évolutions de cette transition, les séniors semblent encore peu préparés à ce changement et peu accompagnés dans leur orientation post-emploi. Selon Fouquereau (2006), les principales limites des dispositifs d'accompagnement à la retraite résident dans l'insuffisance d'informations dispensées aux futurs retraités, une durée trop brève et surtout une centration quasi exclusive sur les aspects économiques, juridiques de la retraite ou encore liés à la santé. Les aspects psychologiques méritaient davantage d'attention. Les résultats des études que nous avons réalisées sur ces deux dispositifs, centrés sur le sens de la retraite, ont montré qu'ils répondaient aux besoins de futurs et de nouveaux retraités. Ils sont susceptibles de les aider à faire face à un sentiment d'insécurité et à des appréhensions, nourris par des stéréotypes négatifs liés au vieillissement. Ces derniers demeurent prégnants au sein de notre société (Fantini-Hauwel *et al.*, 2014). Leur vocation est d'amener progressivement les personnes à se projeter sereinement et à s'engager dans cette nouvelle étape de vie, sans autocensure. L'identification de sources de sens et d'activités associées, donnant de la valeur à l'existence, constitue l'un des points clés de ce type d'accompagnement.

L'intervention de spécialistes de l'orientation et du conseil peut offrir un soutien à des séniors, en amont de leur départ à la retraite, afin de se préparer au changement et d'anticiper les bouleversements potentiels de cette transition, ainsi qu'en cas de difficultés d'adaptation, une fois qu'ils sont à la retraite.

L'accompagnement individuel permet aux personnes de s'exprimer plus librement sur leurs ressentis, leurs appréhensions ou leurs angoisses mais aussi d'envisager une nouvelle définition de soi en devenir. En effet, grâce à l'élaboration de sens autour de la transition, le travail réflexif induit au travers des séances conduit à diminuer l'angoisse liée à l'appréhension du changement. L'accompagnement collectif offre aux futurs retraités l'opportunité d'être davantage à l'écoute de leurs besoins tout en croisant le regard d'autres personnes concernées par cette transition.

La préparation de la transition emploi-retraite et l'accompagnement sur les premières années semblent faciliter l'adaptation aux changements, induits par la transition. Dans un contexte marqué par une accélération du vieillissement de la population, l'enjeu est d'importance pour les individus comme pour les sociétés, qui sont désormais traversées par « l'obligation de longévité en santé » (Guillemard et Mascova, 2017, p. 23). Identifié comme une ressource psychologique importante, le sens est non seulement une composante majeure de la santé et du bien-être des personnes (Bernaud, 2018 ; Steger *et al.*, 2018) mais aussi un prédicteur du vieillissement réussi (Reker et Wong, 2012).

# Chapitre 10

# Quelle éducation à et lors de la retraite[1] ?

1. Par **Dominique Kern**. L'auteur adresse ses remerciements sincères et reconnaissants à Philippe Carré, pour l'échange précieux qu'ils ont eu ensemble et pour sa réflexion critique sur ce chapitre.

# Sommaire

## Introduction

Plusieurs chapitres de cet ouvrage évoquent les significations multiples du terme « retraite ». Il signifie dans le langage courant la phase de vie des personnes dans les sociétés développées qui succède à la phase dédiée au travail rémunéré. Cette définition s'appuie sur des concepts économiques dont la pertinence pour notre réflexion éducative n'est pas évidente. Par conséquent, nous analyserons les notions de « retraite » et de « retraité » de manière critique pour proposer d'autres conceptualisations, plus adaptées au fait éducatif.

Avec la retraite, nous nous trouvons face à un phénomène normalisé – perçu comme quasi « naturel » – dans nos sociétés. Pourtant, elle revêt une grande variété de situations. Le moment du passage à la retraite varie d'une personne à l'autre comme le contexte de fin de carrière (travail rémunéré jusqu'en fin de carrière, chômage, non-activité pour cause de maladie, etc.). La même chose est vraie pour le montant de la pension. Le facteur partagé est le fait que la très grande majorité de la population accède tôt ou tard au droit de la toucher.

À ce premier critère économique pour définir la « retraite » est lié de manière causale un ensemble de faits pouvant être catégorisés en « pertes » et en « gains ». Cette dichotomie simplifie la complexité des réalités telles qu'elles sont vécues par les personnes. Nous l'utiliserons ici quand même comme modélisation avec l'objectif d'en faire ressortir des représentations idéal-typiques. Parmi les pertes se trouvent par exemple le « statut socioprofessionnel » ou encore les « relations sociales » directement liées à l'activité professionnelle rémunérée. De l'autre côté, les gains concernent l'augmentation du temps libre ou encore la disparition des injonctions imposant des activités spécifiques pouvant représenter des contraintes physiques en matière de gestes ou de postures.

Les pertes et les gains générés par la transition du statut d'employé à celui de retraité concernent aussi l'éducation[1]. Une des pertes majeures est sans doute la disparition des droits à la formation, garantie par la législation, et l'accès à la formation favorisée par l'employeur. Il s'agit de ce qu'on appelle la formation continue professionnelle. Mais cette dernière n'est pas la seule

1. Cette dernière est ici considérée dans sa définition large, dont la formation fait partie – nous développerons plus loin cette question épistémologique.

forme d'éducation. La personne a pu réaliser des apprentissages dans des contextes de formation hors travail. En effet, toutes les activités éducatives d'une personne ne concernent pas nécessairement le travail rémunéré et ne sont, de ce fait, pas impactées par le changement de statut entre salarié et retraité. De plus, la récupération des heures passées auparavant au travail représente un gain important pour la personne. C'est-à-dire qu'elle a beaucoup plus de temps à sa libre disposition, qu'elle peut utiliser pour des activités éducatives. Pour ce faire, au moins trois facteurs apparaissent importants : le temps, les dispositions personnelles et les compétences de la personne en matière d'(auto-)formation. S'y ajoute l'aspect financier, qui ne fera pas l'objet de l'une analyse dans ce chapitre.

L'éducation – définie ici comme *un soutien plus ou moins structuré apporté à un apprenant* – peut être considérée dans un sens pragmatique comme indispensable à l'adaptation de la personne à son environnement. Ceci est vrai pendant toute la durée de vie, avant comme après le passage à la retraite. Pour réaliser les processus d'apprentissage, les personnes doivent être en mesure et capables d'utiliser les ressources à leur disposition. Cette ouverture à l'apprentissage est influencée par d'innombrables facteurs, dont le statut de retraité n'est pas nécessairement le plus important.

Nous sommes en face d'une diversité de phénomènes influençant l'éducation à et lors de la retraite. Notons bien qu'au-delà des facteurs directement liés au statut de retraité (p. ex. exclusion de la formation continue professionnelle ; plus de temps à disposition) s'ajoute un ensemble de phénomènes non directement liés au changement de statut économique. Un exemple en est l'état de santé. Bien qu'évidemment influencée fortement par les conditions de travail, la santé dépend également d'autres facteurs internes (gènes) et externes (mode de vie, d'alimentation, etc.). Pour ces raisons, d'un point de vue éducatif, le fait d'être à la « retraite » (comme phase de la vie) et d'avoir le statut de « retraité » n'est pas déterminant.

Il est vrai que la réflexion éducative dans le contexte des adultes plus âgés n'est pas (encore) la norme dans nos sociétés occidentales. Pour expliquer l'épistémologie sur laquelle se construit ce chapitre, il convient de présenter dans un premier temps la compréhension des notions centrales d'« éducation » et de « retraite ». Le problème majeur du terme « retraite » réside dans la passivité qu'il insinue. Pour l'approche éducative, une expression définissant la personne non pas par rapport à son passé, mais la reconnaissant comme actrice de sa phase de vie, est indispensable. Par la suite, le lien entre la retraite comme phase de vie et les particularités supposées des « retraités » est interrogé. Il s'agit d'explorer les spécificités des dispositifs éducatifs dans les phases avant et après le départ à la retraite.

Nous n'avons pas vocation de conclure par la description d'un programme éducatif idéalisé à et lors de la retraite. Notre objectif consiste plutôt à sensibiliser à deux faits qui sont en réalité plutôt banals, mais dont l'importance mérite – peut-être à cause de leur évidence – d'être rappelée : les hommes ont la capacité d'apprendre du début jusqu'à la fin de leur vie ; s'ils ne parviennent pas (ou plus) à apprendre, la gestion autodéterminée de leur vie devient plus difficile, voire impossible. La vocation de l'éducation dans cette phase de la vie ne se distingue pas d'autres phases : il s'agit toujours de soutenir l'apprenant dans son processus d'apprentissage.

## 1. L'éducation et les adultes plus âgés : définitions

L'utilisation du terme « éducation » dans le contexte des adultes peut apparaître comme un oxymore. Le grand public assimile l'éducation à l'intervention d'un adulte sur des enfants. Dans le cas où l'apprenant est un adulte, on utilise en langage courant plutôt le terme de « formation ». Cependant, dans le champ de la recherche scientifique sur l'éducation, les spécialistes ont élargi sa signification au XXe siècle. Il s'agissait d'intégrer les « nouveaux » phénomènes de formation que les chercheurs commençaient progressivement à analyser, comme la formation continue pour les adultes.

Cette évolution se confond avec l'émergence de la discipline universitaire des « Sciences de l'éducation ». Ce processus visant la structuration paradigmatique d'une discipline scientifique (Kuhn, 1983) ne se déroule pas en ligne droite et il n'est pas terminé, comme le montrent les récentes évolutions. Intitulée depuis les années 1960 « Sciences de l'éducation » (SE), la discipline a fait le choix en 2018 de spécifier son appellation en ajoutant le terme « formation ». Cette modification n'est pas motivée par une nécessité scientifique (épistémologique), mais vise une meilleure identification par le grand public (Kern, 2021*c*). En effet, depuis la création de la discipline en 1967, les spécialistes s'accordent sur une acception large du concept d'éducation englobant toutes les manifestations du langage courant qui comprennent des termes comme « éducation » ou « formation » (Mialaret, 1976). La nouvelle appellation de la discipline témoigne désormais explicitement de ce fait.

L'éducation (incluant la formation) est un objet concernant très directement tous les êtres humains. C'est sans doute pour cette raison et absolument à juste titre que la plupart des personnes se considèrent comme expertes de la question. Pour les chercheurs visant à produire des connaissances scientifiques valides, dépassant le cadre des expériences personnelles ou d'observations anecdotiques, le défi est majeur. Plus encore que dans les autres disciplines des Sciences Humaines et Sociales (SHS), le chercheur en Sciences de l'éducation et de la formation ne peut pas se permettre de faire l'impasse sur une définition rigoureuse des concepts qu'il utilise. Le revers de la médaille de la spécialisation scientifique est la perte d'une compréhension simple des phénomènes par des non-spécialistes (Kuhn, 1983). Le résultat en est l'utilisation du même terme à la fois par des spécialistes et par le grand public, mais avec des significations différentes.

En ce sens, les prochains paragraphes présentent des réflexions conceptuelles. Il s'agit de cerner et de décrire la pluralité des publics et la signification de l'éducation et de ses différentes formes d'apparition ainsi que de la retraite en tant que phase de la vie.

## 2. Le périmètre pertinent pour définir le public : du retraité à l'adulte plus âgé

Le retraité se définit par la pension à laquelle il a droit. Le terme évoque le retrait de la vie active, qui est la phase de la vie dédiée au travail rémunéré. Cette désignation fait apparaître des représentations qui méritent une analyse critique. Au moins deux prémisses sous-tendent la définition de la personne désignée comme « retraitée de la vie active ». La première est la prémisse d'une suite causale entre les deux phases : la phase dédiée au travail rémunéré se situe nécessairement avant celle de la retraite. Si le constat paraît banal, sa conséquence est importante : la phase de la retraite n'existe pas sans une phase de travail préalable.

La seconde prémisse est que la phase de la retraite n'est pas définie par des faits ou par des caractéristiques intrinsèques de la phase elle-même, comme c'est le cas pour la phase de la vie dédiée au travail rémunéré. La phase de la retraite ne possède pas de définition propre à partir d'elle-même, elle se caractérise exclusivement par la sortie de la phase précédente. La retraite est la phase qui n'est plus dédiée au travail rémunéré, elle est dédiée à l'état de retraité (de la phase antérieure).

La sémantique ne laisse pas de doute sur la signification déficitaire. Le retraité n'est plus défini par rapport à son activité professionnelle, sauf avec l'attribut « ancien » qui confirme que son ancienne activité est bien terminée. Bien sûr, la personne retraitée n'est pas seulement « ancienne » de quelque chose. Elle développe une autre identité en dehors de son ancienne fonction professionnelle. En ne prenant pas en compte ce fait, le terme « retraité » contribue à la perception déficitaire du public, donc à l'âgisme (Butler, 1969). C'est une des raisons pour laquelle une désignation alternative de ce public est nécessaire du point de vue éducatif.

Bien entendu, la discrimination n'a pas été l'objectif du dispositif de retraite générale installé en France après la Seconde Guerre mondiale, bien au contraire. Il s'agissait de lutter contre la pauvreté chez les adultes plus âgés et de leur permettre une fin de vie digne. Suivant cette logique, le soutien aux personnes se limite essentiellement aux prestations financières de subsistance (la pension). Il est vrai que la dimension de formation n'a pas été exclue de la réflexion (Laroque, 1962, p. 252). Mais dans la pratique, le dispositif n'attribue aux retraités aucune mission sociétale autre que celle d'être à la retraite. En particulier, comme le prouve l'absence d'une législation en la matière, l'éducation (entendue comme soutien à un apprenant) n'y a pas sa place.

Le contraste ne pourrait pas être plus fort par rapport aux dispositifs légaux en matière d'éducation à destination des jeunes (éducation scolaire, secondaire, tertiaire) et des adultes en phase active (droit à la formation). De toute évidence, dans nos sociétés occidentales, « retraite » et « retraité » n'ont pas été créés comme des figures ayant vocation à être concernées par l'éducation. Mais la réalité est tout autre : les personnes concernées vivent cette phase de manière plurielle et, nonobstant la signification déficitaire de la retraite, les personnes disposant des compétences nécessaires poursuivent des activités d'apprentissage. Pour reconnaître, valoriser voire promouvoir cette réalité, ce qui est signifié par les termes « retraite » (la phase de la vie) et « retraité » (les personnes évoluant dans cette phase) nécessiterait d'être détaché du concept « retrait » et de la signification qu'il véhicule.

L'expression « adultes plus âgés » constitue une solution. La locution nominale construite avec l'adverbe « plus » et l'adjectif « âgé » est un superlatif absolu n'ayant pas besoin d'un comparatif. Le terme n'est pas un simple synonyme pour « retraité » mais désigne un groupe plus large – développé plus tard dans le chapitre – que les seules personnes ayant acquis le statut de retraité. Du point de vue de l'éducation, l'élargissement du groupe des « adultes » est utile parce que ces derniers sont considérés comme des apprenants. En outre, la locution s'est établie au niveau international : la Société savante européenne de l'éducation des adultes *(European Society for Research on the Education of Adults – ESREA)* l'utilise pour désigner son réseau dédié au public en question *(Education and Learning of Older Adults – ELOA).*

La locution « adultes plus âgés » identifie deux larges groupes d'adulte : les « plus jeunes » et les « plus âgés ». Le focus n'est plus porté sur la rupture que signifie la « retraite » pour la personne, mais sur la continuité (entre les deux âges, adultes plus jeunes et plus âgés). Le critère de définition est simplement le positionnement antérieur respectivement postérieur dans le parcours de vie. La dénomination est objective, neutre, et ne comporte pas de jugement de valeur. Mais, il faut l'admettre, la définition manque de précision. Une possible réponse à ce problème réside dans le concept de « deuxième partie de la vie », développée dans le paragraphe 2.3.

## 3. L'éducation dans son sens le plus large : un soutien apporté à un apprenant

Jusqu'au milieu du XXe siècle, des chercheurs comme Durkheim ou Piaget liaient l'éducation à la socialisation (Kern, 2021*c*, p. 178). La représentation selon laquelle l'éducation concernerait seulement l'intervention d'un adulte par rapport à un enfant est toujours dominante dans la société. Mais pour la recherche scientifique en Sciences de l'éducation, contrairement à la représentation du grand public et comme nous l'avons déjà développé plus haut, l'éducation est devenue un fait anthropologique concernant tous les âges et « tout au long de la vie ».

En effet, on peut faire l'hypothèse que depuis la nuit des temps, les *Homo Sapiens* ont mis en œuvre du début à la fin de leur existence cette incroyable capacité à se former, c'est-à-dire à s'adapter aux évolutions diverses par des processus d'apprentissage plus ou moins structurés. L'épistémologie ayant défini la discipline des « Sciences de l'éducation » dès ses débuts dans les années 1960 et 1970 s'inscrit, nous l'avons vu, dans cette constante anthropologique. Le terme éducation est la désignation générale pour signifier dans un sens large un *soutien plus ou moins structuré apporté à un apprenant* (Kern, 2021*a*). Cette ouverture permet l'intégration de l'ensemble des formes organisationnelles et des situations (connues ou à venir) dans lesquelles des apprentissages se déroulent (Mialaret, 1976). L'éventail va du dispositif le plus formalisé aux formes d'apprentissage les plus autonomes comme c'est le cas avec l'autodidaxie (Carré, 2005). L'éducation, dans cette acception, définit ainsi comme objectif principal le soutien des apprenants dans leur apprentissage. Cette définition très large est particulièrement bien adaptée au public dont il est question ici et qui est très largement dégagé de toute obligation, voire d'injonction à apprendre.

## 4. La deuxième partie de la vie

La partie 1 (p. 221-222) a mis en évidence l'incompatibilité épistémologique entre le concept de « retraité » et celui d'« éducation ». Il s'agit bien d'un constat épistémologique et non pas de la réalité vécue par les personnes. À part l'absence des compétences nécessaires, rien n'empêche une personne de mettre en œuvre des processus d'apprentissage après son départ à la retraite. Mais il est vrai aussi que les dispositifs incitatifs qui existent pour des adultes plus jeunes (formation continue) font défaut pour les retraités.

Pour dépasser l'obstacle épistémologique (Bachelard, 1938) que constitue le concept de « retraite » et pour penser l'éducation pour les personnes concernées, la notion d'« adulte plus âgé », présentée précédemment, constitue une solution. Elle permettrait de désigner le public de manière objective, mais sans le réduire à son seul statut passif de « retraité ». La notion reconnaît la continuité de la vie humaine tout en mettant en évidence les évolutions (vieillissement, maturation, etc.). La différence objective entre l'adulte plus jeune et l'adulte plus âgé est le positionnement ultérieur dans le cours de la vie de ce dernier. C'est-à-dire que l'adulte plus âgé reste explicitement un « adulte » sans péjoration. Le lien entre les notions d'« éducation » et d'« adulte plus âgé » n'apparaît pas comme antinomique : l'adulte est considéré comme apprenant, plus jeune ou plus âgé, et le départ à la retraite disparaît comme facteur de définition.

Reste la difficulté de préciser le critère utilisé pour définir le seuil séparant l'adulte plus jeune de l'adulte plus âgé. La notion de « deuxième partie de la vie » contribue à l'objectif de faire reconnaître les adultes plus âgés comme des êtres apprenants. Elle a été privilégiée dès les débuts de la recherche systématique sur la formation des adultes plus âgés (voir pour les références Kern, 2016). Un atout réside dans sa simplicité et sa pertinence. En définissant seulement deux phases majeures de la vie, le modèle est simple. Il s'ajoute que la définition du seuil entre la première et la deuxième partie de la vie est aussi surprenante qu'intuitive.

Dans un premier temps, on a tendance à percevoir la question comme un problème mathématique. Définir le moment de passage entre la première et la deuxième partie de la vie serait un calcul simple définissant par division la moitié arithmétique de la vie. Le problème de ce procédé est que l'on ignore – en général – la date du décès. La moitié arithmétique de la vie pourrait donc tout au plus être définie *ex post*. C'est-à-dire, pour une personne qui est déjà décédée. Mais cela n'aurait aucun sens par rapport à la question éducative, car la personne concernée ne serait plus en mesure d'effectuer des processus d'apprentissage.

La solution du calcul arithmétique est non opérante dans ce cas parce qu'elle repose sur la présupposition erronée que les deux parties de la vie seraient de durée égale. Ce qui n'est pas le cas si la définition repose sur l'appréciation individuelle de la personne elle-même. En effet, objectivement, elle se trouve dans la deuxième partie de sa vie seulement si elle en a conscience. C'est-à-dire : au moment où le sentiment s'installe durablement chez elle que le temps déjà vécu est plus long que celui qui lui reste à vivre, elle se positionne de fait dans la deuxième partie de sa vie.

Le critère de définition n'est pas objectivement mesurable par l'extérieur. Au contraire, il implique de manière décisive l'appréciation subjective de la personne. Pour l'épistémologie de l'éducation, qui place l'apprenant au centre de sa réflexion, cette méthode pour définir le public est tout à fait pertinente et cohérente.

## 4.1 Modélisation de la deuxième partie de la vie en quatre phases

Comme c'est le cas pour la première partie de la vie qui est constituée de plusieurs phases (par exemple petite enfance, enfance, adolescence, jeune adulte...), la deuxième partie de la vie inclut également des réalités très différentes. On peut modéliser de manière schématique quatre grandes phases à l'aide de deux variables : le statut vis-à-vis du travail rémunéré et l'état de santé. Elles sont présentées ci-après avec les critères pour définir la phase et les particularités éducatives la caractérisant. Il est important de préciser que les phases ne déterminent pas les personnes. Elles restent des adultes (plus âgés). Les phases décrivent seulement, de manière simplifiée, des contextes différents.

1) La première phase de la « deuxième partie de la vie » est définie par rapport au statut en matière de travail rémunéré. Elle implique les « employés séniors » et les personnes sans emploi mais susceptibles d'en exercer un. L'accumulation d'années de pratique professionnelle et l'anticipation de la prochaine phase constituent les principales particularités éducatives. Elles influencent de manière décisive des objectifs éducatifs comme le maintien de l'insertion professionnelle, la reconversion pour la dernière partie de la carrière professionnelle ou l'adaptation aux changements.
2) La deuxième phase est « l'âge de la retraite ». Le critère de définition est le changement du statut vis-à-vis du travail rémunéré par rapport à la phase antérieure. Elle désigne la période de la vie qui suit le départ à la retraite et qui est caractérisée par la continuité. En effet, en dehors des facteurs d'influence liés directement au travail rémunéré (relations sociales, accès à la formation continue, etc.), la personne est la même le jour précédent et le jour suivant son départ à la retraite. Cela dit, la personne qui ne s'était pas déjà préparée préalablement à la vie à la retraite utilisera ce temps pour se construire des compétences de gestion du temps libre. Une autre particularité éducative est la disparition de l'accès facilité à la formation continue. Plus que dans les autres âges de la vie – du fait de la disparition des dispositifs réglementaires obligatoires, incitatifs ou du moins facilitateurs –, la personne dans l'âge de la retraite doit être compétente en autoformation.
3) Si les deux premières phases de la deuxième partie de la vie sont définies par rapport au statut vis-à-vis du travail rémunéré, c'est l'état de santé

qui détermine les troisième et quatrième phases. Si l'âge de la retraite (2e phase) s'inscrit dans la continuité de la phase précédente, l'entrée dans « l'âge de la fragilisation » (3e phase) est caractérisée par l'apparition de problèmes physiques ou psychiques handicapants mais ne conduisant pas nécessairement à une dépendance durable. Les déclencheurs sont des maladies chroniques (pas encore présentes antérieurement), l'aggravation importante de maladies déjà présentes ou les suites d'un accident comme une chute ayant provoqué par exemple une fracture du col du fémur. La plus importante particularité éducative dans cette phase concerne l'impact décisif de la compétence de la personne à se former pour la suite de sa vie. Pour faire face à la nouvelle donne (la fragilisation) et continuer à vivre presque « comme avant », la personne doit réussir des processus d'adaptation, ce qu'elle fait par l'(auto-)formation. Si elle en a la compétence, elle va assimiler les connaissances, capacités et attitudes nécessaires à la gestion de ses problèmes de santé. Grâce à ces acquis, elle fera le nécessaire pour bien gérer ses maladies ou réduire le risque d'accident. Cela consiste par exemple en une attention scrupuleuse à quelques aspects cruciaux en fonction des risques (comme le respect des règles alimentaires spécifiques en cas d'hypertension ou de diabète).

4) La dernière phase est le « grand âge » (Heslon, 2015). Elle concerne les personnes touchées par une affection durablement handicapante et conduisant à une dépendance. L'ampleur de cette dernière peut varier entre le besoin d'une aide régulière mais ponctuelle pour réaliser certaines activités de la vie courante – p. ex. faire les courses ou le ménage – ou, à l'autre extrémité, le besoin d'assistance continue en cas d'impossibilité de quitter son lit sans aide. La fragilité (physique, psychologique, sociale, etc.) est une des caractéristiques éducatives majeures de cette phase. S'ajoute l'augmentation de la probabilité d'être touché par des troubles cognitifs pouvant entraver la capacité à apprendre. Si la personne ne dispose pas de la compétence à l'autoformation, un accompagnement important dans les processus d'apprentissage est indispensable (par des professionnels, des bénévoles ou des aidants naturels ou familiaux).

Pour compléter le modèle, il convient d'ajouter une cinquième phase : la « fin de vie ». Comme les autres phases, sa durée peut varier fortement entre les personnes. La différence par rapport aux autres phases réside dans la fatalité de sa fin. La mort est une constante biologique qui met inéluctablement fin à l'existence de la personne. La dimension existentielle du phénomène impose aux chercheurs en éducation la plus grande prudence quant à la définition des particularités. Nous nous limiterons ici à émettre l'hypothèse que la capacité de la personne à continuer ses processus d'apprentissage (avec ou sans soutien par des tiers) reste intacte dans les limites imposées par la dégénération physiologique (y compris du cerveau).

Les phases sont présentées dans un ordre progressif tel qu'il peut être vécu par les personnes concernées. L'entrée dans la deuxième partie de la vie se fait par la phase sensibilisant la personne inéluctablement à la fin prévisible de sa carrière professionnelle. Elle est suivie par la phase de la retraite qui suit le départ à la retraite. Cette dernière évolue sous les effets du vieillissement biologique vers la phase de la fragilisation. Bien sûr, des différences interindividuelles importantes existent : elles ne font pas seulement varier les moments où les changements interviennent mais également les manières dont ils se mettent en œuvre ainsi que la durée des phases. La fin de carrière peut par exemple être caractérisée par une période de chômage, la survenue d'une maladie peut mettre fin à la phase de l'activité rémunérée ou réduire considérablement la durée de la phase de la retraite en faisant entrer la personne dans l'âge de la fragilisation. Cette modélisation n'a pas de caractère normatif.

## 5. Les significations éducatives

Le caractère polysémique du terme « retraite » a été déjà évoqué à plusieurs reprises dans ce chapitre. Au-delà de sa signification économique (exclusion de la personne du marché de travail avec comme contrepartie une pension), le terme désigne la dernière des trois phases classiques de la vie (enfance, âge adulte, vieillesse). Dans les paragraphes précédents a été présentée une autre modélisation identifiant seulement deux grandes parties de sa vie. La période qui nous intéresse commence quand la personne se découvre dans la deuxième partie de la vie – ce moment ne coïncidant pas (nécessairement) avec le départ à la retraite.

La préparation à la vie après la retraite peut concerner toutes les phases de la vie. Mais c'est probablement la phase précédant le moment du départ à la retraite qui est la plus propice. En effet, on peut faire l'hypothèse que l'évidence de l'importance perçue d'une préparation à la retraite augmente de manière exponentielle avec l'approche de l'échéance. La manière dont la personne affronte cette problématique est influencée par une multitude de facteurs dont font partie ses compétences en la matière ou le soutien dont elle peut profiter. Mais, du fait de la forte hétérogénéité du public, il est difficile de tracer des modèles éducatifs génériques. Il s'agit plutôt de cerner les facteurs qui font de la retraite une période propice aux apprentissages mais également les ruptures qui peuvent intervenir dans le parcours de la personne à travers les phases de la deuxième partie de la vie.

## 5.1 Les moments propices à l'éducation dans les quatre phases de la deuxième partie de la vie

Contrairement aux représentations véhiculées par des termes comme « retraite », insinuant un retrait progressif de la personne de toutes activités, il est aujourd'hui acquis que des processus d'apprentissage cognitifs sont possibles à tous les âges et jusqu'à la fin de la vie. Comme dans les autres phases de la vie, en vieillissant, comme employée sénior ou comme jeune retraitée, dans la phase de la fragilisation ou dans le grand âge, la personne est obligée de s'adapter aux changements qui s'imposent à elle. Si elle ne réussit pas les processus d'apprentissage pour acquérir (ou perfectionner) les compétences nécessaires, son autonomie se fragilise et le risque de dépendance augmente.

Les phases de la deuxième partie de la vie offrent les mêmes possibilités d'apprentissage que les phases antérieures. Les opportunités d'apprentissage se présentent aux personnes à tout âge, mais les apprentissages rencontrent des obstacles spécifiques qui s'ajoutent à ceux déjà présents lorsqu'elles étaient plus jeunes. L'évolution biologique a déjà été évoquée. Dans les phases précédentes, on possède généralement plus de ressources (notamment physiques) pouvant faciliter la gestion des changements. Des périodes de travail très chargées peuvent être gérées par moins de repos, du moins pour un certain temps. Le corps plus jeune supporte mieux les périodes de forte sollicitation que le corps vieillissant. La personne plus âgée est obligée de trouver d'autres solutions pour faire face à une période de surcharge.

Un autre élément est la routinisation, qui peut résulter de l'accumulation des expériences. Une personne plus jeune possédant moins d'expérience adopte plus facilement une posture d'apprentissage qu'une personne ayant vécu plusieurs années, voire décennies en plus. Ceci est surtout vrai si les expériences ont été transformées en routines et que la personne rencontre des difficultés à en interroger la pertinence dans la situation actuelle (Jarvis, 1990). Les apprentissages ne deviennent pas plus faciles en avançant en âge, mais les bénéfices sont d'autant plus flagrants.

L'employé sénior qui réussit à s'adapter aux changements imposés par une évolution interne du poste ou une maladie chronique, provoquant par exemple une plus grande fatigue, a une plus forte probabilité de préserver son activité professionnelle avec tous les avantages que cela représente. L'exemple est simplifié, mais il donne une idée de l'importance déterminante possible de la formation pour la suite du parcours de vie. Il est à rappeler qu'au moment où l'on se perçoit dans la deuxième partie de sa vie, le départ à la retraite peut être encore éloigné de 10, 20 ans ou plus, ce qui représente un quart à un tiers de la carrière. Lors de l'entrée dans cette partie de la vie, la personne n'est pas nécessairement consciente des évolutions futures. D'autant plus que les différences avec la phase précédente n'apparaissent pas de manière abrupte. Leur ampleur n'apparaît que progressivement, comme une fatigue physique nécessitant du temps de repos plus régulier que par le passé ou d'un temps plus long pour des activités cognitives. Dans l'idéal, dès le début de cette phase, la personne peut apprendre à accepter l'inéluctabilité des évolutions et expérimenter des solutions (de ralentissement, de compensation, voire de contournement).

L'âge de la retraite apporte l'avantage d'avoir 40 à 60 heures par semaine de plus à libre disposition – aux heures travaillées s'ajoutant les heures de trajet, les heures de repos, etc. Cette nouvelle situation constitue un défi qu'il convient de relever avec une certaine prudence et un esprit d'anticipation. En effet, le passage à la retraite avec la disparition des relations professionnelles peut engendrer un sentiment de vide que l'on peut être amené à combler avec la démultiplication d'activités. Cependant, cette charge peut devenir quelques années plus tard un fardeau. La question du niveau d'engagement dans des activités post-retraite intègre idéalement une réflexion sur l'évolution de ces activités : leur maintien, leur diminution et leur arrêt. L'âge de la retraite est propice à l'anticipation des évolutions futures par l'acquisition des compétences pour gérer les adaptations futures. Un élément important en est la connaissance de soi comme apprenant.

L'âge de la fragilisation permet de profiter des acquis des phases précédentes. Si elle les a anticipées, la personne est bien préparée pour faire face aux difficultés tout en veillant à éviter les écueils. La réaction naturelle vis-à-vis d'une maladie chronique ou d'un accident est de vouloir faire disparaître le plus rapidement possible les conséquences négatives et de rétablir la situation telle qu'elle était. Ce qui était (parfois) possible dans les phases précédentes ne l'est plus à l'âge de la fragilisation, par définition, car les effets négatifs des affections ne peuvent généralement plus être totalement éliminés. Les objectifs d'apprentissage dans cette phase sont très fortement liés à ce qu'on peut appeler la « littératie en santé ». Il s'agit d'un ensemble de connaissances, capacités et attitudes permettant à la personne de gérer sa santé de la manière la plus autodéterminée possible (Kern, 2021*b*). Un de ses facteurs importants est l'accès à des informations scientifiques de qualité et la capacité de savoir les relier utilement à sa situation spécifique. Ceci est indispensable pour faire des choix éclairés. En effet, les choix et décisions dans cette phase ne sont généralement pas simples mais doivent équilibrer différents besoins et objectifs pouvant être en contradiction : soins supportables dans la durée ; guérisons rapides souhaitées ; limitation des douleurs ; effets secondaires pénibles des traitements ; efficacité du traitement, etc. Il va de soi que les décisions prises dans cette phase peuvent être déterminantes pour la suite du parcours de vie et avoir un impact important sur le degré d'autonomie. En fonction de différents facteurs, dont la compétence à s'y adapter, l'âge de la fragilisation peut durer plus ou moins longtemps. Certaines personnes n'entrent jamais dans le grand âge ou seulement pour une période très courte avant la mort.

Au grand âge, une dépendance durable s'est installée et la personne a besoin de soutiens réguliers dans les domaines de la vie affectés. Dans cette phase, l'accès à des ressources pouvant servir à l'(auto-)formation est plus difficile que dans les phases antérieures. Généralement, des tiers (aidants professionnels ou naturels) jouent des rôles encore plus importants que dans les phases précédentes. Ainsi, la gestion des relations, malgré l'affaiblissement et/ou les limitations, auxquelles peuvent s'associer des douleurs, est un élément clé de l'éducation à cet âge. À cela s'ajoute l'objectif d'apprendre à maintenir la plus grande autonomie possible dans les domaines où les évolutions le permettent encore et de parfaire les compétences en la matière, contre toute adversité.

## 6. Continuités et ruptures éducatives dans les transitions

Les quatre phases de la deuxième partie de la vie mentionnées et les bornes les délimitant servent de modèle. Ce dernier simplifie des réalités qui sont largement plus complexes et vécues individuellement. En effet, les phases modélisées de la deuxième partie de la vie ne sont pas nécessairement perçues par les personnes de manière très prononcée ou mêmes consciente. L'entrée dans ces quatre phases constitue une transition pour la personne. À l'intérieur des phases peuvent avoir lieu également des transitions et les phases en soi peuvent être perçues comme des transitions (entre la phase précédente et la phase suivante). La perception des transitions en tant que telles dépend de la manière dont elles sont vécues : comme rupture ou dans la continuité.

Ce vécu dépend d'une multitude de facteurs, dont font partie les compétences de la personne à les gérer. Un modèle générique pour ce faire est la « sélection, optimisation, compensation » (SOC ; Freund et Baltes, 2003). Pour s'adapter aux évolutions, et notamment aux diminutions biologiques, la personne procède à une réduction (nombre, intensité, etc.) des activités (sélection). Elle investit par exemple plus de temps dans les activités maintenues (optimisation) et elle utilise des supports comme un fauteuil roulant, le soutien de tiers, ou acquiert de nouvelles compétences (compensation).

La réussite de la transition est conditionnée, au-delà des facteurs extérieurs à la personne, par son attitude proactive à vouloir faire face aux nouvelles situations et par sa capacité à mobiliser les compétences existantes ou à en construire de nouvelles. Par définition, quand la personne en prend conscience, l'entrée dans la deuxième partie de sa vie constitue une rupture en soi. L'éducation, si elle est réduite à la formation pour acquérir des compétences en lien avec les activités professionnelles, perd sa signification avec les perspectives du départ à la retraite, des diminutions physiologiques ou encore de la fin de vie. Là, on peut identifier une première rupture éducative qui est en lien avec l'idée que la personne se fait de l'éducation. Cette dernière peut être perçue comme une ressource naturelle tout au long de la vie dont on peut se saisir pour s'adapter aux changements et continuer à vivre de manière épanouie et autodéterminée. Dans ce cas, la personne s'inscrit dans une continuité. En revanche, si elle associe l'éducation à un fardeau lié à l'instruction initiale ou au travail rémunéré et incompatible avec ses propres aspirations, la rupture est plus probable.

Si cette première rupture possible est liée surtout aux représentations, dans l'avancement en âge, d'autres facteurs interviennent, pouvant provoquer des ruptures éducatives. Des facteurs externes comme l'absence d'offres de soutien à l'(auto-)formation adaptée ou la perception générale des adultes plus âgés comme non apprenants ont un fort impact. Cependant, avec un certain optimisme, on peut faire l'hypothèse qu'avec la progression du savoir vulgarisé sur les processus du vieillissement et la sensibilisation des acteurs de la société, la qualité des offres va s'améliorer et la perception des adultes plus âgés comme êtres apprenants devenir une évidence. Quant aux facteurs internes à la personne, il s'agit des évolutions typiques du vieillissement, prévisibles pour les experts et les personnes averties, mais pas nécessairement anticipées par la grande majorité des personnes. Il s'agit des limitations et diminutions qui interviennent dans le processus du vieillissement et qui sont généralement liées aux évolutions biologiques.

Les gênes plus ou moins importantes provoquées par ces évolutions s'imposent à la personne, qui doit les intégrer dans sa vie. Cela peut se matérialiser par des petits désagréments, comme des séances de kinésithérapie plus fréquentes pour traiter les soucis chroniques des articulations ou des moments fort désagréables que représentent les périodes de chimiothérapie pour traiter un cancer. Les affections ayant un impact majeur sur la vie des personnes sont autant de facteurs pouvant provoquer une rupture chez elles dans la manière dont elles se positionnent vis-à-vis de l'éducation.

En résumant, on peut retenir que les transitions sont généralement des moments propices pour l'éducation. C'est par des apprentissages que la personne acquiert, perfectionne ou du moins adapte ses compétences pour y faire face. Mais la nature du fait provoquant la transition peut avoir un effet décourageant. Sans que cela soit un principe paradigmatique, on peut faire l'hypothèse que les risques de rupture augmentent avec l'aggravation de la fragilité. Si le soutien de qualité par des tiers compétents est un critère de succès éducatif dans tous les âges, il devient probablement indispensable chez les personnes vieillissantes et fragiles.

## Conclusion : les adultes plus âgés aussi pourraient profiter d'un soutien à l'apprentissage

La notion de « retraite » induit en erreur. Les réalités éducatives du public concerné ne sont pas nécessairement liées au statut de retraité. Ce n'est pas parce qu'on est parti à la retraite que l'on cesse toute activité d'apprentissage. Le contraire est le cas. L'être humain apprend en général pour s'adapter aux changements qui s'imposent à lui. Ça n'a pas d'importance s'il est un enfant, un adulte plus jeune ou un adulte plus âgé. Les adultes sont obligés de continuer à apprendre même – et peut-être surtout – en vieillissant.

Comme dans tous les âges de la vie, certains arrivent très bien à apprendre. Ils possèdent les compétences pour le faire. D'autres ont besoin d'un support. Pour les enfants et pour les adultes plus jeunes, des dispositifs de soutien très performants et financés existent : l'enseignement primaire, secondaire et tertiaire ainsi que les dispositifs de formation continue. Cependant, les personnes ayant été exclues de la phase de la vie active – les retraités – ne profitent d'aucun dispositif performant et généralisé les incitant à entrer dans des processus d'apprentissage. Cette absence pénalise les personnes éloignées de la formation ne maîtrisant pas suffisamment la compétence à l'autoformation.

La recherche systématique en éducation – y compris en France – s'applique depuis plus de cinquante ans à approfondir la compréhension du phénomène. Ces spécialistes ne doutent plus de la pertinence d'intégrer les adultes plus âgés dans la conception d'une éducation qui concerne tous les âges de la vie. D'un point de vue éducatif, la séparation tripartite entre des stades de la vie qui seraient dédiés à la formation (enfance), à la production (âge adulte) et au repos (vieillesse) ne correspond plus à la réalité. On s'accorde aujourd'hui sur l'importance de la formation continue pour les « adultes en vie active ». Même la pertinence de la formation des « employés séniors » est progressivement reconnue. On peut espérer que la promotion de la notion de « formation tout au long de la vie » contribuera à rendre dans l'avenir également évidente l'intégration des adultes ayant quitté la « phase active ».

Pour la formation des adultes plus âgés, l'élément important n'est pas leur statut légal de retraités mais leur statut anthropologique d'adultes. L'utilisation des notions d'adulte plus âgé et d'adulte dans la deuxième partie de la vie souligne ce fait. Les représentations véhiculées par ces locutions reconnaissent à la personne le maintien inconditionnel de sa capacité à apprendre. Il ne s'agit pas de nier les obstacles qui existent à différents niveaux, comme la routinisation (au niveau personnel), l'absence d'un soutien proactif à la formation (politique) ou encore la perception de l'adulte plus âgé dans un rôle passif de « retraité » (société). Il s'agit plutôt de lever les obstacles à une intégration réelle et entière des adultes plus âgés aussi, comme êtres apprenants dans la société.

# Chapitre 11

# Valeurs, sens de la vie et rites de passage dans un dispositif d'accompagnement à la retraite[1]

1. Par **Inger-Lise Vanja Lund Petersen** et **Thi-Van Patillon**.

# Sommaire

## Introduction et cadre théorique

Expérimenter et évaluer les pratiques d'accompagnement des personnes en transition vers la retraite est une démarche fondamentale si l'on veut prévenir les risques psychosociaux liés à la solitude des personnes âgées et contribuer à l'amélioration de leur bien-être mental. Au Danemark, la situation semble être préoccupante puisque l'on compte plus de 100 000 Danois âgés de plus de 65 ans vivant dans la solitude dont certains pensent parfois au suicide. Face à un important problème de vieillissement de la population danoise et de qualité de vie des personnes âgées, un travail d'accompagnement psychologique des personnes en transition vers la retraite se présente comme une action préventive nécessaire pouvant contribuer au bien-être de cette population et, au besoin, de santé public.

Cette recherche-action qui va nous permettre d'illustrer le lien entre le sens de la vie et du travail d'une part, le rôle des rites de passage d'autre part, et leurs influences respectives sur le bien-être mental lors de la retraite a été lancée en 2020, grâce à un financement de l'association danoise *Ældre Sagen* (« Les plus anciens[1] »), soutenu par une autre association danoise, *Velliv Foreningen*[2], et enfin grâce au support technique de l'équipe de chercheurs du Cnam-Inetop et de l'université College Copenhagen. Son objectif principal est d'appréhender le vécu des personnes se trouvant en transition entre la vie professionnelle, perçue comme « active, remplie d'expériences, d'apprentissages et de… sens », vers celle caractérisée par une fin d'activités. Il s'agit d'une des transitions de vie majeure qui peut affecter les ressources personnelles et entraîner des conséquences négatives sur le bien-être mental et physique des individus (Halama, Záhorcová et Škrobáková, 2021). Selon ces auteurs, le passage à la retraite se traduit par une diminution des ressources dont une personne dispose pour donner un sens à sa vie par rapport à celles qu'il avait en situation de travail, que ce soit les revenus, la routine d'une vie structurante, les interactions sociales, etc. (Steger et Dik, 2010) ou le sentiment d'accomplissement (Moen, 1996).

1. *Ældre Sagen* est une association qui travaille à l'amélioration des conditions des personnes âgées au Danemark et compte plus de 900 000 membres.
2. *Velliv Foreningen* compte 400 000 membres. L'association veille à ce que les Danois aient une bonne vie et soutient des projets qui favorisent la santé mentale. Elle a soutenu financièrement cette recherche-action.

L'individu se trouvant dans cette transition multiple doit effectuer un travail de deuil, accepter son changement de statut, prendre du recul par rapport aux rôles sociaux et aux responsabilités qui y sont associées. L'étude de Pinquart (2002) a montré que les personnes âgées pouvaient avoir de plus en plus de difficultés à trouver un sens à la vie, et ce justement par suite des perturbations de l'engagement social et des pertes de rôles et de normes sociaux (Pinquart, 2002). À la lumière de ces études, on peut supposer qu'un manque de préparation ou d'anticipation pour faire face à une telle transition ait pu entraîner un mal-être et exposer les personnes âgées à un large éventail de situations de détresse, voire de pathologies graves. Les symptômes peuvent être variés, allant de maux de tête, de signes d'anxiété et de troubles du sommeil jusqu'au tableau dépressif complet (ennui permanent, sentiment de vide et d'inutilité sociale, perte d'énergie et d'estime de soi...). Il est donc souhaitable de pallier autant que faire se peut ces pertes consécutives à l'âge par un véritable travail de « re-narcissisation ». Il s'agit d'aider la personne à repenser son identité et à retrouver un sens à sa vie (Chen et Wang, 2021). En effet, plusieurs études sur le sens de la vie ont montré que la création de sens et son maintien dans la vieillesse pouvaient avoir un effet protecteur sur le bien-être et renforcer la capacité d'adaptation au changement de vie (Hupkens *et al.*, 2018 ; Reker et Wong, 2012 ; Steger *et al.*, 2009).

Dans un souci de préserver le bien-être psychologique des personnes se trouvant dans de telles périodes transitionnelles, nous faisons l'hypothèse selon laquelle la mobilisation des ressources clés telles que l'identification des valeurs fondamentales et l'élaboration d'un (nouveau) sens de la vie, qui peuvent constituer une sorte de « bouclier » au regard des effets délétères liés à l'âge et au changement de statuts, ont un impact positif sur le bien-être général de la personne concernée et l'aident à mieux élaborer des stratégies adaptatives appropriées. Du point de vue anthropologique, dans les sociétés préindustrielles, il existait un certain nombre de rites bien déterminés pour faciliter le passage d'une période de vie à une autre, d'un statut social à un autre. Or, ces rites se sont estompés dans nos sociétés post-modernes (Heslon, 2007). Il semble intéressant de savoir si et comment un dispositif d'accompagnement psychologique tel que le nôtre, centré sur les valeurs, le sens de la vie et les échanges en groupe (autour de thématiques existentielles) pourrait être considéré comme une démarche symbolique susceptible de palier la désaffection de ces rites.

Il faut préciser que cette étude a eu lieu pendant le confinement lié au Covid-19 et que, de ce fait, nos interventions, initialement prévues en face-à-face, ont finalement basculé entièrement en distanciel. L'usage de l'outil numérique est devenu obligatoire compte tenu du contexte sanitaire, et l'ensemble de nos entretiens se sont déroulés sur Zoom. *A priori,* cette utilisation de l'outil numérique a été acceptée par les participants du groupe sans aucune résistance. Cependant, nous pensons que le mode distanciel a eu une influence sur la qualité de nos interactions, au-delà des questions liées au degré d'autonomie ou de compétence individuelle ou collective des participants. Bien que cette hypothèse nous semble très probable, nous avons pris le choix de ne pas traiter les questions liées à l'utilisation des outils numériques dans le cadre des pratiques d'aide et de conseil dans la présente étude, et de les reporter dans une autre mettant un focus particulier sur cette importante thématique.

Dans ce chapitre, nous commencerons par délimiter les contours du concept de valeurs à travers quelques définitions et modèles de référence qui en découlent. Nous chercherons à identifier quelques facteurs pouvant être corrélés à des différences dans les valeurs telles que le niveau d'instruction, le statut social, la situation familiale, les activités de loisir, etc. Notre but est de comprendre dans quelle mesure ces valeurs influencent, guident les choix, les attitudes ou les comportements de nos participants face à la retraite. Quelles sont les valeurs déterminantes à mobiliser pour faire face à cet avenir marqué par des incertitudes ? Le rôle des rites de passage mis en jeu lors des transitions de vie seront mis en lien avec le travail d'accompagnement psychologique proposé dans cette étude. Les verbatims extraits des échanges entre les participants seront présentés et discutés. Ce sont ces données qualitatives, prises dans une réalité complexe et plurielle qui nous permettent de montrer quelques reflets d'une expérience vécue en groupe : la parole circulait facilement dans le groupe autour de réflexions partagées sur les valeurs, le sens de la vie, etc., mais aussi des moments d'émotion et de prise de conscience de ces ressources si singulières. Une synthèse de nos réflexions sur l'adéquation entre nos intentions d'aide, notre démarche de recherche (en ligne) et les attentes des différents participants servira de conclusion pour ce chapitre.

## 1. Valeurs et sens de la vie: des «ressources clefs» pour s'orienter tout au long de la vie

Tout d'abord, nous dessinerons le contour du concept de « valeur » et ses relations avec celui du « sens de la vie », considérés tous les deux comme des ressources à mobiliser en situation de transition. Il existe quantité de définitions des valeurs pour des individus ou des groupes. Face à ces définitions multiples, Schwartz (1996, p. 2), dans son « modèle des valeurs humaines de base », a proposé une définition synthétique que nous retiendrons comme une référence : « Les valeurs sont des buts désirables, trans-situationnels, variant en importance, qui servent de principes guidant la vie des gens. L'aspect crucial de leur contenu qui distingue les valeurs entre elles est le type de but motivationnel qu'elles expriment », cité par Christine Chataigné (2014, p. 16). Schwartz (2006, p. 949) « constate que chaque valeur de base exprime une pulsion ou une combinaison de pulsions. Les valeurs transforment les pulsions en objectifs désirables dont on peut être conscient, et qui peuvent, de ce fait, être invoquées lorsque l'on prend une décision ou lorsqu'on planifie une action ». À noter que dans son « modèle des valeurs humaines de base », Schwartz a repris des éléments importants mis en avant par Rokeach (1973), principalement, la notion de valeurs comme idéaux abstraits et principes guidant la vie.

En effet, la définition proposée par Schwartz est assez proche de celle donnée par Rokeach (1979). Pour cet auteur, les valeurs sont : « les conceptions centrales du désirable dans chaque individu et dans la société. Elles servent de standards ou de critères pour guider non seulement l'action mais aussi le jugement, le choix ; l'attitude, l'évaluation, l'argumentation, l'exhortation, la rationalisation, et, on pourrait ajouter, l'attribution causale » (Rokeach, 1979, p. 2). Concernant le « modèle des valeurs humaines de base » de Schwartz, l'échelle de mesure est le *Schwartz Value Survey* (SVS ; Schwartz, 1996), traduite en français par Wach et Hammer (2003). Cette échelle comporte 57 items dans sa version récente. En 2001, Schwartz et son équipe ont proposé le « Questionnaire des Valeurs par Portrait » (QVP), qui comporte 40 items renvoyant aux dix types de valeurs (tels que la tradition, la sécurité, le pouvoir, la réussite, l'hédonisme, la stimulation, l'autonomie, l'universalisme, la bienveillance et la conformité).

Dans notre dispositif, nous avons utilisé, en plus de l'échelle QVP de Schwartz, échelle en version danoise par des chercheurs bilingues franco-danois, certains exercices extraits du carnet de bord du dispositif « Sens de la vie et sens du travail », outil d'accompagnement élaboré par les chercheurs du Cnam-Inetop (Bernaud *et al.*, 2019).

Après avoir précisé les concepts de valeur, nous considérerons celui du sens de la vie développé dans le cadre du dispositif d'aide à la transition à la retraite. Le sens de la vie est primordial pour susciter chez l'individu, à toutes les étapes importantes de sa vie, le désir de s'engager et d'éprouver un sentiment d'utilité tant pour soi que pour son groupe. Au-delà de la simple perspective d'une « bonne vie » pour soi, on se pose et repose la question du sens et ses enjeux sur le « bien vivre » afin d'atteindre « bonheur et équilibre » dans le monde qui nous entoure.

Le terme « sens » a une définition complexe et multiple. Reker (2000) définit le sens de la vie comme : « la connaissance de l'ordre, de la cohérence de soi et du but de sa propre existence, la poursuite et l'atteinte de buts louables s'accompagnant d'un sentiment d'épanouissement », Reker (2000, p. 41). Cette définition est proche de celle : « donner un sens à son existence ». Pour Baumeister (1991), le sens de la vie se définit comme la conséquence de besoins accomplis. Il cite quatre besoins psychologiques impliqués dans le sens : valeurs, but, sentiment d'efficacité et estime de soi. Pour Bernaud et son équipe (2015 ; Bernaud, 2018 ; Bernaud *et al.*, 2019), il n'y a pas un sens unique de la vie, chacun doit le construire. Il s'agit d'une expérience subjective ayant une signification personnelle pour l'individu. On peut distinguer le niveau de sens et la recherche de sens. Enfin, étudié comme un processus, le sens comprend trois composantes différentes : la direction (volonté d'apporter un impact positif), la signification (sources d'influence dans la construction de sens) et la sensation (évaluation subjective du niveau de sens).

## 2. Rites de passage et valeurs : un levier pour faire face à la transition

Nous avons évoqué plus haut le mal-être qu'éprouvent des personnes en situation de transition vers la retraite lorsqu'elles se sentent seules pour gérer les peurs suscitées par ce que représente la retraite, passage entre une vie connue (ou vie profane, ou monde familier, au sens de Van Gennep (1909), et une autre vie, marquée par un avenir incertain et inconnu (ou le monde sacré au sens anthropologique). Et sans stratégie adaptative adéquate, ce changement risque de susciter beaucoup de désordre et d'angoisses. La personne peut éprouver des peurs provenant de sentiments tels que la monotonie, l'insécurité matérielle, l'isolement social, la solitude, la maladie ou la mort…

L'accompagnement psychologique que nous proposons a pour but de préparer l'individu à mieux vivre cette transition à la retraite tout comme les rites de passage du passé qui avaient pour but et fonction symbolique d'aider les individus à « mieux s'intégrer » dans un nouveau statut ou environnement. Pour la mise en relation entre notre dispositif et les rites de passage, nous nous sommes appuyés sur les connaissances issues des théories en anthropologie développées par l'ethnologue français A. Van Gennep dans son ouvrage *Les Rites de passage* (1909, [1981]). Ces travaux nous ont fourni une nouvelle grille de lecture sur la fonction symbolique de notre travail d'accompagnement aux transitions de vie. Ils nous ont ouvert une nouvelle perspective sur la dimension sociale de nos actions et nous ont permis de mieux prendre en compte les enjeux symbolique et identitaire mobilisés par nos interventions dans le champ de l'orientation. Nous préciserons d'abord la notion de rite et ses fonctions sociales, puis nous tenterons de mettre en évidence certains éléments concordants entre les rites de passage et les activités réalisées dans le cadre du dispositif d'aide à la transition vers la retraite.

Dans le langage courant, un rite de passage est un rite mis en place pour marquer un changement important du statut social d'un individu, comme le passage de l'adolescence vers la vie d'adulte, ou une étape importante dans la vie comme la naissance, le passage du célibat vers la vie en couple, la mort. Non seulement le rite permet le passage vers une nouvelle étape de vie, mais il fournit aussi un cadre durant la période de transition. Le rite se définit également comme le marqueur d'un temps différent d'un temps ordinaire, un temps suspendu pendant lequel l'ordinaire se réorganise et se remet en place. Les rites de passage ont pour fonction de faciliter l'intégration d'une personne dans un groupe, de renforcer son sentiment d'appartenance, pour qu'elle se sente acceptée et reconnue comme un membre à part entière (tels des rites d'intégration). Van Gennep (1909, [1981]) a démontré qu'il y avait un besoin de rites de passage pour aider une personne à passer d'un statut à l'autre, d'une situation donnée à une autre. Il considère ces rites comme une étape « intermédiaire » ou un « entre-deux » où le changement observé est en cours mais pas encore terminé. Il a écrit (p. 12) :

> [...] lors du passage entre le monde profane et le monde sacré il y a incompatibilité, et à tel point que le passage de l'un à l'autre ne va pas sans une étape intermédiaire.

En effet, il explique que tout changement provoque du désordre à la fois pour la personne et pour le groupe, c'est pourquoi il est important de se préparer et de prendre les précautions nécessaires afin d'éviter des conséquences potentiellement néfastes à l'équilibre de l'individu et/ou du groupe. L'auteur affirme que les rites sont là pour sécuriser les passages importants qui jalonnent notre parcours de vie, qu'ils ont un rôle organisateur des étapes transitionnelles de notre vie, de la naissance jusqu'à la mort. Parmi les nombreux exemples relatés dans son livre, nous en citerons un qui illustre bien la fonction protectrice et structurante de ces rites de passage dans notre existence (p. 13) :

> La vie individuelle, quel que soit le type de société, consiste à passer successivement d'un âge à l'autre et d'une occupation à l'autre. Là où les âges sont séparés et aussi les occupations, ce passage s'accompagne d'actes spéciaux... [...] Tout changement dans la situation d'un individu comporte des actions et des réactions entre le profane et le sacré, actions et réactions qui doivent être réglementées et surveillées afin que la société générale n'éprouve ni gène ni dommage.

À partir de cette analyse, Van Gennep a dégagé une structure similaire pour tous les rites de passage, organisée en une séquence cérémonielle. À noter que si un rite de passage peut, ou non, donner lieu à une cérémonie, une cérémonie ne fait pas forcément partie d'un rite de passage. Selon l'auteur, c'est le fait même de vivre qui nécessite les passages. Il écrit (p. 12) :

> la vie individuelle consiste en une succession d'étapes dont les fins et commencements forment des ensembles de même ordre : naissance, puberté sociale, mariage, paternité, progression de classe, spécialisation d'occupation, mort. Et à chacun de ces ensembles se rapportent des cérémonies dont l'objet est identique : faire passer l'individu d'une situation déterminée à une autre situation tout aussi déterminée.

Selon l'auteur, cette même structure se trouve également dans l'univers (p. 13) :

> dans l'univers aussi, il y a des étapes et des moments de passage, des marches en avant et des stades d'arrêt relatif, de suspension. Aussi doit-on rattacher aux cérémonies de passage humaines celles qui se rapportent aux passages cosmiques : d'un mois à l'autre (cérémonies de la pleine lune, par exemple) d'une saison à l'autre (solstices, équinoxes), d'une année à l'autre (jour de l'An, etc.).

Van Gennep a effectué plusieurs classements des rites de passage en différents groupes en fonction de leurs caractéristiques (tels les rites animistes *vs* dynamistes, les rites sympathiques *vs* contagionnistes, les rites positifs *vs* négatifs, les rites directs *vs* indirects). En analysant les séquences de différents rites, les unes par rapport aux autres, il a dégagé une catégorie spéciale de rites de passage, lesquels se décomposent en trois sous-catégories qui sont : les rites de séparation (préliminaires), les rites de marge (rites liminaires) et les rites d'agrégation (post-liminaires). Les rites de séparation sont davantage les cérémonies des funérailles, les rites d'agrégation sont dans celles du mariage ; quant aux rites de marge, ils peuvent constituer une section importante, par exemple dans la grossesse, les fiançailles, l'initiation, ou se réduire à un minimum dans l'adoption, le second accouchement, le remariage, le passage de la 2e à la 3e classe d'âge, etc. Il est intéressant de retenir la notion de profane *vs* celle de sacré : un homme qui vit chez lui, dans son clan, vit dans le profane ; il vit dans le sacré dès qu'il part en voyage et se trouve, en qualité d'étranger, à proximité d'un camp d'inconnus (p. 21).

## 3. Dispositif d'accompagnement à la retraite : objectifs, participants, procédure, déroulement du programme et principaux résultats extraits des échanges du groupe

Nos objectifs consistent à favoriser les réflexions des participants sur le sens de la vie et les valeurs personnelles et professionnelles. À partir de supports tels que les échelles de mesure des valeurs, les sujets sont invités à s'exprimer sur leurs priorités de vie et à échanger avec d'autres membres du groupe. Le but des séances vise à aider les participants à prendre conscience de leurs ressources et à explorer leurs forces et leurs limites afin d'élaborer des stratégies adaptatives pour mieux se projeter dans une perspective d'une manière positive et plus rassurante, d'autant plus dans le contexte de crise sanitaire liée à la Covid-19.

Par analogie, nous considérons que les objectifs fixés dans ce programme d'aide à la transition vers la retraite sont assez similaires au regard des objectifs recherchés dans les rites de passage, au sens défini par A. Van Gennep. Les deux démarches ont un but commun, celui de permettre à l'individu de dépasser certaines croyances et représentations négatives pour accéder à d'autres croyances et représentations plus positives et plus rassurantes. Il s'agit d'accompagner l'individu dans une transition de vie, de l'aider à devenir « acteur » de son propre destin ; de s'inscrire dans un parcours de vie avec plus de sérénité et d'ouverture face aux possibilités de se construire une nouvelle identité.

### 3.1 Le contexte, les profils des participants et le déroulement des séances

Dans un contexte de confinement lié à la crise sanitaire du Covid-19, nous avons accueilli un groupe de participants d'une petite dizaine de personnes (9 au total dont 4 hommes et 5 femmes), toutes âgées de 60 ans au minimum, volontaires pour suivre ce programme (proposé par les deux grandes associations œuvrant pour la santé et l'amélioration des conditions de vie des personnes âgées au Danemark, dont les participants sont des adhérents), ayant contrat d'engagement. Les participants avaient été recrutés par voie d'annonce publiée sur la plateforme de l'association *Ældre Sagen* selon le principe du « premier arrivé, premier servi ». Chacun a été reçu pour un entretien individuel semi-directif d'une durée de 30 minutes. Ces entretiens se sont déroulés en avril 2021, sur trois jours au total. Le projet s'est déroulé sur deux mois (de mi-avril à mi-juin 2021). Puis, au printemps 2022, il a repris, cette fois grâce au financement conjoint de la Croix-Rouge et de la commune de Copenhague dans le cadre d'une collaboration entre le Cnam et l'université de Copenhague. Au total, le programme comprenait une séance hebdomadaire de 1 h 30 pendant 6 semaines, soit 9 heures de travail en groupe. Toutes les séances se sont déroulées en ligne, *via* Zoom. Après ces 6 séances en groupe, un entretien semi-directif de 30 minutes en individuel a été proposé à chaque participant du 10 au 12 juin 2021, pour un total de 13 h 30 d'entretiens individuels.

## 3.2 La procédure

Avant chaque séance, les participants ont reçu par e-mail des exercices à thèmes à effectuer avant de commencer la réunion. Ces exercices étaient issus de différents supports de réflexion et outils de mesure en lien avec les valeurs, le sens de la vie et du travail… Les participants réunis étaient invités à échanger leurs points de vue sur les exercices proposés. La discussion se présentait comme l'occasion de s'exprimer, d'écouter l'autre et de s'écouter soi-même. Notre posture était neutre, non directive au sens de C. Rogers (1958). N'ayant pas de critère sur la « bonne vie », nous ne donnions pas de conseils. Nous cherchons à faciliter les échanges entre les participants et faisons preuve d'empathie lorsque cela est nécessaire. Le tableau ci-dessous présente les 9 participants et les différents éléments de leur profil).

*Tableau 11.1 – Participants au dispositif d'accompagnement (Copenhague, Danemark)*

| Prénom | Âge | État civil | Enfants | Logement | Santé | Niveau d'éducation | Profession | Économie Finances | Loisirs | Amis |
|---|---|---|---|---|---|---|---|---|---|---|
| Olé (H) | 66 | Nouvellement divorcé | 2 enfants et 2 petits-enfants (Les voit peu) | Vit en appartement | En bonne santé physique | Administration des affaires et en Informatique | A travaillé à l'université ATCD : arrêt de travail lié au stress | Bonne | Joue au golf | Les voit peu |
| Hans (H) | 66 | Célibataire, séparé, une petite amie ? | 4 enfants, 6 petits-enfants. Les voit souvent | Appartement (location) | Défauts liés à l'âge | Pédagogue social (diplôme ?) | Assistant social dans un foyer pour malades mentaux, retraité depuis un an | Bonne | Aucun | Les voit rarement |
| Eva | 63 | Mariée | 3 enfants, les voit souvent | Maison | Bonne | École normale et 3 ans d'études pédagogiques | Enseignante, jeune retraitée | Bonne | Lecture | Beaucoup d'amis, les voit souvent |
| Pia | 67 | Mariée | 1 enfants, 2 petits-enfants | Maison | Sous traitement, maladie rhumatismale | Études de médecine | Retraitée depuis 4 ois | Bien | Lecture | beaucoup |
| Tina | 65 | Mariée Mari : maladie d'Alzheimer vit en institution | 2 enfants et 6 petits-enfants | Vit dans une maison mitoyenne | | Études d'infirmière | Infirmière et diplôme en gestion | Semble avoir perdu beaucoup de revenus | Aucun | Voit pas mal d'amis |

| | | | | | | | | | | |
|---|---|---|---|---|---|---|---|---|---|---|
| Claus | 67 | Marié | 1 enfant et 1 petit-enfant | Appartement | Bonne | Pilote | Armée de l'air | Bien | Voyager, jouer des instruments, les oiseaux | pas d'amis |
| Charlotte Femme | 72 | Mariée et divorcée 3 fois | 2 filles et 5 petits-enfants | Appt en location | Pense que le corps est plus lent | Psychologue | Psychologue indépendante, retraitée depuis un an | Économie tendue | Beaucoup de lecture et chien | Voit peu d'amis |
| Allan | 67 | Marié, épouse sous chimiothérapie | 2 enfants et 5 petits-enfants | Appt et maison d'été | Hypertension, bonne santé | Doctorat en histoire, économie | Manager Service Statistique du Danemark. Temps de travail 30 heures/semaine, mais souhaite 15 heures | Bien, fonctionnaire | Tennis, badminton, club de lecture | Les voit rarement |

Nous présentons ci-dessous les objectifs et le contenu des 6 séances :

## Séance n°1 : présentation cadre de travail et cadre éthique du dispositif

Nous avons une charte de confidentialité qui respecte l'anonymat des participants. Toutes informations concernant les caractéristiques des participants et les échanges qui ont eu lieu dans le groupe sont confidentielles. Les participants sont libres d'interrompre le programme à tout moment. Durant les échanges, ils peuvent exprimer les pensées qui leur viennent sur leur vie en écoutant les autres.

Présentation des participants : chaque personne est invitée à se présenter en indiquant son âge, l'emploi occupé avant la retraite et son statut actuel. À titre d'exemple : « Êtes-vous retraité ? Si oui, depuis quand ? » « Avez-vous déjà eu l'occasion d'échanger sur le sens de la vie à la retraite ? Si oui, quand et comment ? » « Quelles considérations aviez-vous concernant votre engagement dans ce projet ? » « Quels sont vos attentes et vos rêves pour ce projet ? » « Et selon vous, y a-t-il quelque chose de particulièrement important pour que ce projet soit un bon projet pour vous ? » La thématique de cette séance consiste donc à explorer le sens de la vie à travers des proverbes. À titre d'exemple : « On ne peut s'empêcher de vieillir, mais on peut s'empêcher de devenir vieux » (Matisse, 1950).

## Séance n° 2

Chacun décrit son parcours de vie, incluant les événements importants en lien avec la formation suivie et l'expérience réalisée (travail préparatoire avec, comme support, le carnet de bord Sens de la Vie de Bernaud, adapté au public danois (Bernaud *et al.*, 2015 ; Bernaud, 2019 ; Petersen, 2020). Chaque participant doit répondre à une dizaine de questions avant la réunion en ligne avec le groupe. Nous présentons, à titre d'exemple quelques questions : « Quel est votre premier souvenir en rapport avec votre carrière ? » ; « Qu'ont fait vos parents ? » ; « Que vouliez-vous faire quand vous étiez enfant ? » ; « Décrivez deux changements importants qui ont marqué votre carrière (changement de poste, nouvelles tâches, nouveau métier...) » ; « Ces changements ont-ils été voulus, forcés ou accidentels ? », etc.

## Séance n° 3

Cette séance de travail était centrée sur l'**identification et la prise de conscience des valeurs** à l'aide de supports variés (tels que l'échelle *Schwartz Values Survey*, ou SVS, et des exercices sur les valeurs personnelles). Nous proposons aux participants d'examiner une liste de valeurs, d'en sélectionner trois, les plus importantes pour chacun, puis d'expliquer par écrit pourquoi elles sont significatives pour eux. Les participants doivent répéter l'exercice, mais cette fois avec les valeurs qu'ils apprécient le moins. Dans le dernier exercice chaque participant doit écrire le discours (imaginaire) de son 90e anniversaire. Le discours doit avoir une durée maximale de 8 minutes.

## Séance n° 4

Travail d'**identification de ses propres valeurs** à l'aide de supports disponibles au choix (telles cartes des valeurs ou personnages de roman ou de film). Il s'agit d'une décentration de soi pour mieux prendre conscience de ses valeurs. La consigne se résume comme suit :

- Complétez la liste des valeurs (suivant une liste jointe) puis placez les réponses dans le support (modèle de valeurs de Schwartz *et al.,* 2012). Le résultat obtenu vous convient-il ?
- Citez trois actions que vous avez vécues et qui sont en cohérence avec vos valeurs selon la liste jointe et trois exemples d'action ou de façon d'être qui vous permettent de vivre vos valeurs.
- Vous devez choisir une personne que vous admirez. Il peut s'agir d'une personne connue, d'une personne du monde fictif, par exemple un personnage de roman ou d'un film, ou une personne de votre cercle d'amis. Vous devez considérer quelles sont les trois valeurs qui caractérisent principalement cette personne et remplir la fiche « personne de valeur ».

## Séance n° 5 : travail sur l'art de vivre

Il s'agit d'engager les participants sur la voie d'un meilleur épanouissement personnel. Comme support, nous utilisons « Le guide des thèmes d'art de vie » (extrait du carnet de bord). Chaque participant est invité à sélectionner trois thèmes d'art de vie qu'il considère comme les plus importants et, pour chacun de ces thèmes, à citer les actions et/ou façons d'être qu'il pourrait réaliser pour être en cohérence avec eux. Ces actions doivent rester

« faisables concrètement ». Il est demandé aux participants de noter leurs réflexions et d'en discuter avec le groupe lors de la prochaine réunion. De même, chaque participant peut choisir un autre support de réflexion, par exemple un morceau de musique ou une chanson qu'il pense en lien avec le sens de la vie. Il communique avec le groupe sur la manière dont ses choix l'ont inspiré sur le sens de la vie.

À noter que les thèmes proposés sont fortement reliés à des valeurs. Ils invitent à des actions concrètes et réalisables. Ces thèmes d'action sont censés offrir au sujet la possibilité d'être acteur de changements dans son existence. Nous supposons qu'ils peuvent, à terme, accroître le sens de la vie et le bien-être psychologique des participants.

## Séance n° 6

Cette dernière séance est consacrée au **travail de synthèse et aux exposés** : il est demandé à chaque participant de présenter au groupe une synthèse de ses réflexions sur le programme (exposé de 10 minutes). Une liste de questions pouvant servir de pistes de réflexion pour ce travail (telles que : Quel parcours avez-vous effectué au cours du projet ? Quel est votre ancrage pour l'avenir ? Quelles sont vos priorités dans la vie ? Vos ressources personnelles et sociales, vos idées pour développer votre art de vivre ? Par ailleurs, si cela vous convient, vous pouvez aussi vous inspirer d'un roman, d'un film, d'une image, d'une sculpture ou d'un extrait de chanson, d'une musique, etc.), comme dans l'exercice précédent.

La mise en action des participants entre la séance 5 et la séance 6 se fonde notamment sur les travaux en psychologie positive de Seligman (2011), qui montre l'impact de l'accomplissement d'actions par le sujet pour réduire son niveau de dépression et accroître le niveau de bonheur (le bonheur étant ici considéré comme composé de trois thèmes auto-évalués par les personnes).

Le travail de synthèse écrite et d'exposé au groupe est important car il permet aux participants de rassembler puis de mettre en ordre une multitude d'éléments qui ont été discutés durant tout le programme pour mieux s'approprier les points qui leur sont essentiels. Une trace écrite permet de soutenir la mémorisation, de structurer les pensées et échanges... La synthèse a aussi pour objectif de permettre aux participants de disposer d'une grille de compréhension de soi et de points de repère pouvant soutenir le changement pour l'existence à venir.

## 3.3 Les principaux résultats

De manière générale, les participants disent qu'ils sont satisfaits des six séances qui leur ont été proposées. Tous ont déclaré avoir tiré profit du dispositif. Dès le début, les participants nous ont dit qu'ils éprouvaient de la peur à l'idée d'« arrêter d'aller au travail ». En effet, ce changement d'habitude de vie fait peur et semble être, pour certains, une source d'angoisse. Beaucoup de participants disent que leur vie professionnelle était stressante et qu'ils pensent que ce stress vient du fait qu'ils n'ont pas été suffisamment en contact avec leurs propres valeurs, qu'ils n'ont pas pu vivre de la manière qu'ils pensaient être la meilleure… À titre d'exemple, l'idée de ne pas pouvoir considérer ses proches comme une *priorité* pendant la vie active ou la pensée selon laquelle *le travail empêche la personne de voir plus souvent ses proches…* ont été soulignées à plusieurs reprises par certains participants.

Grâce aux exercices et à d'autres supports d'aide à l'explicitation des valeurs, les participants ont pu identifier les valeurs les plus importantes pour eux. Ils pensent que cette prise de conscience les aide à accroître leur bien-être et à développer davantage le sens de la vie à la retraite. À titre d'exemple, « la sagesse de l'âge » a été évoquée par deux participants (Eva et Anja) « comme une valeur importante dans [leur] nouvelle vie ». Cette idée a été très appréciée par les autres membres du groupe. En effet, pour certains, « la sagesse peut atténuer la peur de la mort et permettre de penser autrement sa propre mort ». À côté de la sagesse, d'autres personnes du groupe ont développé l'idée de « faire quelque chose pour les autres et pour soi-même » comme une forme de « compréhension élevée de la vie avec l'âge ». Certains du groupe pensent que « la liberté » est une valeur importante : « car grâce à la liberté, *il est possible de se retrouver avec ses propres besoins* », disent-ils.

Vers la fin du dispositif d'accompagnement, la question du sens de la vie a été bien explicitée par plusieurs participants (Claus, Ole, Charlotte et Tina). À titre d'exemple, l'idée d'« associer le sens de la vie à l'amour, aux relations et à la beauté du monde »… Il y a aussi eu l'idée de « relier le sens de la vie et l'homme qui est bon » … Cette idée semble avoir été partagée par l'ensemble du groupe. La majorité des personnes présentes à la dernière séance du dispositif pensaient que finalement, le sens de la vie, c'était de « savoir vivre au présent » (Ole, Pia, Charlotte, Claus, Allan et Tina).

Pour terminer, nous avons interrogé les participants sur la façon dont ils avaient vécu les séances, qui ne se déroulaient qu'en mode distanciel. La moitié ont dit qu'ils trouvaient « dommage » que les échanges ne se fassent qu'à distance, pensant qu'il serait idéal d'alterner les séances à distance avec des moments d'échange en présentiel. Les autres ont ajouté qu'un face-à-face physique permettrait d'échanger plus de choses, et surtout des choses plus difficiles à aborder autrement.

## Conclusion

Le cheminement vers la fin de vie active représente pour certaines personnes une période de transition difficile qui peut être une source d'anxiété et de stress importante. Dans le contexte de pandémie du Covid-19, dans lequel s'est déroulée notre étude, l'anxiété et le stress ont trouvé un terrain encore plus favorable que d'ordinaire. Il s'agissait d'imaginer et de développer des moyens et des outils susceptibles d'exercer une action positive sur le bien-être psychologique des personnes concernées par ce passage entre vie active et retraite. Nous avons cherché à leur offrir un espace de parole et d'écoute sur les thématiques en lien avec le sens de la vie (valeurs, buts, motivation, art de vie, engagement, perception de la retraite, rapport au sens de la vie, etc.) dans l'objectif de contribuer à l'élaboration d'un projet de vie anticipé, mieux compris et désiré chez nos participants. Le travail d'échanges en groupe, malgré le fait qu'il se déroule exclusivement en ligne, a été l'occasion de croiser les regards pluriels entre les participants, de mettre des mots sur les maux. À travers des séances collectives et des entretiens semi-directifs, les participants ont eu la possibilité de s'exprimer en groupe, de s'autoévaluer, et d'évaluer les représentations qu'ils avaient d'eux-mêmes, de leur rapport avec la vie. Chacun a pu s'interroger sur ses valeurs et ses capacités cognitives et émotionnelles à s'adapter et à s'épanouir dans le passage vers la retraite. Les différentes stratégies adaptatives ont été réfléchies, exprimées et discutées en groupe. Ainsi, elles sont devenues des ressources conscientisées, voire des compétences pour s'orienter mobilisables tout au long de la vie. En effet, le fait de parler, de se poser des questions, de réfléchir sur cette nouvelle perspective de vie est une manière d'accepter le fait que le changement fasse partie intégrante de la vie. À noter qu'une fois ces ressources attestées, validées et encouragées par d'autres, elles peuvent se transformer en compétences lorsque l'individu se trouve en situation de crise transitionnelle. Ici, le professionnel et le groupe constituent « l'autrui significatif » au sens donné par Bandura (1997) dans ses travaux sur les expériences de maîtrise, l'apprentissage vicariant et les persuasions sociales. Suivant l'approche anthropologique étayant les rites de passage, les valeurs exprimées, par analogie, peuvent être considérées comme « un élément pivotant » qui permet à l'individu de mieux surmonter les difficultés liées au passage d'un monde à l'autre (Van Gennep, 1909, [1981], p. 22). La mise en lien de ces deux approches, psychologique et anthropologique, consiste à dire que la prise de conscience de ses valeurs peut servir d'« élément pivotant » qui permet à l'individu de passer plus facilement d'un monde connu (la vie au travail) vers un monde nouveau (la retraite), avec un meilleur sentiment de maîtrise, tout en étant moins sous l'emprise d'angoisses et de doutes. Ainsi, l'effet protecteur du sens de la vie face à la transition peut être matérialisé par : d'abord, une *sensation* d'apaisement, de plaisir d'être entouré et compris par son groupe ; deuxièmement, l'opportunité pour chaque participant de se fixer *un but et des objectifs* de vie intéressants et réalistes. Et enfin, *l'importance* ici consiste pour l'individu à être davantage en cohérence avec les valeurs qu'il a identifiées, à s'ouvrir pour accueillir positivement une nouvelle période de vie, plutôt réfléchie et désirée que redoutée et subie.

L'évaluation de l'efficacité effective d'un tel dispositif est délicate, car non seulement nous manquons de critères spécifiques à chacun des membres du groupe, mais aussi parce que nous n'avons pas d'indicateur objectif, pertinent, commun et fiable par rapport au bien-être général des membres du groupe.

Cependant, malgré ces limites, nous pensons avoir atteint nos objectifs fixés pour ce dispositif au sens où nous avons fourni aux participants des outils de base permettant à chacun d'entamer une réflexion approfondie sur une période charnière de son existence, un temps pour se poser et se re(poser) la question existentielle sur « ce qui vaut la peine d'être vécu ». Le fait d'avoir un temps et un espace dédiés aux échanges nous a semblé non seulement nécessaire au travail d'élaboration de sens, mais aussi important pour le bien-être et le plaisir d'être ensemble. En effet, être en groupe, mettre des mots sur les valeurs, discuter sur le sens de la vie doivent offrir à chacun l'occasion de découvrir et de prendre conscience de ses ressources clés. Pour les uns, il s'agit de s'ouvrir à une nouvelle identité, pour les autres, de s'inscrire dans un rapport à la retraite plus serein et créatif.

# Chapitre 12

# Décider de prendre sa retraite : cadre, critères et processus[1]

1. Par **Even Loarer** et **Sophie Tripon**.

# Sommaire

## Introduction

Nous nous intéresserons dans ce chapitre aux motivations et aux décisions de mettre fin à sa vie professionnelle et de prendre sa retraite. Comme beaucoup de conduites humaines, ces décisions se situent à la croisée de logiques individuelles et de contraintes contextuelles. Nous évoquerons de ce fait le contexte social et réglementaire français, qui encadre les départs à la retraite, et les modèles et approches qui permettent de saisir les processus individuels de prise de décision de partir à la retraite.

Jusqu'au début des années 2000, la réglementation française contraignait fortement la date de départ à la retraite (Caradec, 2009). Mais les réformes engagées depuis 2003 ont cherché à permettre à chacun de construire sa retraite en donnant davantage de souplesse et de liberté de choix. Ces mesures ont été accompagnées de la mise en place du droit à l'information, afin de permettre à chacun de réaliser son choix en toute connaissance de cause. S'il existe des situations de départ à la retraite contraint, notamment lorsque la personne a atteint l'âge limite réglementaire et qu'elle souhaiterait poursuivre, celles-ci restent limitées. En France, un salarié ne peut être mis à la retraite d'office que lorsqu'il a atteint 70 ans et si son employeur en fait la demande. Il existe également un âge légal minimum, actuellement déplacé de 62 ans à 64 ans, sauf situation dérogatoire. Ainsi, bien que le départ à la retraite s'inscrive dans un cadre réglementaire précis, ce dernier est suffisamment large, et les situations individuelles suffisamment diversifiées (Pedrant, 2019), pour que la grande majorité des départs relèvent de décisions individuelles prises par les personnes concernées en fonction de multiples critères.

Cette décision de départ à la retraite revêt des enjeux psychologiques importants. Elle est souvent décrite comme complexe et parfois comme anxiogène (Gana *et al.*, 2009). Elle est souvent présentée comme l'ultime décision d'une carrière. Celle par laquelle la personne fait le choix de quitter le marché du travail et de sortir de la population active. Celle par laquelle elle s'engage dans une nouvelle étape de son parcours de vie, identifiée comme la dernière, en rupture avec tout ce qui a précédé, et qui engage des remaniements identitaires importants (voir Lessard, chapitre 3 dans cet ouvrage). Bien que des possibilités de cumul emploi-retraite aient été introduites dans la loi, cette transition est essentiellement vécue comme irréversible, en termes de statut social et d'étape de vie. Ce caractère d'irréversibilité et les enjeux individuels qui en découlent contribuent à donner à la décision elle-même un poids considérable. Si l'on veut faciliter et accompagner cette transition particulièrement importante, une meilleure compréhension des processus à l'œuvre est nécessaire.

Les enjeux collectifs et sociétaux de cette transition sont également importants. Le vieillissement des populations qui affecte la plupart des pays d'Europe et plus largement occidentaux – dû en particulier aux effets conjoints de l'augmentation de l'espérance de vie et de la baisse de la fécondité – a amené la France à des réformes successives des règles d'accès à la retraite afin d'équilibrer les comptes des caisses de retraite, dans un système par répartition qui mise sur la solidarité intergénérationnelle dans laquelle les cotisations des actifs financent les pensions des retraités. Dans ce contexte de vieillissement de la population, la question de l'âge du départ à la retraite est sensible car, outre ses conséquences financières sur les comptes des caisses de retraite, elle influe sur l'organisation de la société et du monde du travail. Comprendre la manière dont se prennent les décisions est également essentiel pour les pouvoirs publics dans leur objectif d'atteindre des résultats escomptés par les réformes.

La compréhension des processus de prise de décision de prendre sa retraite est ainsi devenue un objet de recherche d'intérêt croissant tant en sciences économiques et politiques qu'en sciences humaines et sociales.

## 1. Départ à la retraite : une décision individuelle dans un cadre réglementaire changeant

### 1.1 La création et l'évolution du système de retraite

Le système de retraite français n'a réellement vu le jour qu'en 1945, avec la création de la Sécurité sociale. Jusqu'au XIXe siècle, les Français étaient frileux à l'idée d'un système de retraite financé par des cotisations obligatoires pour tous, sur fond de défiance envers le gouvernement et de convictions libertaires partagées. Depuis le Second Empire, l'État a pourtant mis en place diverses formes de protection sociale pour certaines professions très pénibles (marins, militaires, etc.). D'autres professions se sont également dotées de leur propre système (mineurs, cheminots, fonctionnaires, électriciens et gaziers), ce qui allait préfigurer les régimes spéciaux de retraite.

Plusieurs lois ont posé les bases du futur système de retraite :

- 1910 : création de la Retraite Ouvrière Paysanne. Celle-ci est fortement critiquée, entre autres, pour être associée à un paramètre d'âge : il faut atteindre 65 ans pour pouvoir en bénéficier alors que l'espérance de vie de la population générale est alors encore inférieure à 50 ans ! « C'est la donner à des morts », dénonce le syndicat CGT « car dans les années 1910, à peine 8 % de la population atteint 65 ans, dont une infime minorité d'ouvriers » (Paillard, 2010) ;
- 1930 : création des assurances sociales, qui concernent environ 10 millions de personnes ;
- 1941 : adoption du système par répartition ;

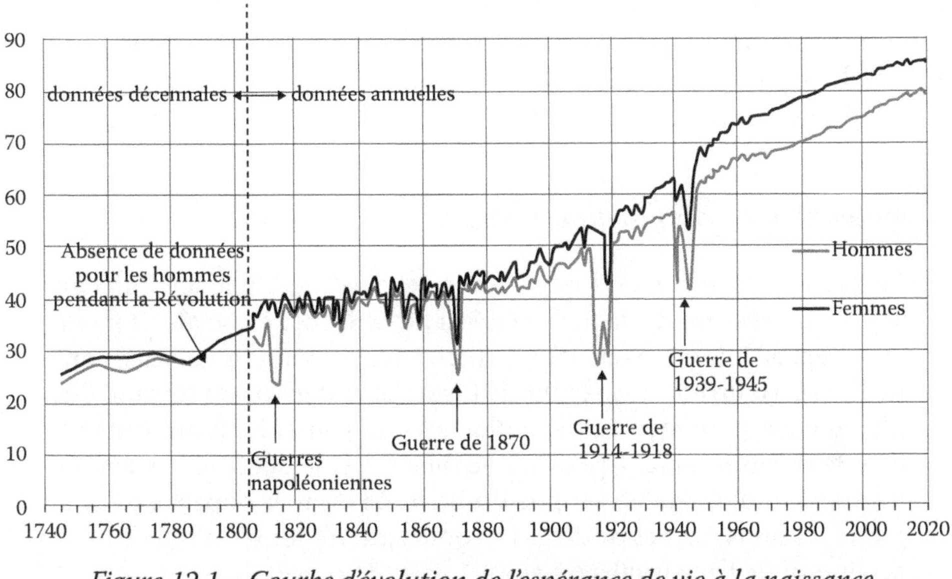


*Figure 12.1 – Courbe d'évolution de l'espérance de vie à la naissance de 1740 à 2020 (Ined, 2020)*

- 1945 : au sortir de la Seconde Guerre mondiale, création du système général des retraites sur le principe du modèle par répartition. La branche vieillesse de la Sécurité sociale a désormais pour vocation de concerner tous les travailleurs de France. Cependant, face au coût énorme que cela représente, l'État décide de conserver les systèmes préexistants, désormais nommés régimes spéciaux, parallèlement à ce régime général de la Sécurité sociale. Dès lors, la question de l'harmonisation des systèmes de retraite revient régulièrement dans les débats publics. Les évolutions démographiques et le vieillissement de la population qui en découle vont progressivement tendre les débats autour de la question de l'équilibre financier et de la pérennité du système de retraites, et reposer régulièrement la question de l'âge légal du départ à la retraite.

## 1.2 Les trois paramètres réglementaires définissant le droit à la retraite

Selon le droit français, le départ à la retraite est principalement soumis à trois paramètres réglementaires qui vont en moduler les conditions d'accès selon les orientations et priorités politiques du moment : l'âge à partir duquel les individus peuvent liquider leur pension (âge légal d'ouverture des droits), la durée de cotisation requise pour bénéficier d'une retraite à taux plein, et l'âge à partir duquel les individus peuvent bénéficier du taux plein sans conditions de durée (âge d'annulation de la décote ou âge de taux plein automatique).

***Valeurs des trois paramètres***

En France, l'âge légal du départ à la retraite a été fixé à 65 ans en 1945 à la création du régime général de la Sécurité sociale. Il passe ensuite à 60 ans en 1983, sous François Mitterrand (gouvernement de Pierre Mauroy), l'idée étant de favoriser le départ à la retraite des plus anciens pour favoriser l'emploi des plus jeunes dans un contexte de crise économique. Après la nouvelle crise de 2008, le législateur inverse le mouvement et repositionne l'âge légal de départ à 62 ans. Les récentes réformes de 2023 introduisent un nouveau relèvement progressif de l'âge légal à 64 ans.

Pour le régime général, la durée de cotisation nécessaire pour bénéficier d'une pension à taux plein (soit 50 % du salaire brut de référence, calculé sur les 10 meilleures années depuis 1971 selon la loi Boulin, et sur la base des 25 meilleures années à partir de 1993), change également au fil du temps. Elle se situe, depuis la réforme de 2023, entre 169 et 172 trimestres (43 ans) selon l'année de naissance des bénéficiaires. Le taux plein est acquis automatiquement pour un départ à partir de 67 ans.

→

→

Les nouvelles dispositions relatives à la retraite prévues par la loi 2023-470 du 14 avril 2023 sont entrées en vigueur le 1er septembre 2023. L'âge légal de départ à la retraite passe progressivement de 62 ans à 64 ans et l'augmentation de la durée de cotisation nécessaire pour obtenir une retraite sans décote passe également progressivement à 43 ans (172 trimestres).

Jusqu'à la fin des années 1980, la politique publique était centrée sur le niveau de pension, avec l'idée d'assurer un niveau de vie correct aux séniors après leur vie professionnelle. Les réformes paramétriques menées depuis 1945 et globalement jusqu'à la fin des Trente Glorieuses se sont centrées sur la mise en place de conditions de calcul des pensions allant dans ce sens.

Elles ont également été perçues comme un levier au service de l'emploi. Ainsi, dans les années 1980, les politiques publiques se sont prononcées en faveur du départ anticipé des travailleurs séniors, dans le but de favoriser l'emploi des jeunes dans un contexte de tensions économiques et donc de chômage. C'est ainsi qu'en 1983, l'âge légal du départ à la retraite est passé de 65 ans (âge légal avec taux plein en vigueur depuis la création du système) à 60 ans et des programmes favorisant les départs anticipés ont été menés par le biais de subventions.

Portée par l'arrivée massive des *baby-boomers* sur le marché du travail, devenus autant de travailleurs cotisants, cette volonté a été fragilisée par l'approche de la retraite de ces mêmes travailleurs, dont l'espérance de vie a considérablement augmenté. Avec un rapport entre cotisants et retraités qui s'est dégradé, il est devenu essentiel de garantir l'équilibre financier du système de retraites pour préserver le système par répartition, principe fondamental inscrit dans les ordonnances de 1945 à l'origine de la Sécurité sociale. Par ailleurs, le constat a pu être fait que l'emploi en général, et celui des jeunes en particulier, était davantage lié au contexte économique, permettant la création d'emplois en phase de croissance forte, qu'à des mesures incitatives en phase de croissance faible. De fait, les départs anticipés des séniors ont surtout contribué à réguler l'activité par la suppression de postes et la réduction de la masse salariale.

Aussi, à partir de 2008, les gouvernements qui se sont succédé ont agi sur les trois paramètres à leur disposition : le relèvement de l'âge légal du départ à la retraite (à 62 puis 64 ans), l'augmentation de la durée de cotisation obligatoire (égale à 43 années depuis le 1er septembre 2023) et enfin l'âge du taux plein de retraite (à 67 ans). La base de calcul de la pension n'échappe pas aux réformes, avec un allongement significatif du nombre d'années pour le calcul du salaire de référence (les 25 meilleures années depuis 2003 contre les 10 meilleures années précédemment).

## 1.3 Une fragilité du système par répartition

Si le système par répartition n'a pas été remis en cause par les réformes réalisées au cours des dernières décennies (elles ont même été présentées comme un moyen de le sauver), les limites du système se dessinent. Le système initial fondé sur une retraite de base, déjà augmentée dans les années 1970 d'un second niveau cotisations obligatoires (retraite complémentaire), se voit aujourd'hui soumis à une nouvelle impulsion, visant à encourager la capitalisation comme moyen supplémentaire de financement des retraites. Alors que le système principal repose sur les principes de solidarité, le système par capitalisation repose sur une approche individualiste, chaque travailleur cotisant pour son propre compte, y compris dans les programmes de cotisation collective. C'est le système qui prévaut dans un grand nombre de pays et qui a pour corollaire de grandes inégalités sociales et une dépendance aux fonds de pension et aux aléas des cours de la Bourse.

Un parallèle peut être fait avec d'autres réformes récentes en France, favorisant « l'agentivité » des individus, notamment la réforme de la formation professionnelle continue, incitant le travailleur à être davantage acteur (financier) de son parcours de formation. Le développement d'un système par capitalisation induit un même mouvement dans la construction du parcours après la vie professionnelle.

## 1.4 La variété des situations individuelles

Malgré le cadre réglementaire commun, les situations individuelles demeurent largement hétérogènes. En 2021, les Français âgés de 55 à 69 ans étaient pour 43 % à la retraite et pour 41 % en emploi, dont 3 % en cumul emploi-retraite. Les 16 % restants n'étaient ni en emploi ni à la retraite, c'est-à-dire au chômage (3 %) ou inactifs sans percevoir de retraite (13 % ; Insee, 2023). Ces différences relèvent pour partie de situations contextuelles différentes et pour partie de choix individuels.

## 2. La gestion des fins de carrière : un défi individuel et collectif

Si avant 62 ans, la règle est à l'emploi obligatoire (sauf pour les personnes éligibles à des départs anticipés pour carrière longue par exemple), après 62 ans, c'est à l'individu de décider s'il souhaite poursuivre au non son activité professionnelle. Ainsi, la règle générale est que l'entreprise ne peut pas obliger un salarié à partir à la retraite au prétexte qu'il aurait atteint l'âge légal du départ. Cependant, à partir de 70 ans, les droits du salarié et de son employeur changent. Ce dernier peut alors prononcer un départ pour mise d'office à la retraite, par une procédure assimilable à un licenciement.

Le choix de fin de carrière ne s'exprime désormais plus de façon binaire entre rester en emploi ou prendre sa retraite. Les dernières dispositions légales proposent une diversité de situations possibles à travers des dispositifs de retraite anticipée, de retraite progressive, de cumul emploi-retraite, de recul des limites d'âge, de prolongation d'activité ou de maintien en fonction, ce qui augmente la diversité des situations individuelles. Cette configuration, présente depuis longtemps aux États-Unis et au Canada, existe également dans de nombreux pays d'Europe (Ogg et Renaut, 2013).

*La retraite progressive* est un dispositif permettant de percevoir une partie de la pension de retraite tout en continuant à exercer son activité professionnelle à temps partiel. La personne doit satisfaire aux conditions suivantes : exercer son activité à temps partiel ; remplir des conditions d'âge ; avoir cotisé 150 trimestres, tous régimes confondus.

*Le cumul emploi-retraite* est possible si la personne a obtenu une pension de retraite de base de l'Assurance retraite à taux plein. Elle peut alors reprendre ou poursuivre une activité professionnelle et cumuler le revenu procuré par cette activité avec ses pensions de retraite de base et complémentaires, quel que soit le montant des pensions de retraite et du revenu de l'activité.

Selon la récente enquête Emploi de l'Insee (2021), 503 000 personnes, soit 3,6 % des retraités de 55 ans ou plus résidant en France, déclarent exercer une activité professionnelle tout en percevant une pension de retraite. En 2016, 16,4 % des retraités de 66 ans avaient cumulé une pension dans leur régime principal avec un emploi au moins une fois depuis leur départ à la retraite. Cette proportion était en hausse de 2,6 points par rapport à 2012.

Ces dispositifs cachent en réalité une grande variété de situations. « Le travail après la retraite prend de nombreuses formes. Il peut s'agir de travail à temps partiel ou à temps complet, de travail intermittent ou régulier, d'un travail salarié ou non. Ce travail peut être lié à l'activité professionnelle passée ou correspondre à une nouvelle activité. Il peut enfin se traduire par la perception d'un revenu complémentaire à la pension de retraite ou d'un revenu d'activité qui se substitue à la pension. La combinaison de ces différentes dimensions conduit alors à considérer des situations individuelles et des emplois de nature très différente » (Jolivet, 2013).

Ces modalités permettent une transition progressive de la vie professionnelle à la retraite. D'autres situations sont moins favorables et décrites comme des fins de carrière difficiles d'un point de vue social, physique, économique et psychologique. Ce sont les transitions vers la retraite lorsque les personnes sont hors emploi, en situation de chômage, de maladie ou d'invalidité.

## 2.1 Le difficile accès à l'emploi des séniors

La prise de décision relative au départ à la retraite est nécessairement influencée par les conditions relatives à l'accès à l'emploi ou au maintien dans l'emploi et aux caractéristiques de l'activité professionnelle, notamment en termes de pénibilité. Le recul de l'âge légal d'accès à la retraite pose ainsi la question de l'accès aux séniors du marché du travail. **Si les travailleurs ont une obligation d'emploi jusqu'à 64 ans, et la possibilité légale de poursuivre au-delà, le marché du travail leur est-il ouvert et accessible ?** Cette question se pose dans un contexte démographique de renforcement des effectifs des catégories les plus âgées dans la population active et donc de vieillissement de la population active.

En réalité, bien que progressant depuis 1975, le taux d'activité de la catégorie des 55-64 ans est encore très faible en France (56,9 %). Il reste inférieur à la moyenne européenne, alors qu'il est de 73 % en Allemagne, de 78 % au Japon et même de 82,6 % en Islande (OCDE, 2022). La part d'inactifs non retraités varie de 15 % à 55 ans à 25 % à 60-61 ans.

Ces données sont régulièrement expliquées par un faible développement dans les entreprises de modalités adaptées de gestion des âges et de la pénibilité et par des pratiques de discrimination négative des travailleurs âgés (âgisme) dans l'accès à l'emploi, et même dans le maintien en emploi et dans l'accès à la formation, source de développement de l'employabilité. Ainsi, par exemple, selon les données du Baromètre de la perception des discriminations dans l'emploi réalisé par l'Organisation internationale du travail (OIT), en 2017, dans la population active, 23 % des personnes déclaraient avoir été discriminées au cours de leur carrière professionnelle et l'âge en était le premier motif (voir Desmette, chapitre 4 dans cet ouvrage). Outre l'accès à l'emploi, le taux d'accès à la formation professionnelle est également sensible aux différences d'âge : il passe de 60 % pour les 30-34 ans à 40 % pour les plus de 55 ans (données de France stratégies, 2018).

Si l'explication de ce phénomène est complexe et mobilise également des mécanismes d'autocensure et de désengagement de la part des séniors eux-mêmes (Loarer et Delgoulet, 2024), les représentations négatives portées sur les travailleurs séniors, en leur attribuant notamment un manque d'adaptation, une perte de capacités physiques, intellectuelles, et de motivation, persistent au fil des décennies. Malgré la reconnaissance d'une expérience riche et porteuse de la culture et de mémoire de l'entreprise, ces stéréotypes négatifs, et largement erronés, combinés aux coûts salariaux liés à l'ancienneté apparaissent comme des freins puissants (Loarer et Delgoulet, 2024).

Ces difficultés rencontrées par les séniors sont d'autant plus inquiétantes que le phénomène de vieillissement de la population globale continue de se renforcer et que la part des séniors dans la population active va continuer d'augmenter dans les décennies à venir (Bechichi, Fabre et Olivia, 2022). Ainsi, la proportion des plus de 50 ans dans la population active française aura doublé entre 1995 et 2025 (passant de 18 % à 36 %), proche du niveau européen et de l'Amérique du Nord, contre 21 % en Asie et 17 % en Amérique latine (OIT, 2008). Les projections réalisées anticipent une poursuite de cette tendance pour les décennies à venir.

Le paradoxe qui mérite ici d'être souligné est que ces évolutions de la structure des âges au sein de la population active sont largement dues aux changements de réglementation concernant les conditions d'accès à la retraite. Ces dernières créent ainsi les conditions de tensions que le monde du travail ne sait pas aujourd'hui résoudre et qui placent les personnes de plus de 55 ans dans une situation intenable : devoir rechercher un emploi dans un monde du travail qui n'est pas prêt à les accueillir, tout en devant faire face à une concurrence accrue de profils d'âge analogues et se maintenir en emploi alors que le travail s'intensifie et que les organisations de travail, elles-mêmes prises dans des enjeux concurrentiels toujours plus forts, sont peu préparées à prendre en compte leurs spécificités. De fait, le sujet de l'amélioration des conditions de travail et de la lutte contre la pénibilité a été la grande absente des différentes réformes des retraites menées en France. Les conditions favorables à des fins de carrière en emploi et épanouissantes sont donc largement à inventer (Bayl-Smith et Griffin, 2014 ; voir également Froidevaux *et al.*, chapitre 5 dans cet ouvrage).

*A contrario*, certains auteurs attendent des effets positifs du report de l'âge d'ouverture des droits sur l'accès à l'emploi des séniors selon l'hypothèse de « l'effet horizon » (Hairault *et al.*, 2006). L'hypothèse sous-jacente est que la durée anticipée avant le départ à la retraite a un effet sur les probabilités d'activité des séniors, tant du fait des employés que des employeurs. Un horizon court tendrait à rendre tout investissement dans les séniors – et par les séniors eux-mêmes – non profitable, ce qui expliquerait la faiblesse du taux d'emploi à proximité de l'âge de la retraite. Un horizon long aurait l'effet inverse (Aubert, 2012). Cette hypothèse reste largement à vérifier et nous pensons que, quoi qu'il en soit, son effet restera marginal sans un véritable traitement sociétal de l'âgisme.

## 3. Les enquêtes à grande échelle sur les comportements de départ à la retraite

Afin de mieux comprendre les comportements des citoyens en matière de décision de départ à la retraite et d'anticiper les effets des réformes, les pouvoirs publics réalisent régulièrement des enquêtes à grande échelle. Ce sont généralement des enquêtes à visée de modélisation[1]. Nous citerons les principales.

1. « *Prisme* » est le modèle de projection des retraites de la Caisse nationale d'assurance vieillesse (CNAV) en France. Conçu en 2004 pour l'élaboration de projections à long terme (à l'horizon 2050), il est mobilisé pour la simulation et le chiffrage de réformes potentielles et de modifications législatives et réglementaires. Il fournit également les prévisions à court terme des pensions de retraite du régime général pour les projets de lois de financement de la Sécurité sociale. « *Prisme* » repose sur un échantillon de 5 millions de personnes, soit 1/20ᵉ de la population des

Une première enquête, appelée « Intentions de départ à la retraite », a été menée à l'initiative des pouvoirs publics français[1]. Les données ont été collectées en 2004 et 2005, auprès d'un échantillon de 1 404 personnes en emploi âgées de 54 à 59 ans, dans le but de déterminer les facteurs ayant une influence sur les comportements de départ à la retraite. Un suivi a été réalisé jusqu'en 2010 pour étudier les écarts éventuels entre âge idéal de départ, intentions de départ et départ effectif, et en connaître les causes (Barrallon, Benallah et Rapoport, 2010). L'enquête a mis en évidence un taux de correspondance entre souhaits et décisions de l'ordre de 43 %. Pour plus de 45 % des retraités interrogés, l'âge de départ effectif en 2010 était supérieur à l'âge idéal exprimé en 2005, alors qu'il était inférieur pour 12 % des retraités. En revanche, les intentions sont beaucoup plus proches des décisions. Pour 63 % des personnes retraitées interrogées, les âges de départ à la retraite envisagé et effectif coïncident. L'analyse des raisons de ces écarts met en évidence l'importance de facteurs amenant à partir plus tôt tels que : se déclarer en mauvaise santé, avoir vécu des périodes de chômage, avoir de nouveaux besoins financiers ou avoir sous-estimé ses trimestres de cotisation.

Une seconde enquête, appelée « Motivations de départ à la retraite », a ensuite été mise en place en vue d'analyser périodiquement les comportements de départ à la retraite des assurés et d'en comprendre les motifs[2]. Cinq vagues de l'enquête ont été réalisées en 2010, 2012, 2014, 2017 et 2021. Elles portaient sur des échantillons représentatifs des populations visées (6 500 personnes pour la vague de 2021). L'enquête avait pour objectif

individus immatriculés à la Sécurité sociale. C'est un modèle de micro-simulation dynamique de projections individuelles organisé par modules retraçant les événements vécus par les assurés et ayant une incidence sur leurs droits à la retraite : démographie (naissances, décès, descendances, immigration), carrières (activités, salaires), puis départ à la retraite avec le calcul des droits pour une pension de droit direct et de réversion et la détermination de la date de départ à la retraite (date d'effet de la pension ; Brossard, Oliveau, Grave et Couhin, 2016).

1. À l'initiative de la Direction générale du Trésor et de la Politique économique (DGTPE) et réalisée conjointement avec la CNAV, le Conseil d'orientation des retraites (COR), la Direction de la Recherche, des Études et des Évaluations statistiques (DREES), l'Institut national de la Statistique et des Études économiques (Insee) et le Service de communication du ministère de l'Économie et des Finances (Sircom).

2. En collaboration entre la Direction de la Recherche, des Études, de l'Évaluation et des Statistiques (DREES), le Conseil d'Orientation des Retraites (COR), la Direction de la Sécurité sociale (DSS), la Caisse nationale d'Assurance Vieillesse (CNAV), et plusieurs caisses de retraite (Agirc-Arrco, SRE, CDC, CPRPSNCF).

d'identifier les motivations de départ à la retraite des personnes récemment parties.

Cette enquête montre de façon récurrente l'importance du choix individuel de cesser l'activité. En 2021, une grande majorité de l'ensemble des nouveaux retraités (72 %) déclarent que c'est le fruit d'une décision de leur part. À l'inverse, 21 % se sont sentis contraints de le faire – cette situation pouvant couvrir plusieurs situations, notamment le fait de ne plus avoir d'emploi, ou pour des raisons de santé. Près de 3 personnes sur 4 de l'échantillon de 2021 ont dit être parties à la retraite dès qu'elles en avaient eu la possibilité (73 %). Cette proportion est stable par rapport à celle qui ressort de l'enquête de 2017. Par ailleurs, si 65 % des retraités du régime général déclarent être partis à l'âge qu'ils souhaitaient, 17 % ont dû partir plus tôt et 18 % plus tard que l'âge qu'ils souhaitaient, soit plus d'un tiers qui ont dû renoncer à l'âge souhaité.

Car si « Profiter de la retraite le plus longtemps possible » est le motif de départ à la retraite le plus fréquemment cité (81 %), il concerne surtout les personnes qui bénéficient d'un taux plein de pension. Pour une grande majorité, les critères financiers demeurent importants. Pour 69 %, c'est le fait d'avoir atteint l'âge du taux plein qui a joué, et plus de six retraités sur dix déclarent que leur départ était, entre autres, motivé par le fait d'avoir atteint un niveau de pension suffisant. Aussi, parmi les retraités déclarant être partis plus tard que souhaité, 69 % invoquent la nécessité d'augmenter leur retraite future en cotisant plus longtemps pour obtenir un taux plein ou une surcote. Plusieurs critères de base sont ainsi articulés : partir le plus tôt possible pour profiter de la retraite, à condition d'avoir atteint l'âge légal et de bénéficier du taux plein ou d'un niveau de pension suffisant.

Cependant, l'enquête fait également apparaître l'importance d'autres critères qui viennent se combiner aux premiers : les motifs liés au travail et à la santé, et à la situation familiale et personnelle. La moitié des retraités déclarent avoir pris leur décision de partir à l'âge souhaité ou plus tôt car ils ne souhaitaient plus travailler. Un peu plus d'une personne interrogée sur trois (35 %) invoque des problèmes de santé qui rendaient difficile le travail, et un tiers également (33 %) des conditions de travail non satisfaisantes.

Ces observations sont corroborées par les travaux qui montrent que la dégradation des conditions de travail, le déclassement en fin de carrière ou la stigmatisation sont autant d'arguments susceptibles d'inciter les individus à partir à la retraite plus tôt que prévu.

À l'inverse, un travail de qualité apparaît avoir une influence sur la décision de prolonger son activité au-delà de l'âge légal. Ainsi, parmi les nouveaux retraités dans cette situation, 67 % citent l'intérêt qu'ils portaient à leur travail ou les conditions de travail satisfaisantes. D'autres motifs professionnels plus marginaux sont identifiés par ces répondants : 29 % déclarent avoir prolongé leur activité pour finir un projet ou une mission en cours, et 23 % l'ont fait dans l'attente d'une promotion.

Les facteurs familiaux (départ du conjoint à la retraite, charges familiales) concernent environ un quart des personnes interrogées et sont plus souvent cités par les femmes que par les hommes. Ainsi, deux femmes sur dix indiquent que le fait que leur conjoint parte ou soit parti à la retraite a beaucoup joué, contre un homme sur dix. Ils peuvent aboutir à des départs plus précoces ou plus tardifs (accompagner un conjoint déjà à la retraite ou au contraire attendre qu'il puisse l'être, disposer de plus de temps pour s'occuper d'un proche, ou conserver encore quelques années un meilleur salaire pour pouvoir mieux le prendre en charge, ou attendre de ne plus avoir quelqu'un à charge, etc.).

Enfin, on retiendra dans l'enquête de 2021 le rôle identifié d'une variable personnelle subjective : 46 % des répondants qui ont fait le choix de prolonger leur activité au-delà de l'âge légal retiennent comme motif ayant joué à divers niveaux le fait « de ne pas s'être senti prêt.e à devenir retraité.e ».

Ces enquêtes mettent ainsi en évidence plusieurs catégories de critères dont la combinaison vient soutenir la décision d'activer ou de retarder le départ à la retraite : les motifs liés 1) à la réglementation sur les retraites (âge légal, durée de cotisation, etc.), 2) aux aspects financiers (besoins perçus par la personne, charges, etc.), 3) au travail (intérêt perçu, conditions de travail, etc.), 4) à la santé (état de santé pour travailler, etc.), 5) à la famille (retraite du conjoint, personnes à charge, etc.) et 6) aux aspects psychologiques personnels (se sentir prêt à être retraité, etc.).

Une enquête qualitative, menée en complément par la CNAV (2007), fait apparaître d'autres critères spécifiques à certaines situations individuelles. Par exemple des projets résidentiels (déménagement, changement de région, construction de sa propre maison) pour certains ou des allers et retours plus fréquents pour les assurés d'origine étrangère. Pour les personnes qui ont déjà quitté leur emploi, actifs inoccupés et inactifs, le passage à la retraite peut leur permettre de passer du statut d'« invalides » ou de « chômeurs » à celui de « retraités », bien plus valorisant et moins stigmatisant.

Dans cette étude, les assurés qui apparaissent redouter la retraite sont essentiellement des personnes actives âgées de 60 ans et plus, pour la plupart vivant seules, très investies dans leur vie professionnelle et pour lesquelles le travail est au centre de leur vie. La crainte de changements de niveau de vie qu'engendre la baisse des revenus consécutive au passage à la retraite peut également inquiéter. La perte de reconnaissance et d'utilité est une appréhension exprimée par certains, c'est par exemple le cas d'ouvriers qui ont commencé à travailler jeunes et qui n'ont jamais cessé leur activité. Les cadres, bien plus souvent satisfaits de leurs conditions de travail, de leur statut et de leur parcours professionnel, sont plus nombreux à redouter l'ennui intellectuel que pourrait occasionner le passage à la retraite. Enfin l'étude montre que les personnes seules (célibataires, divorcées ou veuves) ont davantage peur de la solitude et de l'ennui lors du passage à la retraite, car le travail étant au quotidien une source essentielle de lien social, sa cessation est synonyme de perte ou de diminution des relations.

Nous évoquerons enfin l'enquête SHARE *(Survey of Health, Ageing and Retirement in Europe)*, une grande enquête européenne longitudinale et multidisciplinaire sur plus de 80 000 Européens âgés de 50 ans et plus. L'enquête est réalisée tous les deux ans depuis 2004 (à ce jour jusqu'en 2024) et se déroule désormais dans vingt-sept pays européens. Les données recueillies grâce à SHARE portent sur l'état de santé des répondants et de leurs proches ainsi que sur leur situation sociale (famille, entraide, réseaux sociaux) et économique (emploi, retraite, patrimoine). Les données de SHARE sont disponibles en *open source*. Cette enquête a fait l'objet de nombreux traitements et publications internationales. Concernant le sujet des motivations à prendre sa retraite, à partir des données disponibles, on peut par exemple citer l'étude de type économétrique menée par Debrand et Sirven (2009) dont les résultats confirment les études françaises en ce qui concerne le poids des dimensions individuelles telles que l'âge, l'état de santé, le niveau d'études ou la structure du ménage. On y retrouve également l'idée que les conditions de travail et la situation du conjoint sur le marché du travail influencent le choix de partir à la retraite et contribuent à rendre cette prise de décision multidimensionnelle et complexe. Cette étude montre par ailleurs que les comportements de passage à la retraite sont comparables entre les pays européens du point de vue des variables individuelles, mais qu'ils diffèrent dans le poids des différents systèmes de protection sociale.

## 4. L'âge subjectif comme variable prédictive de la décision de partir à la retraite

### 4.1 Importance du temps et du rapport au temps

Il est difficile d'évoquer la retraite, et les critères de choix, sans parler du temps. Parmi les nombreuses définitions, celle du dictionnaire Larousse en souligne l'aspect dynamique : « Mouvement ininterrompu par lequel le présent devient le passé, considéré souvent comme une force agissant sur le monde, sur les êtres » (Larousse en ligne). Depuis l'Antiquité nombre de penseurs philosophes ont tenté de définir le temps. D'une conception cyclique du temps, décrite par Platon, selon laquelle le temps est un « perpétuel recommencement des mêmes événements » (Barreau, 2005, p. 6) à celle d'un temps linéaire, intégrant l'idée de finitude, le temps apparaît à la fois comme objectif (et donc mesurable) et subjectif. Il y a une part psychologique à la conception du temps. Dubar (2008) souligne la perception nécessairement « interne », et donc individuelle, du temps, qu'il soit passé, présent ou à venir, « devant être défini (selon l'analyse de saint Augustin) non à partir d'observations externes mais à partir de l'expérience humaine ». Selon Dubar, cette difficulté à définir de manière unifiée la notion de temps amène à considérer les « temporalités diverses », pouvant se définir comme « formes diverses d'agencement du passé, du présent et de l'avenir » ou comme « modes d'organisation temporelle des champs sociaux » permettant des analyses scientifiques sur les attitudes de chacun, notamment face à la fin de vie.

Droit-Volet (2019) insiste sur l'élasticité du temps psychologique, son estimation fluctuant au gré de nos émotions, de nos états d'âme. Selon elle, le temps psychologique est « pluriel », sensible au contexte socio-émotionnel, avec comme fonction un ajustement du rythme de l'individu aux rythmes externes qu'il perçoit, notamment les rythmes d'autrui. Il a une fonction adaptative. « Notre horloge interne est donc avant tout une horloge sociale, flexible, plastique, et élastique » (p. 9). La perception du temps apparaît également influencée par les émotions ressenties, ainsi que par les activités réalisées : plus les émotions ressenties sont positives, plus l'individu est actif, plus il a le sentiment que le temps passe vite. Au-delà du ressenti quotidien, chaque individu se positionne en fonction du passé, du présent et du futur. La notion de temps, dans l'expérience du vécu, nous amène à considérer le concept de « perspective temporelle ». Développée par Kurt Lewin dans les années 1940, la perspective temporelle est une synthèse « des points de vue d'un individu sur son passé et sur son futur » (Demarque, 2012). Dimension essentielle des représentations individuelles des situations vécues ou à vivre, la perspective temporelle joue « un rôle déterminant dans le processus d'édification du comportement ». Elle est donc utile pour analyser et comprendre les comportements individuels.

L'interprétation des expériences déjà vécues dans le passé et l'anticipation des buts pour le futur impliquent la mobilisation de processus cognitifs et décisionnels. Dans une étude portant sur l'extension temporelle au cours de la vieillesse, Bouffard et Bastin (1991) soulignent que le vieillissement n'empêche pas l'élaboration de buts futurs par la personne vieillissante, permettant ainsi le maintien d'un sens à l'existence humaine. Selon ces auteurs, et en accord avec les travaux de Kastenbaum (1978) et de Neugarten (1976), ce ne serait donc pas l'âge chronologique qui permettrait de caractériser la vieillesse et le vieillissement mais l'âge subjectif.

## 4.2 Approches du ressenti subjectif de l'âge

Les études sur le développement de l'adulte décrivent des étapes perçues de la vie, délimitées par des bornes d'âge, associées à des tâches ou à des situations développementales (Heslon, 2021). Comme en témoignent plusieurs chapitres de cet ouvrage, le passage à la retraite constitue un repère significatif de ce développement pour lequel, plus que l'âge chronologique de la personne, c'est son âge subjectif qui est déterminant (Tripon, 2024).

Les parcours de vie sont marqués par différentes périodes, considérées comme des étapes normalisées et délimitées par des bornes d'âge : âge de l'école obligatoire, âge de la majorité, âge minimum de départ à la retraite, etc. L'âge est également un repère social pour de nombreux actes et rôles de la vie. Selon Kohli et Künemund (2004), la classification d'âge ne peut être « librement choisie, faisant partie de la structure sociale ». Elle traduit une « institutionnalisation du parcours de vie », ou normalisation, la base de cette classification étant l'âge chronologique.

Mais avec l'augmentation rapide de l'espérance de vie, les travaux sur le vieillissement ont pris une place grandissante au cours du XX^e siècle dans de nombreux domaines de recherche. L'étape de vie associée à la vieillesse a soulevé divers questionnements, notamment sur les conditions d'un vieillissement positif, autrement dit d'un vieillissement associé à un bon état de santé physique et psychique. La gérontologie s'est emparée de la question, tout comme le marketing, considérant que les séniors constituaient désormais une catégorie de consommateurs à part entière. Les différences individuelles constatées dans le vieillissement ont amené les chercheurs à remettre en question l'âge chronologique comme prédicteur des indicateurs du vieillissement (Kotter-Gruhn *et al.*, 2016).

Dès 1956, Blau a décrit la variabilité du rapport au vieillissement selon les individus. De nombreux travaux vont suivre, mettant en avant différentes mesures de l'âge. Le concept d'âge subjectif s'est alors imposé comme un indicateur pertinent. Il est défini comme la perception que l'individu a de lui-même, par comparaison avec son groupe d'âge, ce qui l'amène à s'évaluer plus vieux ou plus jeune (ou en adéquation) avec celui-ci. L'hypothèse d'un vieillissement subjectif ou au contraire d'un rajeunissement subjectif permet de réinterroger l'attitude de chacun concernant notamment un départ à la retraite ou la poursuite de l'activité.

Plusieurs mesures d'âge subjectif ont été utilisées : l'âge fonctionnel (en référence aux normes développementales), l'âge personnel (autoperception de l'âge), l'âge interpersonnel (perception de la personne par autrui), l'âge cognitif (qui intègre le concept de soi), ou encore l'âge que les personnes perçoivent comme idéal dans leur vie.

Les travaux de Kastenbaum *et al.* (1978) ont été fondateurs, permettant d'appréhender l'âge subjectif sous trois dimensions principales : l'âge ressenti par la personne *(feel age)*, l'âge de son apparence physique *(look age)*, l'âge correspondant à ses centres d'intérêt *(interest age)* et l'âge correspondant à ses actes *(do age)*. De nombreuses études ont depuis été réalisées, prenant largement en compte ces quatre dimensions, avec parfois des résultats divergents, voire contradictoires. Un consensus émerge cependant de ces travaux : une tendance observée au vieillissement subjectif chez les adolescents et les jeunes adultes, suivie d'un renversement de la tendance avec un rajeunissement subjectif qui apparaît chez l'adulte et qui a tendance à augmenter au cours de la vie adulte. L'âge subjectif correspond à une dynamique identitaire qui traduit une dissociation ou une identification au groupe du même âge (Weiss et Lang, 2012) et varie selon l'âge chronologique de l'individu (attrait pour la maturité chez les plus jeunes, déni de vieillissement pour les plus âgés).

L'âge subjectif traduit la comparaison du parcours personnel avec les normes d'âge (Ward, 2013) et peut refléter une capacité d'adaptation (Zupancic *et al.*, 2011). Il renvoie à une autoperception de soi, à un instant *t*, dans une situation donnée, et varie donc selon les contextes (Rioux et Mokounkolo, 2013 ; Pavalache-Ilié et Rioux, 2014 ; Stephan *et al.*, 2015).

Dans une étude quantitative menée auprès de 780 personnes âgées de 20 à 70 ans, Tripon (2024) observe que 334 personnes déclarent se sentir plus jeunes dans leur vie professionnelle que leur âge chronologique, soit 42,8 % ; 385 se sentent en phase avec leur âge (49,3 %), et 61 déclarent se sentir plus âgés que leur âge (7,8 %). Conformément aux recherches dans ce domaine, les personnes qui se perçoivent plus âgées font partie des plus jeunes de l'échantillon et celles qui se perçoivent plus jeunes font partie des plus âgées.

Ce phénomène, qui présente donc une variabilité selon les périodes de la vie, ce qui constitue un processus développemental, présente également des variabilités intra-individuelles selon les situations et les sphères de vie et de fortes variabilités inter-individuelles (Tripon, 2024).

## 4.3 Âge subjectif et intentions de départ à la retraite

À partir de questionnements portant sur la perception subjective des individus concernant la fin de leur parcours professionnel, Marbot (2006) et Marbot et Peretti (2001) ont proposé le concept de « sentiment de fin de vie professionnelle » (SFVP) pour désigner une forme de désengagement des séniors dans le travail. Ainsi, les individus s'inscrivant dans ce sentiment de fin de vie professionnelle connaissent une évolution sur 5 critères :

- **Un recentrage sur soi :** se sentir dans une autre phase de vie, se consacrer à soi-même, relativiser l'importance que l'on accorde à son image sociale et à l'influence des autres sur soi.

– **Un désengagement au travail :** l'individu réduit la place qu'il accorde à son travail, et au travail en général.
– **Une évolution des rôles :** le salarié modifie la nature et la place qu'il accordait à chaque sphère sociale (professionnelle, familiale et personnelle). Il privilégie désormais des rôles familiaux, ou qui ne concernent pas le travail.
– **Une évolution des objectifs de vie :** changements d'aspirations, de désirs, etc., d'objectifs qui concernent désormais des domaines privés.
– Et enfin, **une acceptation de son âge :** les individus acceptent d'appartenir à leur groupe d'âge et d'en assumer l'image.

Ces cinq manifestations du sentiment de fin de vie professionnelle sont décrites par les auteurs comme des tâches développementales par lesquelles le salarié déplacerait son engagement dans une autre sphère sociale, une autre communauté, sa famille ou lui-même. Ce sentiment n'est pas lié à une baisse de compétence au travail ou à l'atteinte d'un âge chronologique déterminé. Il correspond, dans le cycle de vie, à une nouvelle forme de souhait de réalisation de soi.

L'un des apports de cette approche est de mettre en avant le rôle de l'organisation dans la production de ce sentiment qui influence l'engagement professionnel et donc la volonté de se maintenir ou non en emploi.

En termes de rapport à la retraite, la notion de sentiment de fin de vie professionnelle renvoie à la distinction du temps comptable et du temps vécu. Alors que le temps comptable impose une base de calcul pour la durée de vie au travail (fondée sur le nombre d'années de cotisation), le temps vécu souligne la subjectivité de l'expérience du temps passé au travail, propre à chacun, selon l'âge, les conditions de travail et, plus généralement, les conditions de vie. Une prise en compte de ce vécu subjectif apparaît comme fondamentale dans la perception de la fin de vie professionnelle et le passage à la retraite.

Diverses études ont également pu montrer l'impact de l'âge légal de départ à la retraite sur le rapport à l'emploi des séniors. On peut ainsi faire le lien avec l'effet négatif de la distance à la retraite sur le taux d'emploi lorsque celui-ci se rapproche, l'effet « horizon » (Hairault *et al.*, 2006), dont nous avons parlé précédemment. « L'âge de la retraite introduit une fin de cycle de vie active qui modifie les comportements de recherche d'emploi des travailleurs lorsqu'ils se rapprochent de cet horizon » (p. 60). L'âge subjectif pourrait jouer un rôle dans ce phénomène. Plus récemment, Zaniboni, Bertolino et Steiner (2019) ont également mis en évidence des effets modérateurs de l'âge subjectif, évalué par l'échelle de Barak et Shiffman (1981), sur la relation entre l'âge chronologique et les intentions de départ à la retraite d'une part, et l'orientation vers la famille et les loisirs d'autre part.

Si l'âge chronologique est concerné par les règles régulant formellement l'accès à la retraite, l'influence de l'âge subjectif prévaut pour comprendre le rapport subjectif des individus à cette transition de vie. Sans lui, il est par exemple difficile d'interpréter ce que recouvre le « sentiment de ne pas s'être senti prêt.e à devenir retraité.e » de l'enquête « Motivations de départ à la retraite » (2021).

Cette dimension mérite donc d'être explorée lorsqu'on s'intéresse aux motifs de décision de départ à la retraite.

# 5. Les modèles de prise de décision relatifs à la retraite

## 5.1 Un processus multidimentionnel complexe

Dans l'ensemble des enquêtes socio-économiques que nous avons présentées, le départ à la retraite est identifié comme reposant sur un choix du futur retraité, fondé sur des informations relatives à la réglementation et sur un ensemble de paramètres individuels, objectifs et subjectifs, en interaction avec des paramètres organisationnels et contextuels.

La réalisation de ce choix ne se fait pas en un instant et plusieurs auteurs insistent sur l'inscription temporelle du processus, qui passe par plusieurs étapes entre la prise d'information et le départ lui-même (Feldman et Beehr, 2011 ; Fouquereau *et al.*, 2018 ; Lessard, 2022). Il s'agit d'un processus progressif par lequel le futur retraité est amené à s'informer, à examiner les différents paramètres, à maturer sa décision, à formuler des intentions et à s'engager dans une réalisation.

Du fait de son caractère multidimensionnel, le processus de prise de décision est reconnu comme complexe. Le modèle implicite de ce processus est celui d'un examen complet de l'ensemble des paramètres et d'un traitement qui aboutirait au meilleur des choix possibles.

## 5.2 Un modèle du sujet rationnel

Les enquêtes utilisent les termes d'intention de départ, de motivation à partir à la retraite, et cherchent à établir *a posteriori* des liens entre les décisions prises et les différents indicateurs disponibles. Ils supposent un comportement cohérent et rationnel des individus fondé sur un traitement logique des éléments qui composent chaque situation singulière.

Ce modèle de fonctionnement est formalisé par la « théorie du choix rationnel » qui est populaire en microéconomie, notamment depuis Becker (1964), pour expliquer les comportements des acteurs de l'économie. La théorie du choix rationnel, pilier conceptuel du libéralisme, considère les individus comme des agents économiques rationnels qui prennent leur décision en évaluant les coûts et les bénéfices associés aux différentes options de leurs choix. Appliqué à la décision de prendre sa retraite, le modèle suppose que les individus comparent leurs ressources financières avec celles nécessaires pour vivre à la retraite. Cette théorie met l'accent sur la maximisation des bénéfices et sur la minimisation des coûts relatifs aux alternatives du choix. Elle présente plusieurs limites concernant les retraites, celle de se focaliser sur les aspects financiers et celle de minimiser les conduites non rationnelles dans les prises de décisions. Pourtant, nombreux sont les travaux de psychologie, notamment ceux qui portent sur la « cognition située », qui constatent que lorsque les personnes sont amenées à prendre des décisions dans un contexte d'incertitude, la plupart d'entre elles, mêmes lorsqu'elles possèdent des capacités de raisonnement logique de haut niveau, ont tendance à négliger l'analyse rationnelle des données disponibles et à activer des raccourcis intellectuels fondés sur des mécanismes intuitifs ou émotionnels (voir par exemple les travaux de Daniel Kahneman, prix Nobel en 2002). Herbert Simon (1955, 1978), également prix Nobel, défend à ce titre un modèle de « rationalité limitée » *(bounded rationality)* pour décrire les prises de décisions en situation d'incertitude. Pour lui, « la rationalité n'est pas fondée dans et par le calcul mais dans la connaissance de la réalité empirique et l'intuition de l'avenir » (Tran, 2018, p. 55).

## 5.3 Autres modèles de prise de décision

Ce processus de prise de décision de partir à la retraite a également fait l'objet de nombreuses recherches en psychologie ces dernières années (*cf.* Fouquereau *et al.*, 2018 ; Wang et Shultz, 2010) et divers modèles théoriques ont été avancés afin de mieux saisir les caractéristiques de ce processus décisionnel (*cf.* Chevalier, 2013 ; Fouquereau *et al.*, 2018 ; Fouquereau et Chevalier, 2022). On peut regrouper ces modèles théoriques en deux catégories, celles qui relèvent d'approches d'inspiration béhavioriste et celles qui, ancrés dans l'approche cognitiviste, vont perfectionner de différentes façons la modélisation des processus de décision en jeu.

Inspirée du béhaviorisme et de l'interactionnisme social, la « théorie des rôles » élaborée par Mead, Linton et Moreno dans les années 1930, ou encore par Parsons (1951), considère les rôles sociaux comme essentiels pour comprendre et prédire les conduites humaines. Le rôle renvoie aux attentes et aux attitudes associées à une position dans un système social donné à un moment donné. Les individus occupent divers rôles sociaux dans leur vie, dont le rôle professionnel est souvent central. Sous l'éclairage de cette théorie, la décision de partir à la retraite peut être décryptée comme dépendante du niveau d'attachement de la personne à son rôle professionnel et de la perception qu'elle a des autres rôles disponibles hors travail (Gessler, 1992 ; Allen et Van de Vliert, 1984 ; Asforth, 2001). Par exemple, un faible attachement au rôle professionnel combiné à une diversification des rôles en dehors du travail peut favoriser la décision de partir à la retraite. Cette approche met l'accent sur les dynamiques sociales et contextuelles qui façonnent la décision de retraite.

Également d'inspiration béhavioriste, la « théorie du comportement planifié » (TCP) a été proposée par Ajzen (1985, 1991) « pour prédire et expliquer le comportement humain dans des contextes spécifiques » (Ajzen, 1991, p. 181). Selon le modèle TCP, l'engagement dans un comportement dépend de la formulation d'intentions, qui reflètent l'intensité de la motivation de l'individu à s'engager dans ce comportement. L'intention repose sur trois facteurs principaux : les attitudes à l'égard de la situation, les pressions sociales perçues et le contrôle comportemental perçu (notion proche du sentiment d'efficacité personnelle de Bandura). Elle fournit un cadre théorique utile pour comprendre les processus psychologiques qui sous-tendent la prise de décision du départ à la retraite, en mettant l'accent sur les intentions comportementales. Ici il s'agirait de considérer les attitudes à l'égard de la situation professionnelle (et extraprofessionnelle), ainsi que vis-à-vis de la situation de retraite, en intégrant les normes sociales perçues relatives à la retraite, et le contrôle que la personne pense avoir sur les éléments de la situation et sur les comportements qu'elle serait amenée à mettre en œuvre. C'est un modèle multidimensionnel qui a donné lieu à de nombreuses validations empiriques. Il présente cependant quelques limites dans la faiblesse des références théoriques sur lesquelles il s'appuie et sur la faible prise en compte des dimensions émotionnelles qui sont pourtant nécessairement actives dans beaucoup de situations décisionnelles.

Inscrite dans le courant cognitiviste, la « théorie des attentes » proposée par Vroom (1964) a été appliquée au choix de partir à la retraite par différents auteurs. Il s'agit d'une théorie cognitive des motivations fondée sur l'anticipation des bénéfices d'une action et de la probabilité de les obtenir. Contrairement aux modèles de motivation de Maslow ou d'Herzberg, le modèle de Vroom ne se focalise pas sur les besoins de l'individu, mais relie sa motivation à ses attentes et aux chances qu'il pense posséder de les atteindre. La décision dépend donc de la confiance qu'il a dans l'atteinte de l'objectif, du niveau de récompense qu'il pense obtenir et de la valeur qu'il attribue à cette récompense.

Concernant la transition vers la retraite, la décision de partir sera prise si la probabilité qu'elle entraîne des effets positifs est élevée. Cette théorie met l'accent sur les projections cognitives probabilistes des individus. Elle a cependant l'inconvénient de se focaliser sur les représentations subjectives de la situation à venir, avec tous les risques d'erreurs qu'elles comportent, et d'accorder peu de place à la situation actuelle, pourtant moins hypothétique. Aussi, le recours à un modèle binaire, prenant non seulement en compte ce qui attire la personne dans la situation à venir qu'elle anticipe (Pull), mais aussi ce qui la pousse à avoir envie de quitter la situation actuelle (Push) a été proposé (Zimmerman, 1995).

Ce modèle binaire de prise de décisions relatives à la retraite, appelé « Push-Pull », est au cœur de plusieurs études (voir Beehr, 1986 ; Shultz *et al.*, 1998 ; Van Oorschot et Jensen, 2009). Il apporte une vision plus complète du processus de décision. Il permet d'expliquer une variété de configurations de situations et de mieux saisir les dynamiques qui sous-tendent le choix de départ à la retraite, et notamment les conflits de motivations qui peuvent exister. La combinaison des facteurs permet également de mieux prédire les intentions relatives à la retraite. Le schéma ci-après résume cette combinatoire.

Ainsi :

– Une forte envie de quitter (Push +), combinée à une forte attirance pour la situation à venir (Pull +), entraînera une forte détermination à prendre sa retraite.

- À l'inverse, une faible envie de quitter (Push –), combinée à une faible attirance pour la situation à venir (Pull –), entraînera une détermination à rester en emploi.
- Enfin, les situations mixtes amèneront plus d'hésitations mais l'intention de partir l'emportera probablement, soit pour quitter une situation actuelle insatisfaisante (Push +), soit pour atteindre une situation perçue comme enviable (Pull +).

***Tableau 12.1 – Le modèle binaire Push-Pull : relations entre motivations et intentions de partir à la retraite ou de rester***

| | | | **Situation future** | |
|---|---|---|---|---|
| | | | **PULL**<br>**Anticipations positives** | |
| | | | **Fort** | **Faible** |
| **Situation actuelle** | **PUSH** | **Fort** | Partir | Partir |
| | **Sources d'insatisfaction** | **Faible** | Partir | Rester |

Bien que ce modèle soit plus complet que le précédent, plusieurs limites ont été pointées, la principale étant qu'il opère une simplification du réel et néglige une éventuelle hétérogénéité interne aux facteurs Push d'une part et Pull d'autre part. Car il est tout à fait possible d'avoir à la fois envie, par exemple, d'arrêter certaines activités professionnelles pénibles ou de ne plus être soumis à des situations stressantes, tout en ayant un attachement pour son organisation ou l'envie de conserver son statut professionnel. Dans ce cas, la satisfaction globale a peu de sens. Ce modèle binaire ne saisit donc qu'une partie des dimensions du processus décisionnel. On peut également faire le constat qu'il explique mieux les intentions de partir (probabilité de 75 %) que de rester (probabilité de 25 %). Compte tenu de ces limites, ce modèle a été enrichi pour mieux prendre en compte la complexité des situations de choix en s'inspirant des travaux contemporains de psychologie cognitive sur la prise de décision, et d'études qualitatives sur les processus de décision dans les situations de transition (par ex. Elder, King et Conger, 1996). Il a abouti à un modèle quadridimensionnel, ajoutant aux facteurs de type Push et Pull des facteurs appelés Anti-Push et Anti-Pull.

## 5.4 Le modèle en quatre dimensions (Push, Pull, Anti-Push, Anti-Pull)

La modélisation en quatre dimensions a été mobilisée par de Mullet *et al.* (2000) pour expliquer les décisions migratoires de jeunes Français pour aller étudier et travailler à l'étranger. Cette modélisation permet d'analyser le rapport à la situation actuelle et à la situation future anticipée de façon plus fine et plus réaliste, en identifiant les leviers et les freins associés à chaque situation. Ainsi, la situation actuelle est décrite à travers les sources d'insatisfaction que la personne va chercher à réduire par le départ (Push) mais aussi par les sources de satisfaction qu'elle pourrait avoir envie de préserver en restant (Anti-Push). De même, la situation future que la personne anticipe va non seulement être décrite en termes d'attractivité (Pull) mais également à travers les éléments perçus négativement (inconvénients, risques, craintes, peurs, etc.).

Ce modèle a été appliqué à la décision relative au départ à la retraite par Fouquereau et ses collègues (Chevalier *et al.*, 2018 ; Fernandez *et al.*, 2006, 2008 ; Fouquereau *et al.*, 2018) et il s'est avéré très utile pour mieux en saisir la complexité et mieux analyser les relations entre les caractéristiques, objectives et perçues, des deux situations (actuelle et future) et la formulation d'une intention de départ.

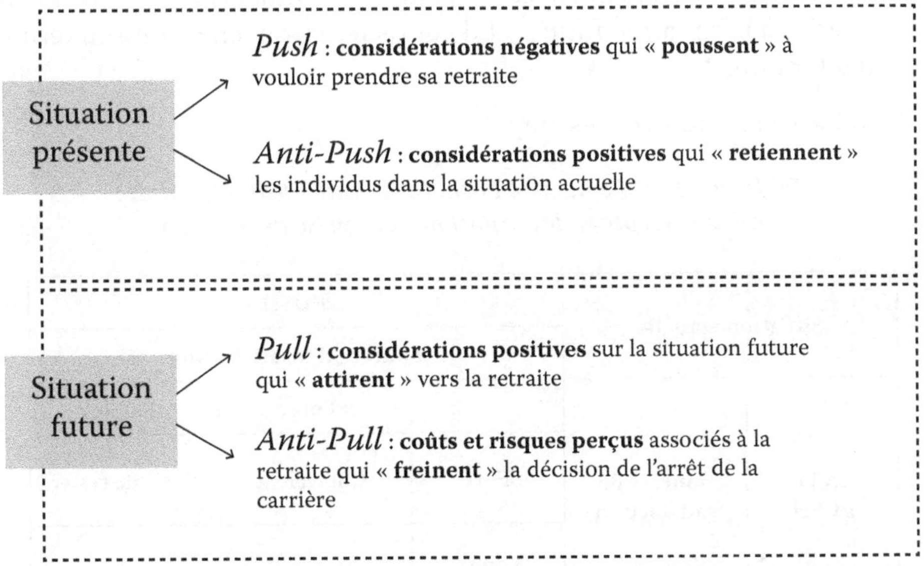


*Figure 12.2 – Modélisation Push, Pull, Anti-Push, Anti-Pull appliquée à la décision de départ à la retraite (d'après Fouquereau et Chevalier, 2022, p. 193)*

Ce modèle a par exemple été mobilisé par Chevalier pour étudier les fins de carrière d'un échantillon d'entrepreneurs (Chevalier, 2013 ; Chevalier *et al.* 2015) et par Fernandez *et al.* (2006) pour analyser les décisions de départ à la retraite de sportifs de haut niveau. Les auteurs concluent que « ces résultats ont confirmé que la décision individuelle motivée, qu'est le retrait de la carrière, dépend moins de chaque type de facteurs, voire de catégories de facteurs identifiées, que de leur combinaison » (Fouquereau et Chevalier, 2022, p. 194).

Nous pouvons schématiser le fonctionnement de ce modèle en trois étapes :

1) Perception de la situation actuelle : analyse de la situation actuelle selon le degré de satisfaction ou d'insatisfaction qu'elle génère dans différents registres et selon différents critères (finances, santé, travail, loisirs, famille, etc.).
2) Perception de la situation future : analyse de la situation future anticipée selon des hypothèses sur le degré de satisfaction ou d'insatisfaction qu'elle pourra générer dans différents registres et selon différents critères (finances, santé, travail, loisirs, famille, etc.).
3) Articulation des deux perceptions : il s'agit ici de mettre en perspective les deux perceptions, celle relative à la situation actuelle et celle relative à la situation future, et d'apprécier ce qui en résulte en termes d'intention.

Le tableau 12.2 illustre ces étapes.

*Tableau 12.2 – Le modèle Push, Pull, Anti-Push, Anti-Pull : de la perception des situations à la prise de décision*

| **Situation actuelle** | | **PUSH** | | |
|---|---|---|---|---|
| | | **Sources d'insatisfaction** | | |
| **ANTI-PUSH** | **Sources de satisfaction** | | **Fort** | **Faible** |
| | | **Fort** | Ambivalent | Envie de rester |
| | | **Faible** | Envie de partir | Neutre |

| **Situation future** | | **PULL** | | |
|---|---|---|---|---|
| | | **Anticipations positives (avantages, gains...)** | | |
| **ANTI-PULL** | **Anticipations négatives (inconvénients, risques, craintes peurs...)** | | **Fort** | **Faible** |
| | | **Fort** | Ambivalent | Envie de rester |
| | | **Faible** | Envie de partir | Neutre |

| | | **Situation future** | | | |
|---|---|---|---|---|---|
| | | Envie de partir | Ambivalent | Neutre | Envie de rester |
| **Situation actuelle** | Envie de partir | Partir | Partir | Partir | Indécis |
| | Ambivalent | Partir | Indécis | Indécis | Rester |
| | Neutre | Partir | Indécis | Indécis | Rester |
| | Envie de rester | Indécis | Rester | Rester | Rester |

## 5.5 Situations d'indécision

L'un des intérêts de ce modèle est qu'il n'éclaire pas seulement les décisions de partir ou de rester, mais qu'il permet aussi de mieux repérer les configurations de situations qui aboutissent à de l'indécision. Le modèle montre même que ces situations d'indécision ont la plus forte probabilité d'apparaître. Il permet surtout de décrypter les sources de l'indécision. Provient-elle de craintes concernant la situation future ? ou d'aspects de la situation actuelle que l'on ne peut se résoudre à abandonner ? Vient-elle de conflits entre critères ? Ces conflits concernent-ils la situation actuelle ou la situation future ? Ou une mise en tension d'aspects appartenant aux deux ?

Cet éclairage des comportements d'indécision est particulièrement important pour qui veut saisir la complexité des conduites de prise de décision en situation d'incertitude.

Il permet également d'enrichir un système d'explication de l'indécision qui reposerait sur des caractéristiques propres à la personne (par exemple, une personnalité anxieuse ; Di Fabio et Kenny, 2011) ou un dysfonctionnement cognitif (Falardeau et Roy, 2006) pour considérer également les facteurs situationnels et la perception que la personne développe à leur égard.

L'indécision, concept familier en psychologie de l'orientation, n'est pas nécessairement perçue comme un défaut ou comme un problème à résoudre. En particulier depuis les travaux de Gelatt (1989), qui recommande « d'assumer positivement l'incertitude », ou encore ceux de Krumboltz (1992) consacrés à « la sagesse de l'indécision », nombreux sont les auteurs (Forner, 2001, 2007 ; Dosnon, 1996) qui soulignent son caractère adaptatif. « Le rythme des modifications qui affectent le monde serait maintenant devenu si rapide que (...) chacun doit réajuster constamment son information et donc ses projets et, pour s'adapter, ne prendre de décision que le plus tard possible. On pourrait dire que, dans un monde (ancien) stable et simple, l'indécision constituait un facteur d'inadaptation individuelle qui entravait la préparation à l'action (...). Dans un monde complexe et instable (...), l'indécision – parce qu'elle laisse la personne disponible aux changements – pourrait constituer un facteur d'adaptation » (Forner, 2007, p. 227). Il s'agirait alors d'une indécision stratégique amenant la personne à choisir de ne pas choisir.

Néanmoins, si l'indécision peut être transitoirement adaptative, à un moment donné la décision est nécessaire pour engager les changements. Le repérage précis des facteurs d'indécision en favorise le dépassement.

## 5.6 La place du parcours

À l'inverse, une limite de ce modèle est à regretter : il ne saisit pas le parcours antérieur à la situation actuelle. Bien sûr, cette dernière peut s'inscrire dans la dynamique du parcours et, indirectement, en témoigner. Cela reste cependant insuffisant. Nombre de motivations peuvent trouver leur ancrage dans des expériences antérieures à la situation actuelle. Le modèle pourrait donc être enrichi par un module d'examen du parcours professionnel et personnel pour dégager certains motifs pouvant jouer en frein ou en levier dans la gestion de la transition vers la retraite. Par exemple, le poste actuel peut être déficitaire en sources de reconnaissance mais que cela n'affecte pas la personne car elle en a eu beaucoup précédemment. L'inverse peut se concevoir également. Par ailleurs, si l'on considère ce qui est appelé « le sentiment du travail accompli » et qui peut faire que la personne se sente prête à mettre un terme à sa carrière, c'est bien dans l'examen du parcours que ce sentiment peut se construire et non dans le simple examen du dernier poste occupé.

## 6. Les critères pouvant être pris en compte dans une décision de retraite

Quel que soit le modèle retenu, les décisions de départ s'appuient sur des éléments qui caractérisent les situations individuelles. Identifier les éléments pertinents et comprendre comment ils sont pris en compte dans la décision est donc nécessaire.

Les enquêtes nationales et internationales ont pu montrer l'importance de différents registres de variables :

- **Aspects réglementaires :** éléments relatifs à la réglementation sur les retraites (âge légal, durée de cotisation, règles de calcul du montant des pensions, etc.).
- **Aspects financiers :** éléments relatifs aux moyens financiers dont la personne dispose et disposera à sa retraite (salaire, montant de la pension, charges, taux plein, surcote, etc.).
- **Aspects relatifs au travail** (intérêt perçu, conditions de travail, perspectives d'évolution, etc.).
- **Aspects relatifs à la santé** (état de santé pour travailler, handicap, besoin de temps pour prendre soin de soi, etc.).
- **Aspects relatifs à la famille** (être célibataire, retraite du conjoint, personnes à charge, existence de petits-enfants, etc.).
- **Aspects psychologiques personnels** (se sentir prêt à être retraité, rapport au statut social, etc.).

Une liste de critères plus complète est nécessaire pour alimenter un modèle du processus individuel de prise de décision. Nous proposons en annexe une liste de descripteurs de la situation actuelle (être en activité) et de la situation future anticipée (être à la retraite), structurée selon les 4 dimensions du modèle *Push, Pull, Anti-Push, Anti-Pull.*

## 6.1 Identification des facteurs Push et Anti-Push (situation actuelle)

Plusieurs auteurs rapprochent la volonté de départ à la retraite pour des salariés séniors à celle de quitter l'entreprise pour des salariés plus jeunes (Adams et Beehr, 1998 ; Amauger-Lattes *et al.*, 2007). Les deux situations renverraient à des mécanismes psychologiques proches (Adams et Beehr, 1998). Dans les deux situations, les facteurs qui pousseraient à partir seraient également largement similaires. L'identification des facteurs Push et Anti-Push pour la retraite bénéficie ainsi des connaissances acquises par les études sur le *turnover.* L'intention de quitter ou de rester est multifactorielle (Cotton et Tuttle, 1986). Les recherches en psychologie du travail et en sciences de gestion montrent que la satisfaction est un prédicteur significatif de la mobilité externe du personnel (Mobley, Griffeth, Hand et Meglino, 1979). Cependant, si la satisfaction peut être évaluée globalement, il est surtout intéressant d'en distinguer les dimensions (Spector, 1997), car un salarié peut avoir des ressentis distincts sur différents aspects de son travail.

Nous retiendrons trois registres de facteurs :

1) **facteurs liés au travail lui-même :** nature des tâches et activités (intérêt, pénibilité, variété, utilité perçue, degré de routine, le travail permet d'apprendre, etc.), conditions de travail (travail posté, horaires, jours fériés et vacances, ambiances de travail, intempéries, pressions du temps, déplacements, responsabilité, possibilité de télétravail, etc.), politiques managériales et organisationnelles (autonomie, reconnaissance, rémunération, confiance, respect, qualité des relations sociales de travail, stabilité *versus* précarité des collectifs de travail, reconnaissance, efficacité administrative, efficacité des fonctions supports, participation aux décisions, etc.), politiques RH (nature du contrat, sécurité de l'emploi, rémunération, accès à la formation, gestion de la diversité, etc.) ;
2) **facteurs personnels en lien avec le travail :** santé (santé compatible avec le travail, dégradée par le travail, besoin de temps pour prendre soin de sa santé, etc.), rapport au travail (accord avec les intérêts, accord

avec les valeurs, travail qui a du sens, source d'épanouissement, etc.), identité et reconnaissance sociale (statut professionnel valorisant, titre, sources de fierté, identification à la marque, image de l'entreprise, etc.), responsabilité perçue (envers l'organisation, envers les missions, envers les collègues et les collaborateurs, envers les installations, etc.), engagement, etc. ;

3) **équilibre entre vie professionnelle et vie personnelle :** préservation du temps personnel (durée du trajet domicile-travail, astreintes, etc.), compatibilité avec la vie familiale (conduites, gardes, jours fériés, vacances), compatibilité avec une vie sociale et des loisirs (amis, vie associative, activités de loisirs, etc.).

Les facteurs du premier registre sont moins sensibles à une variabilité d'appréciation selon les personnes que les deux autres. La pénibilité du travail ou les pratiques managériales délétères auront tendance à être perçues comme telles par tous les salariés concernés. En revanche, les variables des deux autres registres sont plus largement sensibles aux particularités et préférences individuelles. On ne pourra donc pas les apprécier dans l'absolu.

Pour ce qui est du départ à la retraite, une perception positive de ces différents facteurs incitera à rester (Anti-Push), alors qu'une perception négative de ces mêmes facteurs incitera à partir (Push). C'est donc la valence de ces facteurs qui sera déterminante.

Ainsi, par exemple, pour la dimension de l'équilibre entre vie personnelle et vie professionnelle, Kossek et Ozeki (1999), Greenhaus *et al.* (2003) ont montré que plus les conflits entre le temps de travail et le temps pour la famille étaient élevés, plus l'intention de quitter était présente. À l'inverse, Hayman (2005) a observé que les organisations qui développaient des stratégies pour faciliter l'organisation de la vie personnelle de leurs salariés parvenaient à mieux les fidéliser.

## 6.2 Identification des facteurs Pull et Anti-Pull (situation future)

Si la comparaison avec les intentions de mobilité externe pouvait convenir pour les facteurs Push et Anti-Push, l'identification des facteurs concernant l'anticipation de la situation future (Pull et Anti-Pull) ne peut passer par cette comparaison. La spécificité des situations futures (aller vers un autre emploi ou quitter le monde du travail) nécessite des études spécifiques.

Une première méthode d'identification des facteurs relatifs à la situation à venir consiste à prendre le contrepoint des sources de satisfaction et d'insatisfaction de la situation actuelle. Ce qui peut attirer dans la situation future (Pull) peut être simplement l'annulation des sources d'insatisfaction. Par exemple, avoir plus de temps pour sa famille ou pour ses loisirs si on en ressent le manque. De même, les craintes qui peuvent être associées à la nouvelle situation (Anti-Pull) peuvent être liées à la perte de ce qui constituait une satisfaction dans la situation actuelle. Par exemple, une peur d'isolement social alors que l'on apprécie la qualité des relations offertes par le travail, ou le fait de redouter la perte de son statut professionnel, dont on pouvait être fier.

Est-ce donc que les facteurs Pull et Anti-Pull ne seraient que le revers de la même pièce dont la face serait définie par les facteurs Push et Anti-Push ? La situation de retraite future ne serait-elle anticipée qu'à l'aune de la perception de la situation de travail actuelle ? Ce n'est à l'évidence pas le cas. D'une part, certains motifs d'insatisfaction, mais aussi de satisfaction de la vie actuelle, peuvent se retrouver à l'identique dans la vie future. Par exemple un manque de moyens financiers (insatisfaction), ou une intense vie sociale extraprofessionnelle (satisfaction). Il faudra donc repérer parmi les facteurs Push et Pull ceux qui sont impactés par le changement de situation et ceux qui ne le sont pas. D'autre part, d'autres facteurs entrent en jeu à l'évocation de la retraite. Il peut s'agir de projets nouveaux. Par exemple, en situation de travail, je peux habiter dans une ville qui me plaît, mais avoir pour la retraite le projet d'aller habiter dans une autre région ou un autre pays. Cela va apparaître comme un facteur Pull non articulé à l'appréciation de la situation actuelle.

La découverte de ces nouvelles variables passe par la réalisation d'études spécifiques. Dans cet esprit, Alaphilippe, Gana et Bailly (2001) ont questionné un échantillon de salariés âgés de 50 à 60 ans concernés par un projet de retraite, sur leurs principales craintes à propos de la retraite et sur leurs principaux espoirs (*Hopes and Worries Questionnaire*, ou Questionnaire de « craintes et d'espoirs ») emprunté à Nurmi *et al.* (1992).

Dans cette étude, les attentes positives (Pull), exprimées spontanément, sont plus nombreuses que les craintes. Elles concernent par ordre de fréquence d'évocation :

- la santé (86,7 % des sujets) : intensifier et diversifier les activités sportives, bien-être physique, prendre soin de soi, longévité, etc. ;
- les activités (84,7 %) : continuer les activités et en démarrer de nouvelles, apprendre, se cultiver, se distraire, etc. ;
- la famille (81,7 %) : s'occuper des petits-enfants pendant les vacances, prendre soin de sa vie de couple, etc. ;
- les relations : la vie sociale, les rencontres, être utile aux autres, etc. ;
- le temps : temps libre, prendre son temps, absence de contraintes horaires, etc. ;
- les voyages ;
- la liberté : gains en contrôle, absence de hiérarchie, plus de comptes à rendre, etc. ;
- des projets divers.

La somme de ces attentes dresse le portrait d'une vie idyllique qui est le versant attirant de la retraite.

Les craintes exprimées (Anti-Pull) concernent par ordre de fréquence d'évocation :

- la santé (44 % des sujets) : maladie, vieillesse, perte d'autonomie, perte de capacités physiques, etc. ;
- la famille (55,4 %) : vie de couple (vie continuelle à deux, perturber les habitudes du conjoint, perdre son indépendance), maladie ou perte du conjoint, faire face aux problèmes des enfants ou des ascendants, etc. ;
- la gestion du temps : pas le temps de tout faire, etc. ;
- les relations sociales (55 %) : crainte de la solitude, du manque de contacts, etc. ;
- l'ennui (35 %) : ennui, routine manque de projets, etc. ;
- les finances (20 %) : problèmes financiers.

Les auteurs constatent que les craintes et les espoirs apparaissent en grande partie sur les mêmes domaines. La situation d'incertitude liée au caractère hypothétique de la situation future peut l'expliquer. L'âge subjectif, en lien avec l'optimisme et le sentiment d'efficacité personnelle à réussir sa retraite, sera une variable modératrice à tester. Les auteurs constatent également que la fréquence et la nature des craintes et des espoirs varient selon la position hiérarchique des personnes interrogées : il ressort exemple

« la crainte d'une perte de pouvoir pour ceux qui occupaient des positions dominantes » et l'espoir « d'un gain en liberté pour ceux qui occupaient des positions subalternes ». « Ceux-là mêmes qui ont été les plus investis dans l'encadrement et les responsabilités sont aussi ceux dont on peut penser qu'ils seront les plus actifs à l'âge de la retraite ; ils manifestent donc logiquement et le plus d'espoirs et le plus de craintes. Pour ces personnes, l'enjeu s'avère le plus élevé en termes de perte de pouvoir mais aussi en termes d'investissement dans leur vie future. Réciproquement, ceux qui ont occupé des emplois subalternes, peu valorisants, qui ont été habitués à subir dans le cadre professionnel, ont moins à perdre et aussi moins d'espoirs. Le passage à la retraite n'est vécu que comme un aléa de la vie professionnelle qui suscite peu d'espérances dans un changement de vie et, en conséquence, peu de craintes » (Alaphilippe *et al.*, 2001, p. 38). Le rôle de la position sociale comme variable modératrice apparaît donc également.

D'autres études (par exemple, Christin et Colle, 2009 ; Christin et Peretti, 2005 ; Gana *et al.*, 2009 ; Bertrand et Hansez, 2010 et plus récemment Fouquereau, 2018, 2022) contribuent à identifier les dimensions permettant de comprendre les facteurs pouvant être impliqués dans la décision de départ à retraite. Nous proposons une liste de ces différents facteurs en annexe.

## Conclusion

La prise de décision de départ à la retraite est donc complexe, multidimensionnelle et à forts enjeux, et, bien qu'inscrite dans un cadre réglementaire, elle repose largement sur des choix individuels. Différents registres de critères sont impliqués, certains relevant du contexte réglementaire, d'autres de la situation factuelle dans laquelle se trouve la personne, d'autres de ses perceptions, représentations et attentes, et d'autres enfin de ses stratégies personnelles, de ses préférences, intérêts, valeurs et priorités de vie.

Dans cette situation, les perceptions et représentations jouent un rôle important, représentations de son histoire et de son parcours, perceptions de la situation actuelle et représentations anticipées de ce que pourrait être la situation future, et enfin représentations de soi, de ses besoins et de ses capacités d'action, dont l'âge subjectif est un indicateur.

Nous avons vu que de nombreuses enquêtes nationales et internationales tentaient, notamment pour guider les politiques publiques, de décrypter les comportements individuels et les mécanismes de cette transition vers la retraite en cherchant à identifier le poids respectif de différentes variables personnelles et situationnelles. Nous avons également vu que des théories et modèles du fonctionnement psychologique des individus avaient été proposés. Ces modèles ont une double utilité. Ils permettent d'une part de contribuer à éclairer les mécanismes de cette prise de décision ; ils offrent d'autre part un support méthodologique pour éclairer les individus sur les particularités de leur situation, soutenir leur réflexion et favoriser une décision éclairée et moins anxiogène. Le modèle des moteurs et freins en 4 dimensions *Push, Pull, Anti-Push, Anti-Pull* constitue à ce sujet un support fonctionnel et puissant d'aide individuelle au décryptage de sa propre situation.

Plusieurs supports existent. Fouquereau et coll. ont développé des outils d'évaluation validés pour faire une évaluation standardisée du profil de motivation à la retraite selon ce modèle. Par exemple, le WRMI *(Workers' Retirement Motivations Inventory)* de Fouquereau *et al.* (2018) est un questionnaire standardisé pour étudier les raisons qui sous-tendent la décision de prendre sa retraite.

Le RERDI *(Reasons for Entrepreneurs' Retirement Decision Inventory)* a été créé par Chevalier *et al.* (2013) spécifiquement pour un public d'entrepreneurs. Le ARDI *(Athletes Retirement Inventory)* a été construit par Fernandez *et al.* (2006) pour accompagner le départ à la retraite de sportifs professionnels.

Nous proposons en annexe de ce chapitre une liste de descripteurs possibles des situations actuelles et futures, permettant de soutenir la réflexion et d'aider à la prise de conscience de la configuration et de la pondération propres à chacun de ses critères et motifs au regard du départ à la retraite.

# Annexes

## Analyse de la situation actuelle au regard de l'emploi

Note : Ce support concerne les personnes qui sont en emploi où se réfèrent à un emploi. Il ne s'agit pas ici de calculer des scores mais d'analyser subjectivement la qualité et le poids de chaque critère de satisfaction dans sa vie actuelle en référence à l'emploi occupé.

| Perception de la situation actuelle | Évaluation de ma satisfaction | | |
|---|---|---|---|
| | Insatisfaisant | Neutre | Satisfaisant |
| **J'évalue ma satisfaction sur les points suivants :** | | | |
| | | | |
| **Mes tâches et activités professionnelles** | | | |
| Intérêt du travail | | | |
| Plaisir à réaliser les tâches principales | | | |
| Utilité perçue | | | |
| Variété des tâches et activités | | | |
| Quantité de tâches non désirées | | | |
| Pénibilité des tâches | | | |
| Efforts physiques | | | |
| Tâches Intellectuellement stimulantes | | | |
| Importance de la charge de travail | | | |
| Possibilité d'apprendre de nouvelles choses | | | |
| Occasions de contacts sociaux | | | |
| Responsabilités/ collègues et collaborateurs | | | |
| Responsabilités vis-à-vis des clients/ patients/usagers | | | |
| Responsabilités vis-à-vis du matériel | | | |
| | | | |
| ***Globalement mes tâches et activités professionnelles sont :*** | | | |
| **Mes conditions de travail** | | | |
| Qualité et confort du lieu de travail | | | |
| Horaires de travail/souplesse horaires | | | |
| Travailler le week end et jours fériés | | | |

| | | | |
|---|---|---|---|
| Des déplacements et voyages | | | |
| Durée et périodes des congés | | | |
| Qualité du collectif de travail | | | |
| Ambiance de travail | | | |
| Choisir son rythme de travail | | | |
| Visibilité sur la charge de travail | | | |
| Possibilité de s'organiser | | | |
| Travailler sous pression | | | |
| Devoir se dépêcher | | | |
| Exposition physique à des conditions difficiles (température, vibrations, bruits…) | | | |
| Possibilité de réaliser du travail bien fait | | | |
| Possibilité de voir le résultats de mon travail | | | |
| Exposition à l'agressivité des clients | | | |
| Possibilité de télétravail | | | |
| | | | |
| ***Globalement mes conditions de travail sont :*** | | | |
| **Les conditions managériales, organisationnelles et RH sont :** | | | |
| Ma rémunération | | | |
| Mes perspectives actuelles d'évolution | | | |
| Mon type de contrat de travail | | | |
| Ma sécurité de l'emploi | | | |
| Mon accès à la formation | | | |
| Qualité des relations avec la hiérarchie | | | |
| Qualité des relations avec les collègues | | | |
| Contrôle hiérarchique de mon travail | | | |
| Système d'évaluation de mon travail | | | |
| Je peux donner mon avis et être écouté | | | |
| Des services support efficaces | | | |
| Reconnaissance de mon travail | | | |
| L'organisation valorise mon travail | | | |
| L'organisation valorise mon expérience | | | |
| Place de l'humain | | | |
| Valeurs portées par la direction | | | |
| Gestion de la diversité | | | |
| Politique de réorganisation et restructuration | | | |

| | | | |
|---|---|---|---|
| Rythme des changements de méthode | | | |
| Politique de mobilité interne | | | |
| Responsabilité sociale de l'entreprise | | | |
| | | | |
| **Globalement les conditions managériales, organisationnelles et RH sont :** | | | |
| **2/ Aspects personnels en lien avec le travail :** | | | |
| État de santé compatible avec la poursuite de ce travail | | | |
| Ce travail dégrade ma santé | | | |
| Temps disponible pour prendre soin de ma santé | | | |
| Travail en accord avec mes domaines d'intérêts | | | |
| Travail qui a du sens pour moi | | | |
| Travail qui contribue à mon épanouissement | | | |
| Travail qui me permet de m'affirmer | | | |
| Travail qui me valorise socialement | | | |
| Conflits de valeurs avec mes activités | | | |
| Conflits de valeurs avec l'organisation | | | |
| Je me sens en responsabilité | | | |
| Je me sens engagé | | | |
| Fierté de travailler pour cette organisation | | | |
| Statut valorisant au sein de l'organisation | | | |
| Me donne une position sociale valorisante | | | |
| | | | |
| ***Globalement les aspects personnel en relation avec le travail sont :*** | | | |
| **3/ équilibre vie professionnelle et vie personnelle :** | | | |
| Trajet domicile-Travail (durée, coût, fatigue) | | | |
| Astreintes professionnelles, gardes… | | | |
| Temps disponible pour le repos (sommeil, détente, vacances…) | | | |
| Temps disponible pour la famille (soirées, we, vacances…) | | | |
| Temps disponible pour des loisirs (lecture, sports, art…) | | | |

| | | | |
|---|---|---|---|
| Temps disponible pour la vie sociale (amis, clubs, engagements collectifs…) | | | |
| Temps disponible pour le ressourcement spirituel (méditation, lecture, partage…) | | | |
| | | | |
| ***Globalement l'équilibre de ma vie personnelle et professionnelle est :*** | | | |

| Exemples de verbatims caractéristiques de freins et leviers dans la décision de prendre sa retraite | | | |
|---|---|---|---|
| Situation actuelle | | | |
| **Push** | **Eléments de la situation actuelle qui me poussent à vouloir partir** | **Anti-push** | **Eléments de la situation actuelle qui m'invitent à vouloir rester** |
| | | | |
| | Je trouve peu d'intérêt à mon travail actuel | | Je trouve toujours mon travail passionnant |
| | Mon secteur d'activité est en déclin | | Je vois bien l'utilité de mon travail |
| | J'ai fait le tour de mon poste et je n'apprends plus rien | | J'apprécie la variété de mes activités, je ne m'ennuie jamais |
| | A mon âge, je n'ai plus de perspectives d'évolution | | Je m'occupe de projets créatifs et stimulants |
| | Faire mon travail me fatigue de plus en plus | | J'ai des responsabilités managériales et j'aime ça |
| | Je ne supporte plus de travailler sous pression | | Je sais que je peux compter sur mes collègues |
| | Je ne supporte plus l'agressivité des clients | | L'ambiance de travail est très sympathique |
| | Je me force pour me lever le matin et aller travailler | | J'ai la chance de pouvoir choisir mes horaires de travail |
| | La qualité du travail s'est dégradée. Je n'arrive plus à être fier de mon travail | | Je peux faire du télétravail et ça me donne beaucoup de souplesse d'organisation |
| | Les relations avec ma hiérarchie sont désagréable | | J'ai un statut professionnel enviable |
| | Je n'en peut plus d'être en permanence contrôlé et évalué | | Mon entreprise s'engage pour le climat et cela me plait |
| | Mon entreprise ne pense qu'à la performance et au profit | | Mon entreprise est inclusive et j'en suis fier |
| | Je ne vois aucune utilité à mon travail | | Je suis reconnu(e) pour mon expertise et valorisé pour mon ancienneté |
| | Je n'ai pas assez de temps pour m'occuper de ma santé | | Ma rémunération est satisfaisante et mon investissement est récompensé |

| | | | |
|---|---|---|---|
| | Je n'ai pas assez de temps pour être avec ma famille | | Mon travail me donne l'occasion de voyager |
| | Je ne vois pas grandir mes petits enfants | | Mon entreprise a un bon comité d'entreprise et nous donne des avantages |
| | Personne n'est intéressé par mon expérience | | La marque de mon organisation est prestigieuse. Elle a une bonne image. |
| | On me demande de faire des choses contraires à mes valeurs | | Je suis fier de parler de mon travail à l'extérieur |
| | Je ne support plus de prendre les transports matin et soir pour aller travailler | | Avec mes collègues, ont se voit souvent en dehors du travail |
| | J'ai l'impression que ma direction sera contente quand je partirai | | Ma fonction me donne accès à beaucoup d'avantages |
| **Situation future anticipée (Retraite)** | | | |
| **Pull** | **Éléments de la situation future anticipée qui m'attirent** | **Anti-pull** | **Éléments de la situation future anticipée qui me font peur** |
| | Faire du sport et prendre soin de ma santé physique devient un besoin urgent | | Je crains de ne pas avoir assez de revenus pour vivre décemment |
| | J'ai des amis à la retraite qui m'invitent à partager leurs activités | | Avoir tout ce temps libre me fait peur. Je crains de m'ennuyer |
| | J'aurai enfin du temps pour les hobbies qui me passionnent | | Avoir du temps mais pas d'argent, mieux vaut rester occupé ! |
| | J'ai un grand besoin de souffler et me détendre | | Être retraité c'est devenir inutile |
| | J'ai beaucoup d'idées et de projets pour ma retraite | | J'ai peur de me sentir déprimé |
| | Mon conjoint est déjà en retraite | | Tous mes amis actuels viennent de mon travail. Je crains de les perdre |
| | Je serai très heureux(se) d'aller voir mes enfants et petits enfants | | Je crains pour moi et mon conjoint de vieillir et de devenir malade |
| | Je pourrai enfin faire des voyages | | Perdre le rythme et la stimulation du travail me fait peur |

| | | | |
|---|---|---|---|
| | Je pourrai m'investir dans des activités humanitaires | | Ca m'angoisse de penser à la fin de ma vie |
| | Je pourrai faire des projets en accord avec mes valeurs | | Je crains qu'à la retraite ce soit pareil : je n'aurais toujours pas le temps de tout faire |
| | Je n'aurai plus de comptes à rendre. Quel soulagement ! | | J'ai peur de ne plus être socialement reconnu |
| | Je déménagerai pour aller dans un endroit où il y a le soleil et la mer | | J'aurais honte d'avouer que je suis à la retraite |
| | J'aurai enfin le temps de bricoler et jardiner comme j'aime faire | | Être toute la journée à la maison avec mon conjoint sera difficile. |
| | J'ai toujours voulu apprendre un autre langue | | Je crains que la retraite fragilise notre couple. On va perdre l'équilibre actuel |
| | Je pourrai enfin aller voir des expositions | | J'aurais l'impression d'être mis sur la touche et de regarder les autres être actifs |
| | J'ai le projet d'écrire un livre qui me tiens à cœur depuis longtemps | | Prendre ma retraite c'est rentrer dans la dernière phase de ma vie. Ca me fait peur |
| | J'attend ma retraite pour m'acheter un bateau | | Toute ma vie j'ai travaillé, Je ne sais que travailler.<br>Cela m'angoisse de devoir arrêter |
| | J'aimerais faire partie du conseil municipal de ma commune | | Je me sens comme devant un précipice |
| | Pouvoir faire enfin tout ce que je n'ai pas eu le temps de faire jusqu'à présent ! | | Tout le monde te demande de l'aide en pensant que tu as beaucoup de temps libre. Je préfère travailler |
| | Je pourrai avoir du temps pour mieux prendre soin de ma vie de couple | | J'ai du mal à assumer d'être à la retraite vis à vis de mes enfants qui n'en auront peut-être pas |

# Chapitre 13

# Aux avant-postes de la société à cinq générations[1]

1. Par **Christian Heslon**, **Even Loarer** et **Jean-Luc Bernaud**.

# Sommaire

Et si les retraités de 2025 étaient les pionniers de la société à cinq générations qui sera la nôtre à l'horizon 2050 ? Autrement dit, comment cesser de penser la retraite comme une dernière étape avant la vieillesse, et la voir une modalité de vie accessible à différents âges, avec la possibilité éventuelle de reprendre un travail après quelques années de répit, ou d'y suivre des formations et d'y mener des apprentissages, dans l'esprit de la « Pluriactivité à tout âge » de Xavier Gaullier (1995) ? Car, nos sociétés fonctionnent toujours avec la représentation, pourtant révolue, selon laquelle la vie se répartirait en trois temps successifs : l'école ou la formation initiale qui s'est considérablement allongée jusque vers 20 à 25 ans ; le travail ensuite, conçu comme un bloc homogène alors qu'il est fréquemment interrompu par des périodes de formation, de recherche d'emploi, de congés voire de périodes sabbatiques – quand les étudiants sont de plus en plus désireux d'années de césure ; la retraite enfin, dont les douze chapitres qui précèdent viennent pourtant de montrer la variété, l'hétérogénéité, la diversité.

Cette représentation repose encore sur la centralité du travail : l'école et la formation initiale y préparent, la longue retraite en serait la récompense méritée. Notons au passage que si les 40 à 45 ans de travail requis pour accéder à cette récompense méritée représentent la moitié de la vie en durée brute, ils comptent pour beaucoup moins en réalité. En effet, durant ces 40 à 45 ans on ne travaille ni tous les jours, ni 16 heures par jour – durée de vie éveillée sur 24 heures. Au final, le temps directement consacré au travail, défini comme une activité source de rémunération, ne représente guère que 20 % de la vie totale éveillée. Or nous assistons à la fois à l'éclatement de cette centralité du travail (Heslon, 2021) et à l'accroissement du nombre des générations qui coexistent dans une même population. Le modèle « école-travail-retraite » relayait l'idée de trois générations (une qui apprend, une autre qui travaille et une dernière qui se retire), là où aujourd'hui, ce sont souvent quatre générations qui composent les familles : arrière-grands-parents, grands-parents, parents, enfants. Et, dans la société à cinq générations qui se profile, de moins en moins rares seront ceux qui pourront dire : « Mon petit-fils (ou ma petite-fille) vient d'être grand-père (ou grand-mère) ! »

## 1. En finir avec l'âge de la retraite

Cette révolution en marche amènera nécessairement à recycler l'idée même de retraite et, pour commencer, à cesser de raisonner uniquement en termes d'âge chronologique et de durée de cotisations, mais aussi en termes d'âge subjectif, dont plusieurs chapitres de ce livre illustrent l'importance déterminante, et d'espérance de vie sans incapacité restante. Car une retraite juste, est-ce celle où tout le monde cotise pendant la même durée, ou bien celle où tout le monde peut compter sur la même durée de retraite en bonne santé ? Les statistiques permettent en effet d'estimer assez finement l'espérance de vie sans incapacité à 55, 60, 65 ou 70 ans, selon le genre, la catégorie socioprofessionnelle, le niveau de diplôme, la situation socio-économique, l'état de santé, etc. Ces données pourraient aisément venir pondérer les calculs actuels en durée de cotisations, comme c'est au fond déjà le cas en ce qui concerne les carrières dites « longues » ou la prise en compte de la « pénibilité » du travail.

Quant aux pays qui ont opté pour la retraite « par points », l'espérance de vie sans incapacité pourrait également pondérer ce système, en ajoutant des points lorsque l'appartenance à une catégorie socioprofessionnelle dont cette espérance de vie est plus courte. Nous n'ignorons pas qu'une telle suggestion nécessitera de longues années, voire des décennies, avant de cheminer dans les esprits pour peu à peu peser dans les débats et les négociations entre gouvernants, parlementaires et partenaires sociaux. Quant à l'âge subjectif et au *self-calendar*, les intégrer dans la formalisation des critères requis pour faire valoir ses droits à sa retraite exige d'assouplir et de personnaliser les reconstitutions de carrière au profit d'une relecture de vie subjective et d'aides individualisées à la décision du départ à la retraite.

## 2. Alterner activité, formation et répit tout au long de la vie longue

On l'aura compris, la société à cinq générations qui s'annonce interroge non seulement la succession des trois étapes école-travail-retraite, mais encore la nature même de ces étapes. L'école pour commencer. Les échecs répétés de ses tentatives de réforme depuis plusieurs décennies auraient de longue date dû amener nos sociétés à en faire évoluer le paradigme.

C'est d'ailleurs déjà semble-t-il le cas dans différents pays de l'OCDE, parmi lesquels la Finlande et la Scandinavie sont régulièrement citées en exemple, notamment au regard des évaluations PISA. Le sujet est évidemment trop vaste et complexe pour être abordé en quelques lignes dans un ouvrage qui regarde l'autre bout de la vie, à savoir la retraite des séniors !

Cependant, repenser l'école au prisme de l'ensemble des âges de la vie viserait à renforcer sa fonction initiatique tout en la concentrant sur la formation initiale. Il s'agirait alors de rompre avec l'allongement exponentiel des études des quatre dernières décennies, depuis les classes maternelles jusqu'au Baccalauréat, puis jusqu'à la Licence, puis jusqu'au Master, pour en revenir à une scolarité de départ dans la vie, jusque vers 16 ou 18 ans, suivie d'une entrée facilitée dans une première activité (emploi encadré, césure accompagnée, service civique, projets tutorés ou années de pure liberté – *woofing*, voyages, militance, etc.). Les lois « Orientation Réussite Étudiant » (ORE) du 8 mars 2018 et « Pour la liberté de choisir son avenir professionnel » du 5 septembre 2018 vont déjà en ce sens. L'accrochage certificateur des compétences, d'ores et déjà opérationnel, se substituerait alors au diplôme ou, du moins, il serait intégré à des dispositifs de validation d'acquis tout au long de la carrière, permettant de renouer avec les études à 20, 25 ou 30 ans – voire plus tard, puisque la vie est plus longue et que devenir psychologue, avocat, architecte ou médecin à 35 ans, au lieu de 25 ans sans jamais avoir quitté les bancs de l'école, serait plutôt un gage de maturité et de compétences expérientielles. À l'inverse, quitter tôt l'école pour se lancer à 20 ans dans une aventure *free-lance* ou entrepreneuriale pourrait s'avérer une excellente forme de vie, qui n'empêcherait pas de se tourner vers une nouvelle carrière et/ou un retour aux études et au diplôme à 45 ou 50 ans, voire au cours de ladite « retraite », à 60 ou 65 ans.

De même concernant le travail. Pourquoi ne pas admettre et faire en sorte de travailler plus tôt, dès 16, 18 ou 20 ans mais aussi plus tard, jusqu'à 70 ans et plus si l'on en a l'envie, l'énergie et le talent ou bien, au contraire, de « lever le pied » à partir de 45 ou 50 ans parce qu'on en a les moyens et/ou parce que ledit travail nous a usés ? De même qu'il faut faire changer l'école de paradigme, il conviendrait de substituer à la notion de « travail », en tant qu'activité régulière source de revenus assurés et de protection sociale, celle d'« activité », plus vaste et plus exacte, prenant en compte l'ensemble des choses que l'on fait au cours de sa carrière de vie : activité professionnelle certes, mais aussi activités parentales, familiales, domestiques, sportives, de loisirs, de recherche d'emploi, d'étudiant, d'aidant familial ou conjugal, etc. Pourquoi donc ne pas considérer lucidement le travail comme une forme d'activité parmi d'autres, parmi toutes ces autres formes d'activité qui composent nos vies ? Car, même lorsque l'on ne « travaille » pas, on n'est pas pour autant inactif. Et ce, également, lors de la période de la retraite !

C'est pourquoi Pierre-Henri Tavoillot (2023) suggère de substituer au terme de « retraite » celui de « répit ». En prolongeant la réflexion, on pourrait envisager que les périodes dites de répit jalonnent toute l'existence, en alternance ou en complémentarité avec les autres périodes, d'activité et/ou de formation. Certes, avec l'avancée en âge, ces répits seraient plus durables et étendus, là où ils seraient courts aux débuts de la vie adulte, un peu plus long ensuite. Le système dit de « retraite progressive » rend de fait déjà possible cet alliage de répit et d'activité rémunérée, de même que les temps de formation pris sur le Compte Personnel de Formation (CPF) peuvent permettre de combiner la formation pendant le temps libre et celle pendant le temps de travail. Aussi, pourquoi ne pas imaginer que les temps sans emploi soient considérés comme du répit, le temps de mûrir un nouveau projet et une nouvelle orientation de sa vie active ? Certes, cette conception vient heurter l'idée de conditionnalité des revenus sociaux, à propos de laquelle le débat doit rester ouvert. C'est toute la question du revenu d'existence, ou universel, ou de subsistance, qui est ainsi posée : ses partisans avancent que son inconditionnalité ne créerait pas une population d'assistés mais, au contraire, qu'elle libérerait la créativité et l'engagement de ses bénéficiaires. À l'opposé, ceux qui sont attachés à la « valeur travail » défendent la nécessité de suspendre tout revenu à une activité repérée, ne serait-ce que celle qui consiste à rechercher un emploi. Un élément supplémentaire doit néanmoins être versé à la réflexion : n'assistons-nous pas à la raréfaction du travail ou, du moins, à celle d'emplois automatisables ? Plus largement, dans la société à cinq générations, seules deux ou trois d'entre elles connaîtront le travail en tant qu'emploi, avec souvent des périodes de transition, de formation, de réorientation : il faudra bien cependant répartir les richesses entre toutes ces générations. Enfin, d'autres pistes sont explorées par les économistes et les politiques, tel le capital d'entrée dans la vie, donné ou prêté à tout jeune majeur, de même que la réflexion sur les vases communicants des financements vieillesse, retraite, Sécurité sociale et chômage – car l'élévation de l'âge du départ à la retraite provoque certes des économies pour les caisses de retraite, mais aussi souvent des dépenses supplémentaires pour France Travail ou pour l'Assurance maladie… En tout cas, ces diverses innovations sociales prendraient enfin acte de la nouvelle politique des âges qui s'impose déjà et qui s'imposera toujours davantage.

## 3. Penser les nouvelles dynamiques conjugales et familiales

Sans reprendre dans le détail l'ensemble des mutations conjugales et familiales qu'opère l'entrée dans la retraite, il n'est pas inutile d'ajouter que les retraités, ou plutôt les « personnes en répit », en sont déjà devenus les acteurs majeurs. Rappelons-en les principaux aspects :

- **La dynamique de couple** qui oscille entre renouvellement, poursuite et parfois, malheureusement, ennui, mériterait sans doute d'être étudiée et accompagnée dans le détail, car l'étape de la retraite redistribue les habitudes de vie, interroge la sexualité, sollicite l'entraide entre les conjoints et interroge les liens d'attachement, notamment lorsque le couple qui prend sa retraite n'est pas le couple parental vécu avec la mère ou le père de ses enfants. Sans oublier que vient nécessairement le moment où, après deux décennies et plus de vie conjugale, survient le veuvage et son deuil douloureux. La société à cinq générations amplifiera ces phénomènes, dans un contexte où de plus en plus de femmes et d'hommes vont pouvoir vivre une vie conjugale, amoureuse et sexuelle allant de la fin de l'adolescence jusqu'à 85 ans et plus – ce qui n'était tout simplement jamais arrivé dans l'histoire de l'humanité !
- **La fonction d'aidant des retraités** s'exerce à vrai dire dans deux directions : envers les enfants et petits-enfants, pour lesquels on parlera plutôt de « soutien », envers les ascendants, parents ou beaux-parents devenus âgés et, souvent, dépendants. On peut s'attendre à ce que cette fonction s'étende à de nouveaux âges, quand des retraités auront à s'occuper de leurs propres... grands-parents. Il s'agit déjà, il s'agira bientôt plus encore d'intégrer la fonction d'aidants en tant qu'activité normale, en tout cas peu évitable, de la plupart des retraités. S'y préparer, s'y former, être soutenu et relayé dans cette fonction devrait désormais faire partie de toute politique de gestion des âges.
- **La redistribution des rapports générationnels** qu'impliquent les deux âges de la retraite, à savoir les séniors avançant en âge et les âgés vieillissants, est, elle aussi, déjà en route. D'un point de vue sociétal,

elle nécessite une redistribution des richesses entre jeunes adultes de plus en plus précaires et retraités souvent plus aisés – quand bien même nos sociétés connaissent encore trop de retraités pauvres. D'un point de vue familial, la question centrale est celle de la circulation et de la transmission des héritages : ira-t-on vers un saut générationnel où ce ne seront plus les enfants qui hériteront de leurs parents, mais les petits-enfants de leurs grands-parents ? En effet, hériter à 60 ou à 70 ans semble bien tardif pour consolider son entrée dans la vie !

- **La redoutable question de la « mort choisie »** enfin se pose, de manière cruciale, à l'âge de la retraite. D'abord parce que la survie dépendante de leurs parents confronte bon nombre de retraités à des dilemmes éthiques vis-à-vis desquels ils sont désarmés, ou bien au cœur de vives discordes au sein de leur fratrie. De plus, la même question reviendra à deux décennies d'intervalles, à propos cette fois du conjoint et, au final à propos de soi-même. C'est l'exercice de la liberté responsable face à sa propre vie qui peut prédominer dans les débuts de la retraite, pour peu que les processus d'adaptation et de transformation décrits dans ce livre se soient réalisés. C'est la question insoluble de l'exercice responsable de sa propre mort qui apparaît avec les premiers signes du vieillissement…

## 4. Choisir sa voie et se construire tout au long de sa vie : de nouvelles perspectives pour la retraite ?

L'allongement de l'espérance de vie et la diversité des activités et des modes de vie possibles jusqu'à des âges avancés ouvrent la voie à de nouvelles perspectives qui placent les choix individuels que la personne peut être amenée à faire au cœur de la problématique de la retraite.

Ces perspectives peuvent s'inscrire dans les approches de l'orientation tout au long de la vie en en constituant un étage supplémentaire, qui ne se limite pas à la gestion de la transition vers la retraite, mais concerne également les choix opérés dans les activités et les modes de vie, tant que des marges de manœuvre existent pour la personne.

Au cours de dernières décennies, les conceptions de l'orientation ont beaucoup évolué, en lien avec les transformations de l'économie et de la société. Elle est passée d'un processus ponctuel et initial qui ne concernait que les choix de formation et de métiers, à un processus continu qui concerne l'ensemble des sphères de vie d'une personne.

L'orientation s'est ainsi à la fois déployée verticalement pour atteindre les différentes périodes de vie et ne pas se limiter au choix initial opéré par les jeunes au début de leur vie professionnelle, et horizontalement pour atteindre, au-delà des sujets relatifs à l'école et au travail, les différentes questions qu'une personne peut être amenée à se poser pour construire et réussir sa vie. Elle est devenue ce qui permet de « dessiner sa vie » (Savickas *et al.*, 2009).

La période qui s'ouvre avec la retraite est devenue un espace privilégié où vont pouvoir se déployer les problématiques et processus déjà présents précédemment mais qui vont s'exprimer dans des configurations partiellement différentes car les enjeux ne sont plus tout à fait les mêmes. Si la retraite est définie comme un espace de liberté, car non soumis aux contraintes du travail, les choix individuels sont-ils pour autant plus facilement sources d'épanouissement et de réalisation de soi ?

Une première évidence vient contredire le postulat de l'affranchissement de la retraite des marques et contraintes du travail. Si le temps consacré au travail a bien été libéré, le travail en sa qualité de marqueur identitaire et dans sa fonction de trieur social n'a pas pour autant disparu. Il fournit les traces sur lesquelles s'organise la retraite. Voies desquelles il est difficile de s'écarter. Les conditions financières, statutaires, sociales de la retraite dépendent avant tout de la vie professionnelle passée. Nombre de retraités se présentent ainsi dans leurs relations sociales en évoquant leur statut professionnel passé. Même retraités, ils continuent largement à se sentir appartenir à la catégorie sociale de leur position professionnelle antérieure. Et même si les liens sociaux se sont estompés et s'ils ne sont plus entourés et soutenus par les collectifs de travail, les représentations, la communication, la culture de référence demeurent, dans leurs dimensions identitaires largement référés au passé professionnel.

De fait, comme nous l'avons rappelé au premier chapitre, la position de retraité perpétue, voire augmente, les inégalités sociales. La population des retraités ne doit donc pas être écartée des réflexions sur la problématique de l'égalité des chances. Pourquoi cette question serait-elle moins légitime que pour les actifs ? Au nom de l'égalité des chances tout au long de la vie, le lien mécanique entre les conditions de retraite et le niveau de salaire précédent, largement reflet du parcours scolaire et professionnel, mériterait d'être contesté.

La marque du travail se manifeste également à travers sa place, son importance et sa centralité durant la vie active. Plusieurs contributions de cet ouvrage ont souligné les risques d'une retraite mal vécue après une vie professionnelle qui ne laisse pas suffisamment d'espace aux loisirs et ne permet pas à la personne, une fois retraitée, de disposer d'alternatives en termes d'activités et de centres d'intérêt. Pour autant, cette centralité parfois trop exclusive du travail ne peut être uniquement considérée comme un choix personnel, voire, dans certaines théories, comme un trait de personnalité. C'est également, à l'évidence, une réponse adaptative, parmi d'autres, à l'intensification du travail et de la compétition professionnelle qui marquent les évolutions contemporaines du travail. Si la liberté de choisir ses activités et ses modes de vie à la retraite dépend bien, en partie, des moyens financiers et des réseaux sociaux dont la personne dispose, une véritable éducation des choix mériterait d'être proposée. L'analogie avec la maturité à opérer des choix éclairés et pertinents en matière d'orientation pour les jeunes et les adultes apparaît ici pertinente au regard des choix d'activités. Ceux-ci, tout comme ceux réalisés initialement en lien avec la formation et le travail, impliquent également, comme l'on décrit plusieurs chapitres de cet ouvrage, des enjeux sociaux et identitaires.

La question de l'accompagnement à la retraite, l'un des fils rouges de cet ouvrage, présente également de fortes analogies avec l'accompagnement à l'orientation, à l'insertion, à la carrière. Le contraste est pourtant saisissant entre le foisonnement d'offres de prestation de services en tous genres pour les jeunes et les adultes, de conseil, d'accompagnement, de coaching, etc., et la pauvreté de celles accessibles aux retraités. Ne nous trompons pas. Nous ne parlons pas ici des préparations à la retraite qui, ici ou là, dans certaines entreprises ou collectivités, fournissent aux personnes qui la suivent quelques renseignements sur les aspects juridiques, pratiques, financiers ou relatifs à la santé, associés à ce nouveau statut. Nous évoquons l'accompagnement psychologique d'aide à la gestion psychique de la transition, l'accompagnement tout au long du parcours de la construction identitaire, de la construction du sens, du développement des « compétences à s'orienter dans sa retraite ».

En matière d'aide à l'orientation et d'accompagnement de carrière, de nombreuses méthodologies existent, notamment dans une perspective constructiviste de développement des compétences et de l'autonomie. Ces approches constituent des sources d'inspiration utiles pour les problématiques rencontrées par les personnes à la retraite. Le premier principe à retenir à ce sujet est sans doute celui qui consiste à ne pas considérer l'autonomie des individus comme un point de départ, voire un préalable à toute chose, avec son corollaire de responsabilisation individuelle (voire de culpabilisation), mais de le voir comme le but poursuivi, et possiblement comme le fruit d'une démarche éducative et d'un parcours d'accompagnement réussi. En matière d'accompagnement, le maillon de l'entreprise, très présent aux étapes de vie précédentes, n'est plus là. Le substitut est difficile à identifier. L'offre est encore peu fournie (malgré quelques témoignages dans cet ouvrage) et l'on peut penser (et espérer) qu'elle se densifiera et se professionnalisera dans les années à venir. Cela constitue à nos yeux l'un des axes majeurs de l'amélioration des situations de retraite vécues par les personnes concernées.

## 5. Essence et sens de la retraite

Dans ses célèbres *Essais*, Montaigne (1588) écrit :

> Je ne peins pas l'être. Je peins le passage : non un passage d'âge en autre, ou, comme dit le peuple, de sept en sept ans, mais de jour en jour, de minute en minute (...). Si mon âme pouvait prendre pied, je ne m'essaierais pas, je me résoudrais ; elle est toujours en apprentissage et en épreuve.



Ces mots, vieux de plus de 430 ans, éclairent encore notre actualité faite de passages non pas nets ou mesurés, mais fluides et incessants. Ainsi, parler d'âge de la retraite, c'est comme vouloir couper avec des ciseaux la flamme du feu de bois ou le fil de l'eau qui coule de la fontaine. De plus, Montaigne constitue une sorte de prototype du retraité d'aujourd'hui. Il se retire en effet de la *vita activa* au profit de la *vita contemplativa* à l'âge de 38 ans. Il interrompra cette retraite pour devenir maire de Bordeaux entre 48 et 52 ans, avant de mourir à l'âge de 59 ans. Une longue retraite finalement, de 20 ans, soit un tiers de sa vie, soit aussi la moyenne actuelle des durées de retraite en France, entre 20 et 25 ans qui, en revanche, ne représentent désormais qu'un quart de nos espérances de vie à la naissance...

Un demi-siècle s'est écoulé depuis qu'Anne-Marie Guillemard a publié « La retraite : une mort sociale » (1972). Et les choses ont totalement changé depuis lors. En effet, à l'époque, la retraite à 65 ans laissait au mieux 10 à 15 ans d'espérance de vie, alors qu'aujourd'hui la retraite entre 62 et 64 ans laisse souvent le double d'années de vie encore à venir, sans compter les nombreuses cessations d'activité professionnelle de fait, dès 55 ou 58 ans. Certes, l'espérance de vie avec incapacité a entretemps augmenté légèrement plus vite que l'espérance de vie totale, exposant de plus en plus d'entre nous au risque de finir ses jours avec une dépendance ou une situation de handicap durant 1, 2, 3, voire 5 ans, selon le degré de pessimisme ou d'optimisme des statistiques prises en compte. Il n'empêche. Si la retraite aujourd'hui signifie la fin du travail en tant qu'activité source de rémunération, elle se trouve désormais de plus en plus éloignée des perspectives de fin de vie.

Néanmoins, l'heure de la retraite n'en persiste pas moins à sonner le glas sinon de la vie, du moins d'un temps de la vie adulte au cours duquel chacun s'éprouve comme actif, reconnu, responsable et autonome. Chacun de ces termes mériterait son analyse critique, esquissée au premier chapitre, d'autant qu'une grande nouveauté s'est produite au cours des dernières décennies. Cette nouveauté résulte du fait que les retraités sont devenus, pour beaucoup, très actifs, voire hyperactifs, dans de nombreux domaines : bénévolat associatif caritatif, culturel ou sportif ; assemblées d'élus ; conseils d'administration ; porteurs d'initiatives locales ; réseaux d'entraide ; activités hédoniques de loisirs (voyages, chemins de Compostelle, etc.) ; multiples activités eudémoniques (généalogie, développement personnel, médiation, créativité, sport). Il n'en reste pas moins que la retraite demeure l'ultime étape de la vie qui, aussi longue et occupée soit-elle, se conclura par la mort. Et on connaîtra souvent son heure de « mort sociale » non plus à 60 ou à 65 ans, mais vers 85 ou 90 ans. Ainsi l'hyperactivité de maints retraités comporte-t-elle sa part d'angoisse existentielle et de peur du vide.

Quels sens prend alors ladite retraite, dans la tension entre une vie professionnelle qu'elle clôt et le dernier temps de la vie qu'elle ouvre ? Mais aussi, quels sens donne-t-elle, rétrospectivement, à l'existence qui l'a précédée et, prospectivement, à l'ultime suite qui s'annonce ? C'est ainsi que les sens donnés, ou pris, par la retraite en ce moment charnière de l'existence renvoient à la dialectique entre « essence » et « existence ». On le sait, l'existentialisme veut que l'existence des sujets humains précède l'essence, au contraire de l'essentialisme applicable, selon Sartre (1943), aux seuls objets : « L'homme existe d'abord, se rencontre, surgit dans le monde, et [...] se définit après [...]. L'homme n'est rien, il ne sera qu'ensuite, et il sera tel qu'il se sera fait. Ainsi, il n'y a pas de nature, puisqu'il n'y a pas de Dieu pour la concevoir. » C'est en ce sens que la retraite constitue, sinon l'occasion de se révéler à soi-même, du moins l'une des rares opportunités de se rencontrer tel que l'on s'est fait, pendant sa carrière de travail et donc, également, au travers de sa vie amoureuse, conjugale et familiale. La ponctuation que la retraite opère dans le cours d'une existence en fait alors rejaillir les sens et l'essence, puisqu'elle confronte chacun à ce qui, pour lui, est « essentiel » : ai-je habité ma vie ? Puis-je encore le faire ? Voilà les deux questions qui s'imposent à l'apprenti-retraité.

## 5.1 Sens et finitude

À la fin d'un amour, devant la fin de vie d'un être cher ou lors de la fin d'une période professionnelle ou familiale, chacun a pu éprouver les liens étroits qui unissent sens et finitude. Surgissent alors spontanément toute une série de questions sur le sens à conférer à cette période qui s'achève, durant laquelle les choses semblaient « aller de soi ». C'est d'ailleurs lorsque les choses cessent d'aller de soi qu'apparaissent les premières questions relatives au sens de ce que nous vivons ou faisons. La fin du travail de la « première retraite », de même que l'approche de la fin de la vie lors de la « seconde retraite », n'empêchent certes pas les renaissances et les rajeunissements : nouvelles activités pourvoyeuses de sens ; retour d'amours anciennes, à l'instar des vocations de jeunesse autrefois réfrénées ; reconquête du temps choisi, consacré à des réalisations désormais porteuses de sens. Mais ces renaissances elles-mêmes relèvent de la finitude : soit qu'elles la conjurent, soit qu'elles visent un accomplissement face à l'approche du terme. Encore faut-il distinguer finitude et mort. Plus exactement, finitude de l'être et finitude du corps – seule façon de laisser entière la question de l'immortalité de l'âme ou de l'esprit, qui fait toujours débat depuis 2 500 ans de philosophie occidentale, entre Hegel, Heidegger, Freud ou Sartre d'un côté, Platon, Spinoza, Descartes ou Kant de l'autre.

Or, ce qui caractérise la retraite, c'est la fin d'une période de vie qui ouvre sur une nouvelle, la dernière dont on puisse être sûr. Double finitude en quelque sorte, dont la première présente, annonce la suivante, à venir. Les liens entre « fin » et « sens » sont alors de deux ordres :

- si la « fin » signifie la finalité, comme dans l'expression « la fin justifie les moyens », cette fin désigne en elle-même une orientation prise ou un but recherché, c'est-à-dire un sens directionnel poursuivi ou, pourrait-on dire, un « sens prospectif » vers lequel se tournent nos efforts, nos stratégies ou nos espérances. La retraite est ici posée comme un but à atteindre ;
- mais si la « fin » désigne un terme ou un arrêt, alors elle renvoie à un autre sens, récapitulatif cette fois, autrement dit un « sens de signification rétrospective ». Outre que l'on retrouve ici la tension entre les deux horizons prospectif et rétrospectif d'Husserl (1928), notamment prolongés en psychologie par Mario Berta et Jean Sutter (1999) avec leur « clinique de l'anticipation » et par Bernice Neugarten (1996) avec son *self-calendar*, on retrouve également là les deux polarités de la retraite : à la fois une direction vers laquelle on tend avec plus ou moins d'impatience ou d'inquiétude, en même temps qu'une terminaison plus ou moins aboutie que l'on redoute ou espère selon sa trajectoire, son parcours, son itinéraire et son cheminement. Ligne de crête entre le sens que ma vie passée donne à la future et celui que la nouvelle phase qui s'amorce prend au regard de la précédente. Ligne de crête entre l'avant et l'après, qui est aussi celle de nos dates anniversaires comme autant de retours du cycle des saisons, à l'instar de la figure bifide de Janus, à la fois tourné vers le passé et vers l'avenir, d'où provient le nom du premier mois de l'année, janvier (Heslon, 2007).

La retraite hésite entre ces deux pôles : celui de la fin de carrière professionnelle en point d'accomplissement ou non ; celui de l'accomplissement, enfin, de ce qui n'est pas encore advenu, ou de la rupture d'avec un pan entier de son existence. C'est en tout cas au moment où quelque chose s'achève qu'on en récupère le sens, qu'on le reconstruise comme le veut la théorie freudienne de l'« après-coup » ou qu'on l'extraie de ce qui s'est passé, comme le suggère Irvin Yalom (2018) dans *Comment je suis devenu moi-même*. Ce « soi-même » préexistant est cependant loin de satisfaire à toutes les rigueurs ontologiques, comme le rappelle Claude Romano (2019) dans *Être soi-même*. Interrogeant notre actuelle soif d'authenticité, Romano préfère au sujet et au moi l'« ipséité » ricœurienne, cette manière d'articuler l'altérité et l'identité. Car devenir retraité, c'est laisser surgir en soi un autre soi-même à apprivoiser : ce « retraité » que je deviens et qui m'est pourtant étranger…

## 5.2 Vers la fin de la retraite ?

Cette étrangeté, cette altérité en soi, soumet le retraité à la double question de l'essence de son existence passée et du nouveau sens à donner à sa vie future. Or nous assistons, finalement, à la fin de la retraite comme rupture et à sa progressive transformation en transition, c'est-à-dire à la substitution de la discontinuité qu'elle opérait par une continuité à retrouver. Si nous assistons bien à la fin de la retraite en tant que rupture au profit d'une retraite transitionnelle, un rappel et deux remarques deviennent nécessaires. Le rappel est celui de l'étymologie du mot « transition » : *transire*, qui veut dire « mourir ». Quant aux deux remarques :

- La première concerne le peu de travaux sur cette étape de la vie et les fausses directions qu'ils nous font prendre. En effet, à part, dans les années 1970, Anne-Marie Guillemard (1972) et Robert Atchley (1974), puis Vincent Caradec (1996) avec *Le Couple à l'heure de la retraite*, Nancy Schlossberg (2004) avec *Retire Smart, Retire Happy* et, plus récemment, *L'Année du Phénix* de Danièle Laufer (2013) ou *La Retraite, une nouvelle vie* d'Anasthasia Blanché (2014), bien peu de publications visibles concernent notre sujet, et quasiment aucune sous l'angle de la finitude comme occasion de sens. Or, environ 17 millions de Français perçoivent aujourd'hui une pension de retraite, soit près d'un quart de la population, à comparer aux 20 % de moins de 18 ans qui concentrent 80 % des publications en psychologie…
- La seconde remarque est plus fondamentale encore. Si 68 % des plus de 65 ans de par le Monde perçoivent une pension de vieillesse ou de retraite, ils ne représentent que 8,5 % de la population mondiale. Ce qui signifie que la retraite concerne au mieux un être humain sur vingt et que, parmi tous ceux qui naissent, guère plus d'un tiers y parviendront un jour… Ainsi au prisme mondial la retraite est-elle encore une rareté.

Simultanément, une nouvelle et tout autre tendance s'amorce dans les pays où la longévité s'allonge en même temps qu'y diminue le taux de natalité : celle de l'intrication tout au long de la vie de périodes d'activité, de formation et de répit. Activités qui sont un réel travail mais pas un emploi : le travail de l'étudiant, celui de mère ou de père de famille, le travail du chercheur d'emploi, celui de l'élu indemnisé ou non, le travail de bénévole associatif, de grand-parent ou encore d'aidant familial, etc. De même la formation s'étend-elle tout au long de la vie, même si elle demeure majoritairement concentrée aux débuts de la vie, sous l'égide de la formation initiale, dont l'allongement exponentiel jusque vers l'âge de 25 ans ne saurait se poursuivre à ce rythme. Enfin, les périodes de répit, choisies ou subies, alternent, elles aussi, tout au long de la vie : années de césure, congés sabbatiques ou d'éducation, périodes de recherche d'emploi, congés divers et variés et… retraite !

Autrement dit, la retraite est une rareté mais aussi, quand elle existe, une continuité, dès lors que l'on cesse de raisonner à partir de la succession école-travail-retraite pour penser la vie en périodes intriquées d'activité, de formation et de répit, alternées ou simultanées tout au long de la vie. Ce qui impose de redéfinir rien moins que l'école, le travail et la retraite ! Sans oublier les liens entre activité et argent ! Ce sont ces pistes qu'explore entre autres Bernard Friot (2019) avec *Le Travail, enjeu des retraites* ou l'ouvrage collectif de Jean-Marie Harribey (2013) *Retraites : l'alternative cachée*. Sans aller jusqu'au revenu d'existence, ces deux auteurs allaient déjà plus loin que le projet de réforme Delevoye avorté en 2020 et que celui adopté au forceps en 2024, qui tous deux persistent dans la voie classique d'une retraite « troisième âge », après le premier âge de l'école prolongée et le deuxième âge de l'emploi raréfié. Nous sommes encore, on le voit, bien loin de la société à cinq générations qu'il nous faudra pourtant bien inventer très prochainement.

## 5.3 Boucler sa vie

Boucler sa « vie professionnelle » ne revient en tout cas plus du tout à boucler sa « vie active ». C'est simplement boucler une étape, aux deux sens du verbe : celui de refermer, comme lorsqu'on boucle ses valises ou un dossier ; celui de nouer et relier, comme lorsqu'on boucle ses lacets. Cette métaphore traverse les cycles de l'identité d'Erikson (1997) et mille autres références en psychologie des âges de la vie (Heslon, 2021). Boucler sa vie, à chaque étape cruciale de nos existences, c'est en extraire l'essence pour en trouver les sens. C'est souvent revisiter le passé, afin de s'y raccommoder pour mieux le dépasser. Il semble bien en effet qu'il n'y ait pas de progression sans régression, comme on le sait en psychologie de l'enfant depuis longtemps, et comme on le découvre à présent tout au long de nos vies adultes, devenues plurielles et kaléidoscopiques. Carl-Gustav Jung (1933) en eut l'intuition dans les années 1930, invitant à renouer, au milieu de la vie, avec son *animus*, son *anima* et sa part d'ombre pour se rapprocher de l'*Ego* dont la *persona* nous a éloignés. Avant lui, Søren Kierkegaard (1843) avait inventé *La Reprise*, nécessaire retour en arrière pour aller de l'avant. Car reprendre n'est pas répéter, c'est s'y prendre de nouveau, autrement. Et c'est de la dialectique entre reprise salutaire et répétition mortifère que nos caps de vie sont faits, à chaque fois : entrée dans la vie adulte, parentalité, milieu de vie, changements d'orientation, et… retraite.

Dans son bel et doux ouvrage intitulé *Rupture(s)*, Claire Marin (2019) évoque les déchirements qui recomposent nos vies. Déchirements amoureux bien sûr, mais aussi deuils, maladies, événements ou non-événements professionnels qui produisent leur effet de bascule. Elle évoque alors Bergson (1934), stipulant que nous sommes faits d'un flux permanent de personnalités kaléidoscopiques, c'est-à-dire multiples et virtuelles, successives et simultanées, entre lesquelles nous faisons un effort de tri permanent. Au risque de la dispersion ou de la fragmentation, certes. Mais aussi au bénéfice d'autres devenirs possibles, plus légers, qu'expriment nos désirs d'ailleurs. D'ailleurs, avez-vous remarqué que c'est parfois parce que l'ailleurs existe que l'ici reste possible ? C'est à ces ailleurs contenus ou réprimés que la retraite invite. C'est ainsi qu'en écho à l'âme irrésolue de Montaigne, toujours en apprentissage et en épreuve, Pierre Bergounioux (2014) nous suggère d'*Exister par deux fois*. La retraite en effet n'est-elle pas l'occasion d'exister une seconde fois ? Ce par quoi Bergounioux conclut : « On a tous les âges à chaque instant. »

# Bibliographie


Abrams, D., Swift, H.J. et Drury, L. (2016). Old and unemployable ? How age-based stereotypes affect willingness to hire job candidates. *Journal of Social Issues, 72*(1), 105-121.

Adams G.A. et Beehr T.A. (1998). Turnover and retirement : A comparison of their similarities and differences, *Personnel Psychology, 51*, 643-665.

Ajzen, I. (1985). From intentions to actions : A theory of planned behavior. *In Action control : From Cognition to Behavior* (p. 11-39). Berlin, Heidelberg : Springer Berlin Heidelberg.

Ajzen, I. (1991). The theory of planned behavior. *Organizational Behavior and Human Decision Processes, 50*(2), 179-211.

Alaphilippe, D. Gana, K. et Bailly, N. (2001). Le passage à la retraite : craintes et espoirs. *Connexions, 2*(76), 29-40.

Alboher, M. (2007). *One Person / Multiple Careers. A New Model for Work / Life Success.* Business Plus Imports.

Alcover, C.M., Topa, G., Parry, E., Fraccaroli, F. et Depolo, M. (2014). *Bridge employment : A research handbook*. Routledge.

Allen, N.J. et Van de Vliert, E. (1984). *Role Transitions: Explorations and Explanations.* New York : Plenum.

Allport, G., Feifel, H., Maslow, A., May, R. et Rogers, C. (1986). *Psychologie existentielle.* Éditions Épi.

Amauger-Lattes, M.C., Desbarats, I., Herrbach, O. et Mignonac, K. (2007). *Maintenir les cadres seniors dans l'entreprise, Quelle marge de manœuvre pour la RH ?* Lirhe, Université Toulouse.

Antoine, P. et Smith, J.A. (2017). Saisir l'expérience : présentation de l'analyse phénoménologique interprétative comme méthodologie qualitative en psychologie. *Psychologie Française, 62*, 373-385.

Aouici, S., Couhin, J., et Ramos-Gorand, M. (2019). Motivations de départ à la retraite au régime général : influence des modalités de départ et de la carrière. *Cadr'@ge, 39*, Caisse Nationale d'Assurance Vieillesse.

Aouici, S., Carillon, S. et Mette, C. (2008). Choisir l'âge de sa retraite : un arbitrage lié aux contextes économiques et professionnels. *Retraite et société, 54*, 190-209.

Apouey, B. (2022). Conditions of existence and subjective perceptions of retirement : Quantitative evidence from France. *Ageing & Society, 42*(3), 564-587.

Aubert, P. (2012). L'« effet horizon » : de quoi parle-t-on ? *Revue Française des Affaires Sociales*, 41-51.

Arbuz, G. (2017). Vécu psychologique et enjeux du départ à la retraite. *Nouvelle Revue de Psychosociologie, 1*, 57-70.

Arendt, H. (1958). *The Human Condition.* University of Chicago Press.

Asmane, J. (2021). *Les fleurs de l'âge. Enquête sur les femmes qui se réinventent.* Paris : Flammarion.

Assoun, P.L., Bredin, J.D. et Hennezel, M. de (2003). *Comment accepter de vieillir ?* L'Atelier.

Atchley, R. C. (1999). Continuity theory, self, and social structure. In C.D. Ryff et V. Marshall, (Eds.), *The Self and Society in Aging Processes* (p. 145-158). Sage.

Atchley, R. (1982). The process of retirement : Comparing women and men. *In* M. Szinovacz (ed.), *Women's Retirement*. Sage.

Atchley, R. (1980). *The Social Forces in Later Life*. Wadsworth.

Atchley, R. (1974). The meaning of retirement. *Journal of Communications, 24*, 97-101.

Attias-Donfut, C. (2016). Les liens intergénérationnels. *Vie Sociale, 2016/3, 15,* 45-60.

Attias-Donfut, C. et Segalen, M. (2001). « L'invention de la grand-parentalité », in D. Le Gall et Y. Bettahar (eds.), *La pluriparentalité* (p. 243-260). Paris : PUF.

Attias-Donfut, C. et Segalen, M. (1998). *Grands-parents, la famille à travers les générations.* Paris : Odile Jacob.

Auricoste, C., Arrault, S. et Maurin, N. (2019). Accompagner les séniors à donner du sens à leur fin de carrière, à penser leur activité et la transmission : l'intelligence professionnelle au cœur d'un dispositif expérimental. Colloque International de Didactique Professionnelle. Longueuil, Canada.

Bachelard, G. (1938). *La formation de l'esprit scientifique.* Vrin (rééd. 2004).

Bakewell, S. (2010). *Comment vivre ? Une vie de Montaigne en une question et vingt tentatives de réponse. Paris :* Albin Michel. (rééd. trad. 2013).

Bal, P.M., de Lange, A.H., Van der Heijden, B.I.J.M., Zacher, H., Oderkerk, F.A. et Otten, S. (2015). Young at heart, old at work ? Relations between age, (meta)stereotypes, self-categorization, and retirement attitudes. *Journal of Vocational Behavior, 91,* 35-45.

Bal, A.C., Reiss, A.E.B., Rudolph, C.W. et Baltes, B.B. (2011). Examining positive and negative perceptions of older workers : A meta-analysis. *Journals of Gerontology - Series B Psychological Sciences and Social Sciences, 66 B*(6), 687-698.

Bandura, A. (1997). *Self-efficacy : The Exercise of Control.* Freeman.

Barak, B., et Schiffman, L.G. (1981). Cognitive age : A non chronological age variable. *Advances in Consumer Research,* 8, 602-606.

Barber, S.J. et Tan, S.C. (2018). Ageism affects the Future Time Perspective of older adults. *GeroPsych : The Journal of Gerontopsychology and Geriatric Psychiatry, 31*(3), 115-126.

Barnes, H. et Parry, J. (2004). Renegotiating identity and relationships : Men and women's adjustments to retirement. *Ageing & Society, 24,* 213-233.

Barnes-Farrell, J.L. et Matthews, R. (2007). Age and work attitudes. In K.S. Shultz et G.A. Adams (Ees.), *Aging and Work in the 21st Century* (p. 139-162).

Barrallon, A., Benallah, S. et Rapoport, B. (2010). « Intentions de départ à la retraite ». 10e édition, le Baromètre de la perception des discriminations dans l'emploi réalisé par le Défenseur des droits et l'Organisation internationale du travail (OIT), 183-198.

Barrallon, A., Benallah, S. et Rapoport, B. (2010). Des intentions aux décisions de départ à la retraite : les enseignements de l'enquête « Intentions de départ ». *Cadr'@ge, 13.* Caisse Nationale d'Assurance Vieillesse.

Barreau, H. (2005). *Le Temps.* Paris : PUF.

Baumeister, R.F. (1991). *Meanings of Life.* Guilford.

Bayl-Smith, P.H. et Griffin, B. (2014). Age discrimination in the workplace : Identifying as a late-career worker and its relationship with engagement and intended retirement age. *Journal of Applied Social Psychology, 44*(9), 588-599.

Bechichi, N., Fabre, M. et Olivia, T. (2022). *Projections de la population active à l'horizon 2080.* Insee, Institut national de la statistique et des études économiques.

Becker, G.S. (1964). Front matter, preface. In *Human Capital : A Theoretical and Empirical Analysis with Special Reference to Education.* First Edition (p. 16-0).

Beehr, T.A. (1986). The process of retirement : A review and recommendations for future investigation. *Personnel Psychology, 39,* 31-55.

Beehr, T.A. (2014). *To retire or not to retire : That is not the question. 35*(8), 1093-1108.

Beehr, T.A., Glazer, S., Nielson, N.L. et Farmer, S. J. (2000). Work and nonwork predictors of employees' retirement ages. *Journal of Vocational Behavior, 57*, 206225

Bengtsson, M. et Flisbäck, M. (2021). Illuminating existential meaning : A new approach in the study of retirement. *Qualitative Sociology Review 17*(1), 196-214.

Bernaud, J.-L. (2021). *Traité de psychologie existentielle. Concepts, méthodes et pratiques.* Malakoff : Dunod.

Bernaud, J.-L.., Lhotellier, L., Sovet, L., Arnoux-Nicolas, C., Maricourt, P. de (2019). *Sens de la vie, sens du travail - Pratiques et méthodes de l'accompagnement en éducation, travail et santé.* Malakoff : Dunod.

Bernaud, J.-L. (2018). *Introduction à la psychologie existentielle.* Malakoff : Dunod.

Bernaud, J.-L., Lhotellier, L., Sovet, L., Arnoux-Nicolas, C., Pelayo, F. (2015). *Psychologie de l'accompagnement - Concepts et outils pour développer le sens de la vie et du travail.* Paris : Dunod.

Bergounioux, P. (2014). *Exister par deux fois.* Paris : Fayard.

Bergson, H. (1934). *La pensée et le mouvant.* Paris : PUF.

Berta, M. et Sutter, J. (1999). *L'épreuve d'anticipation. Test de l'imaginaire personnel.* Érès (rééd. trad.).

Bertrand, F. et Hansez, I. (2010). Facteurs d'insatisfaction incitant au départ et intention de quitter le travail : analyse comparative des groupes d'âges. *Le Travail Humain, 73*, 213-237.

Bessin, M. (1994). La police des âges entre rigidité et flexibilité temporelle. *Temporalistes, 1994/27*, 8-13.

Billé, M. (2002). À quoi servent les grands-parents ? Des grands-parents pour introduire au sacré. *Dialogue, 158*, 3-10.

Bjälkebring, P., Henning, G., Västfjäll, D., Dickert, S., Brehmer, Y., Buratti, S., Hansson, I. et Johansson, B. (2021). Helping out or helping yourself ? Volunteering and life satisfaction across the retirement transition. *Psychology and Aging, 36*(1), 119-130.

Blanché, A. (2014). *La retraite, une nouvelle vie. Une odyssée personnelle et collective.* Paris : Odile Jacob.

Blanché, A. (2010). Vieillissement et retraite : approches psychanalytiques. *Le Journal des Psychologues. 9*, 22-27.

Blanchet, A. (1989). Les relances de l'interviewer dans l'entretien de recherche. *L'Année Psychologique, 89/3*, 367-391.

Bland, A.M. (2020). Existential givens in the COVID-19 crisis. *Journal of Humanistic Psychology, 60*(5), 710-724.

Blau, Z.S. (1956). Changes in status and age identification. *American Sociological Review, 21*(2), 198-203.

Blekesaune, M. (2005). Working conditions and early retirement : A prospective study of retirement behavior. *Research on Aging, 27*(1), 3-30.

Blekesaune, M. et Hansen, T. (2021). Human values and retirement experiences : A longitudinal analysis of norwegian data. *Social Indicators Research.* Advance online publication.

Blustein, D.L. (2011). A relational theory of working. *Journal of Vocational Behavior, 79*(1), 1-17.

Blustein, J., Chan, S. et Guanais, F.C. (2004). Elevated depressive symptoms among caregiving grandparents, *Health Services Research, 39*, 1671-1690.

Boehm, S.A., Schröder, H. et Bal, M. (2021). Age-related human resource management policies and practices : Antecedents, outcomes, and conceptualizations. *Work, Aging and Retirement, 7*(4), 257-272.

Boon, S.D. et Brussoni, M.J. (1996). "Young adults' relationships with their 'closest' grandparents : Examining emotional closeness", *Journal of Social Behavior and Personality, 11*(3), 439-458.

Boss, M. (2000). Recent considerations in daseinsanalysis. *The Humanistic Psychologist, 28*(1-3), 210-230.

Bouchet, S. (1992). *De mère à grand-mère. Approche psychanalytique d'une identité nouvelle. Paris :* Bayard.

Bouffard, L. et Bastin, E. (1991). Extension temporelle des buts et âge chronologique au cours de la vieillesse. *Canadian Journal on Aging, 10*(3), 271-288.

Bougard, J. (2018). Peut-on anticiper qui va partir à l'âge légal ? Le cas de la génération 1952. *Cadr'@ge, 38*, Caisse Nationale d'Assurance Vieillesse.

Boutinet, J.P. (dir.) (2011). L'exigence de responsabilité en formation des adultes. *Éducation Permanente, 187.*

Boutinet, J.P. (2010). Turbulences autour des temporalités liées aux âges de la vie adulte. *Le Télémaque, 1(37)*, 61-70.

Boutinet, J.P. (2004). *Vers une société des agendas. Une mutation de temporalités.* Paris : PUF.

Boutinet, J.P. (1999). *L'immaturité de la vie adulte.* Paris : PUF.

Boutinet, J.P. (1990). *Anthropologie du projet.* Paris : PUF.

Bouyer, S., Mietkiewicz, M.C. et Schneider, B. (eds.) (2000). *Histoire(s) de grands-parents. Paris :* L'Harmattan.

Boylan, J. M., Tompkins, J.L. et Krueger, P. M. (2022). Psychological well-being, education, and mortality. *Health Psychology, 41*(3), 225-234.

Boyle, P.A., Buchman, A.S. et Bennett, D.A. (2010). Purpose in life is associated with a reduced risk of incident disability among community-dwelling older persons. *The American Journal of Geriatric Psychiatry, 18*(12), 1093-1102.

Boyle, P.A., Buchman, A.S., Wilson, R.S., Yu, L., Schneider, J.A. et Bennett, D.A. (2012). Effect of purpose in life on the relation between Alzheimer disease pathologic changes on cognitive function in advanced age. *JAMA Psychiatry, 69*(5), 499-506.

Boyle, P.A., Barnes, L.L., Buchman, A.S. et Bennett, D.A. (2009). Purpose in life is associated with mortality among community-dwelling older persons. *Psychosomatic Medicine, 71*(5), 574-579.

Breij, S. de, Huisman, M. et Deeg, D.J.H. (2020). Macro-level determinants of post-retirement health and health inequalities : A multilevel analysis of 18 European countries. *Social Science & Medicine, 245*, Article 112669.

Brossard, C., Oliveau, J.B., Grave, N., Couhin, J. (2016). Une évaluation des réformes des retraites : quelle sensibilité des résultats aux hypothèses ? *Retraite et société, 74*(2), 79-115.

Burnette, D., Sun, J. et Sun, F.A (2013). Comparative review of grandparent care of children in the U.S. and China. *Ageing International, 38*, 43-57.

Butler, A. de (2008). *Le couple et l'épreuve du temps.* Erès.

Butler, R.N. (1969). Age-Ism : Another form of bigotry. *The Gerontologist, 9*(1), 243-246.

Caradec, V. (2018). Intérêt et limites du concept de déprise. Retour sur un parcours de recherche. *Gérontologie et Société, 155 (40)*, 139-147.

Caradec, V. (2009). L'expérience sociale du vieillissement. *Idées économiques et sociales, 3*, 5-45.

Caradec, V. (2008). Les mécanismes de la transition identitaire au moment de la retraite. *Spirale. Revue de Recherches en Éducation, 41*,161-176.

Caradec, V. (2007). L'expérience du veuvage. *Gérontologie et Société, 121(30)*, 179-193.

Caradec, V. (2004). *Vieillir après la retraite. Approche sociologique du vieillissement. Paris* : PUF.

Caradec, V. (1996). *Le couple à l'heure la retraite.* Presses Universitaires de Rennes (rééd. 2005).

Carré, P., Colette, S., Batal, C. et Charbonnier, O. (2009). *L'atout senior. Relations intergénérationnelles, performance, formation.* Paris : Dunod.

Carré, P. (2005). *L'Apprenance. Un nouveau rapport au savoir.* Paris : Dunod.

Castellan, Y. (1998). *Les grands-parents ces inconnus.* Paris : Bayard.

Castro, A. de, Mebarak, M., Tovar-Castro, J.C. et Castro-Guavita, L. (2021). Will and wish : An existential proposal to cope with anxiety. *The Humanistic Psychologist, 49*(2), 266-280.

Chataigné, C. (2014). *Psychologie des valeurs.* De Boeck.

Chen, Q., Wang, X.Q., He, X.X., Ji, L.J., Liu, M.F. et Ye, B.J. (2021). The relationship between search for meaning in life and symptoms of depression and anxiety : Key roles of the presence of meaning in life and life events among Chinese adolescents. *Journal of Affective Disorders, 282*, 545-553.

Chevalier, S. (2013). *Contribution à l'étude des processus sous-jacents à la prise de décision du départ à la retraite chez les entrepreneurs français.* Thèse de doctorat, Université de Tours.

Chevalier, S., Fouquereau, E., Gillet, N. et Demulier, V. (2013). Development of the reasons for entrepreneurs' retirement decision inventory (RERDI) and preliminary evidence of its psychometric properties in a French sample. *Journal of Career Assessment, 21*(4), 572-586.

Christin, J. et Colle, R. (2009). Partir ou rester : Le rôle du sentiment d'autodétermination dans la décision de départ à la retraite des cadres quinquas. *Management & Avenir, 25*, 79-97.

Christin J. et Peretti J.-M. (2005). « Entreprises socialement responsables et cadres face à la retraite : réconcilier préoccupations économiques et sociales ». Actes du XVIe congrès de l'AGRH, Paris.

Cnav (2007). Les comportements de départ à la retraite. CNAV, Direction des recherches sur le vieillissement, Direction de la prospective et de la coordination des études. CNAV - DRV-DPCE, 2007-084.

Cocandeau-Bellanger, L. (2007). Rupture ou harmonisation dans les temporalités des femmes à travers leur double engagement familial et professionnel ? Carriérologies, *1*, 209-227.

Cong, Z. et Silverstein, M. (2008). Intergenerational time-for-money exchanges in rural China : does reciprocity reduce depressive symptoms of older grandparents ? *Research Human Development, 5*, 6-25.

Costin, V. et Vignoles, V.L. (2020). Meaning is about mattering : Evaluating coherence, purpose, and existential mattering as precursors of meaning in life judgments. *Journal of Personality and Social Psychology, 118*(4), 864-884.

Couhin, J., Ramos-Gorand, M., & Aouici, S. (2019). Motivations de départ à la retraite au régime général : influence des modalités de départ et de la carrière. *Cadr'age, 39*(3).

Crowe, C.L., Domingue, B.W., Graf, G.H., Keyes, K.M., Kwon, D. et Belsky, D.W. (2021). Associations of loneliness and social isolation with health span and life span in the U.S. health and retirement study. *The Journals of Gerontology : Series A : Biological Sciences and Medical Sciences, 76*(11), 1997-2006.

Csikszentmihalyi, M. (1990). *Flow. Psychology of Optimal Experience.* Harper.

Cumming E. et Henry, W. (1961). *Growing Old. The Process of Disengagement.* New York : Basic Books.

D'Agostino, A., Pepi, R., Rossi Monti, M. et Starcevic, V. (2020). The feeling of emptiness : A review of a complex subjective experience. *Harvard Review of Psychiatry, 28*(5), 287-295.

Damasio, A. (1999). *Le sentiment même de soi*. Paris : Odile Jacob.

Dastur, F. (2009). La question philosophique de la finitude. *Cahiers de Gestalt-thérapie, 1*, 7-16.

Dayez, J.-B. (2013). Le couple à l'heure de la retraite. *Analyse Eneo, 03*.

Debrand, T. et Sirven, N. (2009). Les facteurs explicatifs du départ à la retraite en Europe. *Retraite et société, 57*, 35-53.

Demarque, C. (2022). Perspective temporelle. In *Psychologie environnementale : 100 notions clés* (p. 184-185). Dunod.

Derous, E. et Decoster, J. (2017). Implicit age cues in resumes : Subtle effects on hiring discrimination. *Frontiers in Psychology, 8*(AUG).

Deschamp, J.C. et Moliner, P. (2008). L'identité en psychologie sociale : des processus identitaires aux représentations de l'identité (2e édition). Armand Colin

Desmette, D. et Villotti, P. (2023). Discrimination liée à l'âge et burn-out : Des effets différenciés selon l'âge à travers la perspective temporelle future professionnelle. *Le Travail Humain, 85*(4), 289-313.

Di Fabio, A. & Kenny, M. E. (2011). Promoting emotional intelligence and career decision making among Italian high school students. *Journal of Career Assessment, 19*(1), 21-34.

Di Gessa, G., Glaser, K. et Tinker, A. (2016). The health impact of intensive and nonintensive grandchild care in Europe : new evidence from SHARE. *The Journal of Gerontology, Psychological Sciences and Social Sciences, 71*, 867-879.

Dingemans, E., Henkens, K. et van Solinge, H. (2016). Access to bridge employment : Who finds and who does not find work after retirement ? *The Gerontologist, 56*(4), 630-640.

Dodwell, T. (2020). Coaching needs to differ before and after the transition to retirement. *International Journal of Evidence Based Coaching and Mentoring, Spec Iss., 14*, 102-118.

Dosnon, O. (1996). L'indécision face au choix scolaire ou professionnel : concepts et mesures. *L'Orientation Scolaire et Professionnelle, 25*(1), 129-168.

Droit-Volet, S. (2019). L'ère des temps psychologiques. *Journal of Interdisciplinary Methodologies and Issues in science, 7*, 1-14

Drazic, I., Schermuly, C. C. et Büsch, V. (2023). Empowered to stay active : Psychological empowerment, retirement timing, and later life work. *Journal of Adult Development*. Advance online publication.

DREES (2023). *Les retraités et les retraites*. RETRAITES23MAJ2928.pdf (solidarites-sante.gouv.fr).

DREES. (2022). *Les retraités et les retraites : Panoramas de la Direction de la recherche, des études, de l'évaluation et des statistiques*. https://drees.solidarites-sante.gouv.fr/sites/default/files/2022-07/Retraites2022.pdf

Drew, L.M. et Silverstein, M. (2007). Grandparents' psychological well-being after loss of contact with their grandchildren. *Journal of Family Psychology, 21*(3), 372-379.

Dubar, C. (2008). Temporalité, temporalités : philosophie et sciences sociales. *Temporalités, 8*.

Dubar C. (1992). Formes identitaires et socialisation professionnelle. *Revue Française de Sociologie, 33*, 505-530.

Edwards, W. et Milton, M., (2014). Retirement therapy ? Older people's experiences of existential therapy relating to their transition to retirement. *Counselling Psychology Review, 29(2)*.

Eismann, M., Verbeij, T. et Henkens, K. (2019). Older workers' plans for activities in retirement : The role of opportunities, spousal support, and time perception. *Psychology and Aging, 34*(5), 738-749.

Emick, M.A. et Hayslip Jr., B. (1999). Custodial grandparenting : stresses, coping skills, and relationships with grandchildren. *The International Journal of Aging and Human Development, 48*, 35-61.

Eraly, H. (2013). L'identité narrative mise à l'épreuve de la retraite : une analyse de récits biographiques. *Temporalités, 17*.

Eribon, D. (2018). *Retour à Reims*. Paris : Flammarion.

Erikson, E. et Erikson, J. (1997). *The Life-Cycle Completed*. Norton.

Ernaux, A. (2008). *Les années*. Paris : Gallimard.

Eurostat (2023*a*). *Employment rates by sex, age and citizenship*. https://ec.europa.eu/eurostat/databrowser/view/LFSQ_ERGAN__custom_5813884/default/table?lang=en

Eurostat (2023*b*). *Population structure and ageing*. https://ec.europa.eu/eurostat/statistics-explained/SEPDF/cache/1271.pdf

Fantini-Hauwel, C., Gély-Nargeot, M. et Raffard, S. (2020). Chapitre 4. Transitions sociales et psychologiques au cours du vieillissement. In C. Fantini-Hauwel, M. Gély-Nargeot et S. Raffard (Eds.), *Psychologie et psychopathologie de la personne âgée vieillissante*. Malakoff : Dunod, p. 115-138.

Fasbender, U. et Wang, M. (2017). Intergenerational contact and hiring decisions about older workers. *Journal of Managerial Psychology, 32*(3), 210-224.

Fasbender, U., Wang, M., Voltmer, J.-B. et Deller, J. (2016). The meaning of work for post-retirement employment decisions. *Work, Aging, and Retirement, 2*(1), 12-23.

Fassinger, R.E., Shullman, S.L. et Buki, L.P. (2017). Future shock : Counseling psychology in a VUCA world. *The Counseling Psychologist, 45*(7), 1048-1058.

Feldman, D.C. et Beehr, T.A. (2011). A three-phase model of retirement decision making. *American Psychologist, 66*(3), 193-203.

Fernandez, A., Stephan, Y. et Fouquereau, E. (2006). Assessing reasons for sports career termination : Development of the Athletes' Retirement Decision Inventory (ARDI). *Psychology of Sport and Exercise, 7*(4), 407-421.

Finkelstein, L.M., King, E.B. et Voyles, E.C. (2015). Age metastereotyping and cross-age workplace interactions : A meta view of age stereotypes at work. *Work, Aging and Retirement, 1*(1), 26-40.

Finkelstein, L.M., Ryan, K.M. et King, E.B. (2013). What do the young (old) people think of me ? Content and accuracy of age-based metastereotypes. *European Journal of Work and Organizational Psychology, 22*(6), 633-657.

Finsel, J.S., Wöhrmann, A.M., Wang, M., Wilckens, M.R. et Deller, J. (2021). Later Life Workplace Index : Validation of an english version. *Work, Aging and Retirement. 9* (3), 1-24

Fischer, G.N., Tarquinio, C. et Dodeler, V. (2020). *Les bases de la psychologie de la santé : concepts, applications et perspectives*. Malakoff : Dunod.

Fiske, S.T., Cuddy, A.J.C., Glick, P. et Xu, J. (2002). A model of (often mixed) stereotype content : Competence and warmth respectively follow from perceived status and competition. *Journal of Personality and Social Psychology, 82*(6), 878-902.

Flett, G.L. (2018). *The Psychology of Mattering : Understanding the Human Need to be Significant*. Academic Press.

Forner, Y. (2001). À propos de l'indécision. *Carriérologie, 8*(2), 183-194.

Forner, Y. (2007). L'indécision de carrière des adolescents. *Le Travail Humain, 70*, 213-234.

Fouquereau, E. (2006). Transition à la retraite : comment faciliter la transition à la retraite des salariés ? *In C.* Levy-Leboyer, M. Huteau, C. Louche et J.P. Rolland (eds.), *RH : Les apports de la psychologie du travail* (p.453-462). Éditions d'Organisation.

Fouquereau, E., Bosselut, G., Chevalier, S., Coillot, H., Demulier, V., Becker, C. et Gillet, N. (2018). Better understanding the workers' retirement decision attitudes : Development and validation of a new measure. *Frontiers in Psychology, 9*, 2429.

Fouquereau, E. et Chevalier, S. (2022). Chapitre 10. Arrêter sa carrière : une décision complexe et multidimensionnelle. In C. Lagabrielle et S. Croity-Belz (eds.), *Psychologie et carrières : Modèles, concepts et analyses de la psychologie du travail et des organisations* (p. 183-198). Louvain-la-Neuve : De Boeck Supérieur.

Fouquereau, E., Chevalier, S. et Bosselut, G. (2015). Gestion psychologique de l'arrêt de la carrière chez les entrepreneurs de PME. In G. Lecointre (ed.), *Le Grand Livre de l'Economie PME* (p. 131-144). Editions Gualino/Lextenso.

Fourastié, J. (1979). *Les « Trente Glorieuses » ou la révolution invisible de 1946 à 1975*. Paris : Fayard.

Fournier, G., Zimmermann, H., Gauthier, C., Masdonati, J. et Lachance, L. (2016). Vers l'élaboration d'un cadre d'analyse des parcours professionnels : L'éclairage de l'approche du Parcours de vie et des théories récentes en développement de carrière. In G. Fournier, E. Poirel et L. Lachance (eds.), *Éducation et vie au travail : Perspectives contemporaines sur les parcours de vie professionnelle* (p. 93-143). Presses de l'université Laval.

Fourquet, J. et Legrand, R. (2021). *Les grands-parents français : portait et attentes*. IFOP-Notre-Temps.

Frankl, V. (1946). *Découvrir un sens à sa vie avec la logothérapie*. J'ai lu (rééd. trad. 1992).

Frankl, V. (1945). *Le thérapeute et le soin de l'âme : Introduction à la logothérapie et à l'analyse existentielle*. Dunod (rééd. trad. 2019).

Fraser, S., Lagacé, M., Bongué, B., Ndeye, N., Guyot, J., Bechard, L., Garcia, L., Taler, V., McGilton, K., Adam, S., Bergeron, C.D., Boudjemadi, V., Desmette, D., Donizzetti, A.R., Garon, S., Gillis, M., Levasseur, M., Robitaille, A., Sawchuk, K., Lafontaine, C. et Tougas, F. (2020). Ageism and Covid-19 : What does our society's response say about us ? *Age and Ageing. 49* (5), 692-695.

Freud, S. (1915). *Métapsychologie*. Paris : PUF (rééd. trad. 1994).

Freund, A. et Baltes, P.B. (2003). Pour un développement et un vieillissement réussis : sélection, optimisation et compensation (L. Bouffard, trad.). *Revue Québécoise de Psychologie, 24*(3), 24-52.

Friot, B. (2019). *Le travail, enjeu des retraites*. La Dispute.

Froidevaux, A., Alterman, V. et Wang, M. (2020). Leveraging aging workforce and age diversity to achieve organizational goals : A human resource management perspective. In S.J. Czaja, J. James, J. Grosch et J. Sharit (eds.), *Current and Emerging Trends in Aging and Work* (p. 33-58). Springer.

Froidevaux, A. (2016). Favoriser l'adaptation à la retraite : investigations qualitative et quantitative de l'identité, du sens et du sentiment de compter pour autrui. *L'Orientation Scolaire et Professionnelle, 45*(3).

Froidevaux, A., Hirschi, A. et Wang, M. (2016). The role of mattering as an overlooked key challenge in retirement planning and adjustment. *Journal of Vocational Behavior, 94*, 57-69.

Froidevaux, A. et Hirschi, A. (2015). Managing the transition to retirement : From meaningful work to meaning in life at retirement. In A. De Vos et B. Van der Heijden (eds.), *Handbook of*

*Research on Sustainable Careers* (p. 350-363). Edward Elgar Publishing.

Gaillard, M. et Desmette, D. (2010). (In)validating stereotypes about older workers influences their intentions to retire early and to learn and develop. *Basic and Applied Social Psychology, 32*, 86-98.

Gaillard, M. et Desmette, D. (2008). Intergroup predictors of older workers' attitudes towards work and early exit. *European Journal of Work and Organizational Psychology, 17*, 450-481.

Gall, T.L. et Evans, D.R. (2000). Preretirement expectations and the quality of life of male retirees in later retirement. *Canadian Journal of Behavioural Science/Revue Canadienne des Sciences du Comportement, 32*(3), 187-197.

Gana, K., Blaison, C., Boudjemadi, V., Mezred, D., K'Delant, P., Trouillet, R., Lourel M. et Fort, I. (2009). Étude de quelques déterminants de l'anxiété face au passage à la retraite. *Canadian Journal of Behavioural Science, 41*(4), 260-271

Gaullier, X. (1995). Pluriactivité à tout âge. *Esprit, 217(12)*, 9-31.

Gee, P.M. (2018). What is the psychological impact of retirement on men ? An interpretative phenomenological analysis. Thèse. Birbeck University of London.

Gelatt, H.H. (1989). Positive uncertainty : A new decision-making framework for counseling. *Journal of Counseling Psychology, 9*, 240-245.

Godelier, M., Jullien, F. et Maila, J. (2005). *Le grand âge de la vie*. Paris : PUF.

Gomez Gonzales, L.A., Léger, D., Bourdages, L. et Dionne, H. (2013). *Sens et projet de vie*. Presses de l'université du Québec.

Goodman, C.C. et Silverstein, M. (2002). Grandmothers raising grandchildren : family structure and well-being in culturally diverse families. *Gerontology. 42*, 676-689.

Goodman, C.C. et Silverstein, M. (2001). Grandmothers who parent their grandchildren : an Exploratory study of close relations across three generations. *Journal of Family Issues, 22*, 557-578.

Gordon, R.A. et Arvey, D. (2004). Age bias in laboratory and field settings : A meta-analytic investigation. *Journal of Applied Social Psychology, 34*, 468-492.

Graeber, D. (2018). *Bullshit Jobs*. Les liens qui libèrent (rééd. trad.).

Grangeard, C. (2020). *Il n'y a pas d'âge pour jouir. La retraite sexuelle n'aura pas lieu*. Paris : Larousse.

Gratton, E. et Schneider, B. Dir. (2020). Devenir et être grand-parent aujourd'hui. *Dialogue, 2020/4*, 230.

Greenberg, J., Koole, S. L. et Pyszczynski, T. (2004). *Handbook of Experimental Existential Psychology*. Guilford Press.

Greening, T. (1992). Existential challenges and responses. *The Humanistic Psychologist, 20*(1), 111-115.

Grounden, M.E. et Jose, P.E. (2014). How do sources of meaning in life vary according to demographic factors ? *New Zealand Journal of Psychology, 43, 29-38.*

Guichard, J. (2008). Proposition d'un schéma d'entretien constructiviste de conseil en orientation pour des adolescents ou de jeunes adultes. *L'Orientation Scolaire et Professionnelle, 37*(3), 413-440.

Guichard, J. (2004). Se faire soi. *L'Orientation Scolaire et Professionnelle, 33/4*, 499-533.

Guichard, J. (1993). *L'école et les représentations d'avenir des adolescents*. Paris : PUF.

Guilain, M., Leroy, S., Bridenne, I., Aouici, S. *et al.* (2017). Profiter de la retraite le plus longtemps possible motive les départs encore plus que par le passé. DREES, *Études et Résultats, 1042.*

Guillemard, A. et Mascova, E. (2017). Introduction générale. *In* A.M. Guillemard (éd.), *Allongement de la vie : Quels défis ? Quelles politiques ?* Paris : La Découverte, 15-25.

Guillemard, A.M. (2013). Le vieillissement actif : Enjeux, obstacles . *Une perspective internationale. Retraite et Société,* 2013/2, *65*, 17-38.

Guillemard, A.M. (2002). De la retraite mort sociale à la retraite solidaire. La retraite une mort sociale (1972) revisitée trente ans après. *Gérontologie et Société, 102*(3), 53-66.

Guillemard, A.M. (1972). *La retraite : une mort sociale. Sociologie des conduites en situation de retraite.* Mouton.

Guo, B., Pickard, J. et Huang, J. (2008). A cultural perspective on health outcomes of caregiving grandparents. *Journal of Intergenerational. Relationship, 5,* 25-40.

Gustman, A.L. et Steinmeier, T.L. (2000). Retirement in dual-career families : A structural model. *Journal of Labor Economics, 18*(3), 503-545.

Gutman, A. et Dunleavy, E. (2015). A comparison of EEO law on workforce aging across English-speaking countries. *In* L.M. Finkelstein, D.M. Truxillo, F. Fraccaroli et R. Kanfer (eds.), *Facing the Challenges of a Multi-Age Workforce* (p. 283-309). Routledge.

Hairault, J.O., Langot, F. et Sopraseuth, T. (2006). Les effets à rebours de l'âge de la retraite sur le taux d'emploi des seniors. *Économie et statistique, 397,* 51-68.

Hajek, A. et König, H.H. (2020). Which factors contribute to loneliness among older Europeans ? Findings from the survey of health, ageing and retirement in Europe : Determinants of loneliness. *Archives of Gerontology and Geriatrics, 89,* Article 104080.

Halama, P., Záhorcová, L. et Škrobáková, Ž. (2021). Meaning making in retirement transition : A qualitative inquiry into Slovak retirees. *International Journal of Qualitative Studies on Health and Well-being, 16*(1), Article 1985414.

Hall, D.T. (1996). Protean careers of the 21st century. *Academy of Management Perspective, 10,* 4, 8-16.

Hamel, S., Lefrançois, R. et Leclerc, G. (1999). La transcendance de soi : une tentative de définition [Self-transcendence : A tentative of definition]. *Revue Québécoise de Psychologie, 20*(3), 27-44.

Hamm, J.M., Heckhausen, J., Shane, J., Infurna, F.J. et Lachman, M.E. (2019). Engagement with six major life domains during the transition to retirement : Stability and change for better or worse. *Psychology and Aging, 34*(3), 441-456.

Hank, K. et Buber, I. (2009). Grandparents caring for their grandchildren : Findings from the 2004 survey of health, ageing, and retirement in Europe. *Journal of Family Issues, 30*(1), 53-73.

Harribey, J.M. (2013). *Retraites : l'alternative cachée.* Syllepse.

Havighurst, R.J. (1963). Successful aging. *Processes of Aging : Social and Psychological Perspectives, 1,* 299-320.

Heidegger, M. (1930). *Les concepts fondamentaux de la métaphysique. Monde, finitude, solitude.* Paris : Gallimard (rééd. trad. 1992).

Heidegger, M. (1927). *Être et temps.* Paris : Gallimard (rééd. trad. 1990).

Henning, G., Lindwall, M. et Johansson, B. (2016). Continuity in well-being in the transition to retirement. *GeroPsych : The Journal of Gerontopsychology and Geriatric Psychiatry, 29*(4), 225-237.

Heslon, C., Léon, C. et Charrier, P. (2022). La lettre d'un aidant : un espace de parole théâtralisé, entre accompagnement et autoformation des aidants de parents âgés. *Chemins de Formation, 24.* 221-236.

Heslon, C. (2021). *Psychologie des âges de la vie adulte. Vie plurielle et quête de soi.* Malakoff : Dunod.

Heslon, C. (2019). Fin du travail, fin de la vie ? Essence et sens de la retraite. *Colloque Sens de la vie, sens du travail*, CNAM-INETOP Paris. (pdf, researchgate.net).

Heslon, C. (2015). *Accompagner le grand âge. Psycho-gérontologie pratique*. Paris : Dunod (2e éd.).

Heslon, C. (2010). Âge subjectif, anticipation et sentiment d'utilité lors du passage à la retraite. *Le Journal des Psychologues, 2010/9*(282), 28-32.

Heslon, C. (2007). *Petite psychologie de l'anniversaire*. Paris : Dunod.

Hess, M., Naegele, L. et Mäcken, J. (2021). Attitudes towards working in retirement : A latent class analysis of older workers' motives. *European Journal of Ageing, 18*(3), 357-368.

Hickin, N., Käll, A., Shafran, R., Sutcliffe, S., Manzotti, G. et Langan, D. (2021). The effectiveness of psychological interventions for loneliness : A systematic review and meta-analysis. *Clinical Psychology Review, 88*, Article 102066.

Hilbrand, S., Coall, D.A., Gerstorf, D. et Hertwig, R. (2017). Caregiving within and beyond the family is associated with lower mortality for the caregiver : A prospective study. *Evolution and Human Behavior, 38*(3), 397-403.

Hill, C.E. (2012). *Consensual Qualitative Research : A Practical Resource for Investigating Social Science Phenomena*. American Psychological Association.

Hobfoll, S.E. (2002). Social and psychological resources and adaptation. *Review of General Psychology, 6*(4), 307-324.

Holm-Hadulla, R.M., Hofmann, F.H. et Sperth, M. (2011). An integrative model of counseling. *Asia Pacific Journal of Counselling and Psychotherapy, 2*(1), 3-24.

Hung, N., Chen, Y.C., Choy Yung, R.M.P., Kwan, M.S.M., To, A.K.Y., Fung, E.S.M. et Chan, C.L.W. (2023). Generativity in later-life : The interplay between retirement status and human, social, and financial capital. *Journal of Gerontological Social Work*. Advance online publication. https://doi.org/10.1080/01634372.2023.2212730

Hupkens, S., Machielse, A., Goumans, M. et Derkx, P. (2018). Meaning in life of older persons : An integrative literature review. *Nursing Ethics, 25*(8), 973-991.

Husserl, E. (1928). *Leçons pour une phénoménologie de la conscience intime du temps*. Paris : PUF (rééd. trad. 1994).

Husserl, E. (1900). *Logical Investigations (I)*. Routledge.

Insee. (2021). *Enquête emploi*. Paris : Insee.

Insee (2021). Consulté le 22/8/2023 sur : https://www.insee.fr/fr/statistiques/2415121#:~:text=Lecture%20%3A%20en%202021%2C%20le%20nombre,31%20d%C3%A9cembre%20de%20l'ann%C3%A9e

Iverach, L., Menzies, R.G. et Menzies, R.E. (2014). Death anxiety and its role in psychopathology : Reviewing the status of a transdiagnostic construct. *Clinical Psychology Review, 34*(7), 580-593.

Jacobsen, B. (2007). *Invitation to Existential Psychology*. Chichester : Jon Wiley.

Jarvis, P. (1990). Experience, learning and ageing. *In* F. Glendenning et K. Percy (eds.), *Ageing, Education, and Society : Readings in Educational Gerontology* (p. 114-122). Association for Educational Gerontology.

Jin, W., Liu, Y., Yuan, S., Bai, R., Li, X. et Bai, Z. (2021). The effectiveness of technology-based interventions for reducing loneliness in older adults : A systematic review and meta-analysis of randomized controlled trials. *Frontiers in Psychology, 12*, Article 711030.

Jolivet, A. (2013). Travailler après la retraite : réflexions autour du cumul emploi-retraite. *Retraite et Société, 65*, 39-58

Joo, J.Y., Yoon, J.I., Lim, S. et Won, H. (2023). Retirement resources and post-retirement well-being : The mediating effect of sense of coherence and the moderated mediation effect of leisure activity types. *Current Psychology : A Journal for Diverse Perspectives on Diverse Psychological Issues*. Advance online publication. https://doi.org/10.1007/s12144-023-05013-1

Joublin, H. (2010). *Le proche de la personne malade dans l'univers des soins. Enjeux éthiques de proximologie*. Erès.

Jung, C.G. (1933). The stages of life. *In* J. Campbell (dir.), *The Portable Jung*. Viking, p. 3-22 (rééd. 1971).

Kastenbaum, R., Derbin, V., Sabatini, P. et Artt, S. (1972). The ages of me : Toward personal and interpersonal definitions of functional aging. *Aging and Human Development, 3*(2), 197-211.

Kern, D. (2021*a*). La formation des adultes dans la deuxième partie de la vie : Vers une transformation épistémologique de la formation des adultes ? *TransFormations Recherches en Éducation et Formation des adultes, 22*(1), 75-86.

Kern, D. (2021*b*). Le soutien à la littératie en santé dans le contexte des adultes plus âgés fragiles. *Éducation, Santé, Sociétés, 8*(1), 111-126.

Kern, D. (2021*c*). Regard systémique sur le changement de l'intitulé de la 70e section CNU. *Actes du Colloque Inter-Congrès AREF 2021*, 178-181.

Kern, D. (2016). *La recherche sur la formation et l'éducation des adultes dans la deuxième moitié de la vie*. L'Harmattan.

Kierkegaard, S. (1843). *La reprise*. Paris : Flammarion (rééd. trad. 2008).

Kleissner, V. et Jahn, G. (2021). Implicit and explicit age cues influence the evaluation of job applications. *Journal of Applied Social Psychology, 51*(2), 107-120.

Kohli, M. et Künemund, H. (2002). La fin de carrière et la transition vers la retraite. Les limites d'âge chronologiques sont-elles un anachronisme ? *Retraite et société, 36*, 81-107.

Kojola, E. et Moen, P. (2016). No more lock-step retirement : Boomers' shifting meanings of work and retirement. *Journal of Aging Studies, 36*, 59-70.

Kotter-Grühn, D., Kornadt, A.E. et Stephan, Y. (2015). Looking beyond chronological age : Current knowlegdge and future directions in the study of subjective age. *Gerontolology, 62*(1), 86-93.

Kridahl, L. (2017). Retirement timing and grandparenthood in Sweden : Evidence from population-based register data. *Demographic Research, 37* (31), 957-994.

Krings, F., Sczesny, S. et Kluge, A. (2011). Stereotypical inferences as mediators of age discrimination : The role of competence and warmth. *British Journal of Management, 22*(2), 187-201.

Krumboltz, J.D. (1992). The wisdom of indecision. *Journal of Vocational Behavior, 41*, 239-244.

Ku, L.J.E., Stearns, S.C., Van Houtven, C.H., Lee, S.Y.D., Dilworth-Anderson, P., Konrad, T.R. (2013). Impact of caring for grandchildren on the health of grandparents in Taiwan. *The Journal of Gerontolology, B Psychological Sciences and Social Sciences, 68*, 1009-1021.

Kuhn, T.S. (1983). *La structure des révolutions scientifiques* (L. Meyer, traduction française, de l'original américain, édition de 1970). Paris : Flammarion.

La Cour, P. et Schnell, T. (2020). Presentation of the sources of meaning card method : The SoMeCaM. *Journal of Humanistic Psychology, 60*(1), 20-42.

Lagacé, M., Tougas, F., Laplante, J. et Neveu, J.F. (2010). Communication âgiste au travail : une voie vers le désengagement psychoiogique et la retraite des infirmières d'expérience ? *Revue Internationale de Psychologie Sociale, 23*(4), 91-121.

Lalive d'Épinay, C. (1996). *Entre retraite et vieillesse. Travaux de sociologie compréhensive*, Lausanne : Réalités sociales.

Lamont, R.A., Swift, H.J. et Abrams, D. (2015). A review and meta-analysis of age-based stereotype threat : Negative stereotypes, not facts, do the damage. *Psychology and Aging, 30*(1), 180-193.

La Rue, C.J., Haslam, C. et Steffens, N.K. (2022). A meta-analysis of retirement adjustment predictors. *Journal of Vocational Behavior, 136*, 1-15.

Laroque, P. (1962). *Politique vieillesse*. La Documentation Française.

Lassen, A.J. et Vrangbæk, K. (2021). Retirement transitions in the 21st century : A scoping review of the changing nature of retirement in Europe. *International Journal of Ageing and Later Life, 15*(1), 39-72.

Laufer, D. (2013). *L'année du Phénix. La première année de la retraite*. Les liens qui libèrent.

Lavallee, D. et Robinson, H.K. (2007). In pursuit of an identity : A qualitative exploration of retirement from women's artistic gymnastics. *Psychology of Sport and Exercise, 8*(1), 119-141.

Lawrence, B.S. (1988). New wrinkles in the theory of age : Demography, norms, and performance ratings. *Academy of Management Journal, 31*(2), 309-337.

Lemétayer, F., Trousselard, M. et Tarquinio, C. (dir.) (2024). *Épigénétique et santé psychologique. Fondements, processus et thérapies*. Paris : Dunod.

Lessard, E. (2022). *Transformations identitaires lors de la transition emploi-retraite - Proposition d'un modèle*. Thèse de doctorat de psychologie, sous la direction du Pr. Even Loarer, École doctorale Abbé-Grégoire, Paris, Cnam, Hesam. Transformations identitaires lors de la transition emploi-retraite : proposition de modélisation – Archive ouverte HAL.

Lessard, E. et Ruiu-Renard, L. (2019). Accompagnement au sens de la vie et sens de la retraite : approche théorique et pratique. *In* J.-L. Bernaud, L. Lhotellier, L. Sovet, C. Arnoux-Nicolas et P. de Maricourt (dir.), *Sens de la vie, sens du travail : Pratiques et méthodes de l'accompagnement en éducation, travail et santé*. Malakoff : Dunod, 143-197.

Levy, S.R. (2018). Toward reducing ageism : PEACE (Positive Education about Aging and Contact Experiences) Model. *Gerontologist, 58*(2), 226-232.

Limoges, J. (2018). *La dynamique individu études travail*. Qui Plus Est.

Limoges, J. (2010). *Un quatrième tiers ?* GGC Éditions.

Linley, P.A., Harrington, S. et Garcea, N. (eds.). (2010). *Oxford Handbook of Positive Psychology and Work*. Oxford University Press.

Lionet, B. (2021). L'analyse phénoménologique interprétative. In A. Bioy *et al.* (ed.), *Les méthodes qualitatives en psychologie clinique et psychopathologie* (p. 145-157). Malakoff : Dunod.

Liu, R. (2022). Three interpretations of freedom in Sartre's *Being and Nothingness*. *The Humanistic Psychologist, 50*(2), 179-198.

Loarer, E. (2007). *Étude des représentations que les seniors ont de l'évolution avec l'âge des compétences professionnelles*. Rapport du Projet européen Equal VECTORAT.

Loarer, E. et Delgoulet, C. (2024). Vieillissement, apprentissage et formation. *In* P. Carré, P. Caspar, C. Frétigné et O. Las Vergnas (eds.), *Traité des sciences et techniques de la formation. 5e édition*, p. 251-268. Malakoff : Dunod.

Logan, J.R., Bian, F. et Bian, Y. (1998). Tradition and change in the urban Chinese family : The case of living arrangements. *Social Forces, 76*, 851-882.

Lou, V.W.Q. (2011). Life satisfaction of Chinese grandmothers : The impact of grandparenting role changes. *Journal of Ethnic & Cultural Diversity in Social Work, 20*, 185-202.

Mahieu, R. et Sédillot, B. (2001). Départ à la retraite, irréversibilité et incertitude. *Economie & Prévision, 149*(3), 87-101.

Mahne, K. et Huxhold, O. (2012). Social contact between grandparents and older grandchildren : A three-generation perspective. *In* S. Arber et V. Timonen (eds.), *Contemporary Grandparenting : Changing Family and relationships in Global Contexts* (p. 225-246) Chicago : The Policy Press.

Mahne, K. et Huxhold, O. (2015). Grandparenthood and subjective well-being : Moderating effects of educational level. *Journals of Gerontolology, 70*, 782-792.

Maltby, J. et Day, L. (2000). The reliability and validity of the Death Obsession Scale among English university and adult samples. *Personality and Individual Differences, 28*(4), 695-700.

Mannheim, K. (1928). *Le problème des générations*. Nathan (rééd. trad. 1990).

Manzi, C., Paderi, F., Benet-Martínez, V. et Coen, S. (2019). Age-based stereotype threat and negative outcomes in the workplace : Exploring the role of identity integration. *European Journal of Social Psychology, 49*(4), 705-716.

Marbot, E. (2006). Vers une autre approche de la gestion des fins de carrière ? *Management et Avenir, 7*, 199-217.

Marbot, E. et Peretti, J.-M. (2004). *Les seniors dans l'entreprise*. Pearson Editeur.

Marbot, E. et Peretti, J.-M. (2001). Politiques de Ressources Humaines et sentiment de fin de vie professionnelle : une approche comparative secteur privé/secteur public. *Pyramides. Revue du Centre d'études et de recherches en administration publique, 4*, 135-148.

Marc, E. (2016). La construction identitaire de l'individu. *In* C. Halpern (dir.), *Identité(s) : L'individu, le groupe, la société*. Éditions Sciences Humaines, p. 28-36.

Marchiondo, L.A., Gonzales, E. et Ran, S. (2016). Development and validation of the Workplace Age Discrimination Scale. *Journal of Business and Psychology, 31*(4), 493-513.

Marchiondo, L.A., Gonzales, E. et Williams, L.J. (2019). Trajectories of perceived workplace age discrimination and long-term associations with mental, self-rated, and occupational health. *Journals of Gerontology - Series B Psychological Sciences and Social Sciences, 74*(4), 655-663.

Marcus, J., Fritzsche, B.A., Le, H. et Reeves, M.D. (2016). Validation of the work-related age-based stereotypes (WAS) scale. *Journal of Managerial Psychology, 31*(5), 989-1004.

Marin, C. (2019). *Rupture(S)*. Humensis.

Masson, L., Solard, G. et Nortier-Ribordy, F. (2017). Quand partir à la retraite ? Pour les retraités, la durée de cotisation requise contraint la date de départ. *DRESS, Etude et résultats, 1043*.

Marx, K. (1867). *Le capital. Critique de l'économie politique*. Flammarion (rééd. trad. 2008).

Masdonati, J. et Zittoun, T. (2012). Les transitions professionnelles : Processus psychosociaux et implications pour le conseil en orientation. *L'Orientation Scolaire et Professionnelle, 41(2)*, 229-253.

Masi, C.M., Chen, H.Y., Hawkley, L.C. et Cacioppo, J.T. (2011). A meta-analysis of interventions to reduce loneliness. *Personality and Social Psychology Review, 15*(3), 219-266.

Maurin, L. (2023). Retraites : les cadres touchent trois fois plus que les autres retraités au cours de leur vie. Observatoire des inégalités (inegalites.fr).

Mead, G.H. (1934). *Mind, Self, and Society from the Standpoint of a Social Behaviorist*. Chicago : University of Chicago Press.

Membrado, M. (2010). Les expériences temporelles des personnes aînées : des temps différents ? *Enfances, Familles, Générations*. *13*, 1-20.

Meng, A., Sundstrup, E. et Andersen, L.L. (2021). What do the managers think of us ? The older-worker-perspective of managers' attitudes. *International Journal of Environmental Research and Public Health*, *18*(8), 41-63.

Menzies, R.E., Zuccala, M., Sharpe, L. et Dar-Nimrod, I. (2018). The effects of psychosocial interventions on death anxiety : A meta-analysis and systematic review of randomised controlled trials. *Journal of Anxiety Disorders*, *59*, 64-73.

Merleau-Ponty M. (1945). *Phénoménologie de la perception*. Paris : Gallimard.

Merton, R.K. (1965). *Éléments de théorie et de méthode sociologique*. Paris : Plon.

Mialaret, G. (1976). *Les sciences de l'éducation*. Paris : PUF (éd. 2006).

Michaudon, H. (2000). L'engagement associatif après 60 ans. *Insee Première*, *73*, 57-73.

Miklos, S.M. et Sterns, H.L. (1995). The aging worker in a changing environment : Organizational and individual issues. *Journal of Vocational Behavior*, *47*, 248-268.

Milner, J.-C. (2017). *Le Salaire de l'idéal. Théorie des classes et de la culture au* XX*e siècle*. Paris : Le Seuil.

Minkler, M. et Fuller-Thomson, E. (1999). The health of grandparents raising grandchildren : Results of a national study. *American Journal of Public Health*, *89*(9), 1384-1389.

Miron, A.M., Branscombe, N.R., Ball, T.C., McFadden, S.H. et Haslam, C. (2022). An interpretative phenomenological analysis of social identity transition in academic retirement. *Work, Aging and Retirement*, *8*(1), 82-97.

Mobley W.H., Griffeth R.W., Hand H.H. et Meglino B.M. (1979). Review and conceptual analysis of the employee turnover process. *Psychological Bulletin*, *86*(3), 493-522.

Moen, P., Huang, Q., Plassmann, V. et Dentinger, E. (2006). Deciding the future : Do dualearner couples plan together for retirement ? *American Behavioral Scientist*, *49*(10), 1422-1443.

Moen, P., Kim, J.E. et Hofmeister, H. (2001). Couples' work/retirement transitions, gender, and marital quality. *Social Psychology Quarterly*, *64*(1), 55-71.

Monahan, C., Macdonald, J., Lytle, A., Apriceno, M.B. et Levy, S.R. (2020). COVID-19 and ageism : How positive and negative responses impact older adults and society. *American Psychologist*, *75*(7), 887-896.

Montaigne, M. de (1588). *Essais*, livre III, chapitre II. Paris : PUF (rééd. trad. 2004).

Mullet, E., Dej, V., Lemaire, I., Raïff, P. et Barthorpe, J. (2000). Studying, working and living in another EU country : French youth's point of view. *European Psychologist, 5(3)*, 216-227.

Muratore, A.M. et Earl, J.K. (2015). Improving retirement outcomes : The role of resources, pre-retirement planning and transition characteristics. *Ageing & Society*, *35*(10), 2100-2140.

Murta, S.G., Abreu, S., França, C.L., Pedralho, M., Seidl, J., de Paula Moura Lira, N., Moreira Carvalhedo, R.K., da Conceição, A.C. et de Araûjo Gunther, I. (2014). Preparação para a aposentadoria : Implantação e avaliação do Programa Viva Mais ! [Preparing for retirement : Implementation and evaluation of the Live More ! Program]. *Psicologia : Reflexão e Crítica*, *27*(1), 1-9.

Nalin, C.P. et de Freitas Pinho Franca, L.H. (2015). *The importance of resilience for wellbeing in retirement. Paidéia*, *25*(61), 191-199.

Nelson, T.D. (2002). *Ageism : Stereotyping and Prejudice against Older Persons*. Bradford Books.

Neugarten, B.L. (1976). Adaptation and the life cycle. *The Conseling Psychologist, 6-1*, 16-20.

Neugarten, B.L. (1996). *The Meanings of Age. Selected Papers*. University of Chicago Press.

Neumark, D., Burn, I. et Button, P. (2019). Is it harder for older workers to find jobs ? New and improved evidence from a field experiment. *Journal of Political Economy, 127*(2), 922-970.

Neyrand, G. (dir.) (2020). *Faire couple, une entreprise incertaine. Tensions et paradoxes du couple moderne*, Toulouse : Érès.

Ng, S.M., Leng, L. et Wang, Q. (2019). Active interest mentorship for soon-to-retire people : A self-sustaining retirement preparation program. *Journal of Applied Gerontology, 38*(3), 344-364.

North, M.S. et Fiske, S.T. (2013). Act your (old) age : Prescriptive, ageist biases over succession, consumption, and identity. *Personality and Social Psychology Bulletin, 39*(6), 720-734.

Nouri, N.P., Asheghi, M., Asheghi, M. et Hesari, M. (2021). Mediation role of emotion regulation between procrastination, psychological wellbeing, and life satisfaction in the elderly. *Journal of Practice in Clinical Psychology, 9*(2), 111-119.

Nurmi, J.E., Pulliainen, H. et Salmela-Aro, K. (1992). Age differences in adults' control beliefs related to life goals and concerns. *Psychology and Aging, 7*(2), 194.

OCDE (1998). *Qu'est-ce que le vieillissement actif ?* Rapport, 84.

Office fédéral de la statistique. (2021). La population de la Suisse croît, malgré la hausse des décès. https://www.bfs.admin.ch/bfs/fr/home/statistiques/catalogues-banquesdonnees/communiques-presse.assetdetail.16626956.html

OCDE (2022). https://data.oecd.org/fr/emp/taux-d-emploi-par-groupe-d-age.htm

OCDE (2023a). Employment rate by age group: 55-64 years-old. https://doi.org/10.1787/084f32c7-en

OCDE (2023b). Life expectancy at 65. https://data.oecd.org/healthstat/life-expectancy-at-65.htm

Ogg, J. et Renaut, S. (2013). Activité et retraite en Europe : une exploration des données SHARE. Espace populations sociétés. *Space populations societies, 2013/3*, 91-104.

Okun, M.A., Yeung, E.W. et Brown, S. (2013). Volunteering by older adults and risk of mortality : A meta-analysis. *Psychology and Aging, 28*(2), 564-577.

Oliveira, L. et Loureiro, J. (2023). Ces retraités qui envoient tout balader. *Courrier International, 1693*, avril, 24-29.

Olry-Louis, I., Vonthron, A., Vayre, É. et Soidet, I. (2017). Introduction. *In* I. Olry-Louis (éd.), *Les transitions professionnelles : Nouvelles problématiques psychosociales*. Malakoff : Dunod. 17-26.

Oppelaar, J. et Dykstra, P. (2004). Contacts between grandparents and grandchildren. *The Netherlands Journal of Social Sciences, 40*(2), 91-113.

Osborne, J.W. (2012). Existential and psychological aspects of the transition to retirement. *European Journal of Psychotherapy and Counselling, 14*(4), 349-363.

Oude Mulders, J. (2020). Employers' age-related norms, stereotypes and ageist preferences in employment. *International Journal of Manpower, 41*(5), 523-534.

Paillat, P. (1989). *Passage de la vie active à la retraite*. Paris : PUF.

Paillé, P. et Mucchielli, A. (2016). L'analyse thématique. In P. Paillé et A. Mucchielli (éds.),

*L'analyse qualitative en sciences humaines et sociales* (p. 231-314). Paris : Armand Colin.

Pak, K., Kooij, D.T.A.M., De Lange, A.H. et Van Veldhoven, M.J.P.M. (2019). Human resource management and the ability, motivation and opportunity to continue working : A review of quantitative studies. *Human Resource Management Review, 29*(3), 336-352.

Parsons, T. et Shils, E.A. (eds.) (1951). *Toward a General Theory of Action*. Harvard University Press.

Patillon, T.V., Lhotellier, L., Pelayo, F., Arnoux-Nicolas, C., Sovet, L., Loarer, E. et Bernaud, J. L. (2015). Sens de la vie, sens du travail et orientation professionnelle : un dispositif innovant d'accompagnement des adultes. *L'Orientation Scolaire et Professionnelle*, 44/4.

Paul, P. (2002). *The Starter Marriage and the Future of Matrimony*. Villard Books.

Pavalache-Ilie, M. et Rioux, L. (2014). Age subjectif en contexte de formation : Etude auprès d'une population estudiantine roumaine. *Pratiques Psychologiques*, 20/2, 111-123.

Pazzim, T.A. et Marin, A.H. (2017). Retirement preparation program : Evaluation of results : Psychology : Research and review. *Psicologia : Reflexão e Crítica, 30*, Article 24.

Pedrant, A.C. (2018). *Départ à la retraite et hétérogénéité des seniors : l'impact des politiques publiques*. Thèse de doctorat, Université Grenoble Alpes.

Perry, E.L. et Finkelstein, L.M. (1999). Toward a broader view of age discrimination in employment-related decisions : A joint consideration of organizational factors and cognitive processes. *Human Resource Management Review, 9*(1), 21-49.

Petersen, I.L. (2020). *Eksistentiel vejledning – at skabe mening i skole, uddannelse og arbejdsliv*. Dansk Psykologisk Forlag.

Peterson, C.C. (1999). Grandfathers' and grandmothers' satisfaction with the grandparenting role : Seeking new answers to old questions. *The International Journal of Aging and Human Development, 49*(1), 61-78.

Pettican, A. et Prior, S. (2011). 'It's a new way of life' : An exploration of the occupational transition of retirement. *British Journal of Occupational Therapy, 74*(1), 12-19.

Piketty, T. (2013). *Le capital au xxi*[e] *siècle*. Paris : Le Seuil.

Pilehvari, A., You, W. et Lin, X. (2023). Retirement's impact on health : What role does social network play ? *European Journal of Ageing, 20*(1), Article 14.

Pineau, G. (2022). Ancrages philosophiques de l'apprentissage d'une rythmoformation du cours de la vie dite adulte. *Phronésis, 2022/3, 11*, 161-180.

Pinquart, M. (2002). Good news about the effects of bad old-age stereotypes. *Experimental Aging Research, 28*(3), 317-336.

Posthuma, R.A. et Campion, M.A. (2009). Age stereotypes in the workplace : Common stereotypes, moderators, and future research directions. *Journal of Management, 35*(1), 158-188.

Poussin, G. (1993). *Psychologie de la fonction parentale*. Paris : Privat.

Previtali, F., Keskinen, K., Niska, M. et Nikander, P. (2022). Ageism in working life : A scoping review on discursive approaches. *Gerontologist, 62*, E97-E111.

Pronovost, G. (2014). Sociologie du loisir, sociologie du temps. *Temporalités, 20*.

Proust, M. (1927). *Le temps retrouvé*. Paris : Gallimard.

Prouteau, L. et Wolff, F.-C. (2007). La participation associative et le bénévolat des seniors. *Retraite et Société, 50*(1), 158-188.

Pushkar, D., Chaikelson, J., Conway, M., Etezadi, J., Giannopoulus, C., Li, K. et Wrosch, C. (2010).

Testing continuity and activity variables as predictors of positive and negative affect in retirement. *The Journals of Gerontology : Series B : Psychological Sciences and Social Sciences, 65B*(1), 42-49.

Quiénart, A. et Charpentier, M. (2012). Older women and their representations of old age : A qualitative analysis. *Ageing and Society, 32*, 983-1007.

Rahn, G., Martiny, S.E. et Nikitin, J. (2021). Feeling out of place : Internalized age stereotypes are associated with older employees' sense of belonging and social motivation. *Work, Aging and Retirement, 7*(1), 61-77.

Rau, B.L. et Adams, G.A. (2013). Aging, retirement, and human resources management : A strategic approach. *In* M. Wang (ed.), *The Oxford Handbook of Retirement* (p. 117-135). Oxford University Press.

Reker, G.T. et Wong, P.T.P. (2012). Personal meaning in life and psychosocial adaptation in the later years. *In* P.T.P. Wong (ed.), *The Human Quest for Meaning : Theories, Research, and Applications* (2nd ed., p. 433-456). Routledge.

Reker, G.T. (2000). *Theoretical Perspective, Dimensions, and Measurement of Existential Meaning*. Sage.

Reker, G.T. et Chamberlain, K. (eds.) (1999). *Exploring Existential Meaning : Optimizing Human Development Across the Life Span*. Sage.

Restivo, L. Julian-Reynier, C et Apostolidis, T. (2018). Pratiquer l'analyse interprétative phénoménologique : intérêts et illustration dans le cadre de l'enquête psychosociale par entretiens de recherche. *Pratiques Psychologiques, 24*, 427-449.

Ribau, C., Lasry, J.-L., Bouchard, L., Moutel, G., Hervé, C. et Marc-Vergnes, J.-P. (2005). La phénoménologie : une approche scientifique des expériences vécues. *Recherche en Soins Infirmiers, 81*(2), 21-27.

Ries, B.C., Diestel, S., Shemla, M., Liebermann, S. C., Jungmann, F., Wegge, J. et Schmidt, H.H. (2013). Age diversity and team effectiveness. *In* C.M. Schlick, E. Frieling et J. Wegge (eds.), *Age-differentiated work systems* (p. 89-118). Springer.

Riffaut, H., Dessajan, S. et Saurier, D. (2022). *Solitudes 2022. Regards sur les fragilités relationnelles*. Rapport de la fondation de France.

Rioux, L. et Mokunkolo, R. (2013). Investigation of subjective age in the work contexte : Study of a sample of french workers. *Personnel Review, 42*(4), 372-395.

Robinson, S.M., Westbury, L.D., Ward, K., Syddall, H., Cooper, R., Cooper, C. et Sayer, A.A. (2021). Is lifestyle change around retirement associated with better physical performance in older age ? : Insights from a longitudinal cohort. *European Journal of Ageing, 18*(4), 513-521.

Rogers, C.R. (1958). The characteristics of a helping relationship. *Personnel and Guidance Journal, 37*(1), 6-16.

Rogers, C.R. (1951). *Client-Centered Therapy ; Its Current Practice, Implications, and Theory*. Houghton Mifflin.

Rokeach, M. (1979). Value theory and communication research : Review and commentary. *Annals of the International Communication Association, 3*(1), 7-28.

Rokeach, M. (1973). *The nature of human values*. Free Press.

Romano, C. (2019). *Être soi-même. Une autre histoire de la philosophie*. Paris : Gallimard.

Rosa, H. (2010). *Accélération. Une critique sociale du temps. Paris* ; La Découverte (rééd. trad. 2013).

Rosenberg, M. et McCullough, B.C. (1981). Mattering : Inferred significance and mental health among adolescents. *Research in Community & Mental Health*.

Saint-Augustin (v. 400). *Les aveux*. Livre XI. P.O.L. (rééd. trad. 2008).

Sartre J.-P. (1946). *L'existentialisme est un humanisme*. Nagel.

Sartre, J.-P. (1943). *L'être et le néant. Essai d'ontologie phénoménologique*. Paris : Gallimard.

Savickas, M.L., Nota, L., Rossier, J., Dauwalder, J.P., Duarte, M.E., Guichard, J., ... et Van Vianen, A.E. (2009). Life designing : A paradigm for career construction in the 21st century. *Journal of Vocational Behavior, 75*(3), 239-250.

Schalk, R. et Desmette, D. (2015). Intentions to continue working and its predictors. In M. Bal, D. Kooij et D. Rousseau (eds.), *Aging Workers and the Employment Relationship* (p. 187-201). Springer.

Schermuly, C.C., Deller, J. et Büsch, V. (2014). A research note on age discrimination and the desire to retire : The mediating effect of psychological empowerment. *Research on Aging, 36*(3), 382-393.

Schlossberg, N. (2017). *Too Young to be Old. Love, Learn, Work, and Play as You Age*. APA Lifetools.

Schlossberg, N. (2008). *Revitalizing Retirement. Reshaping your Identity, Relationships, and Purpose*. Lifetools.

Schlossberg, N.K. (2005). *Retire smart, retire happy : Finding your true path in life*. APA.

Schlossberg, N.K. (1984). Exploring the adult years. In A.M. Rogers et C.J. Scheirer (eds.), *The G. Stanley Hall Lecture Series. APA, 4*, 105-154.

Schlossberg, N.K. (1981). A model for analyzing human adaptation to transition. *Counseling Psychologist, 9*(2), 2-18.

Schneider, B. (2021). Vieillir en famille ? *In* B. Fromage et F. Rexand-Galais (eds.), *Nouveaux regards sur la vieillesse* (p. 51-66), Lyon : Chronique Sociale.

Schneider, B. et Bouyer, S. (2005). Grands-pères, qui êtes-vous ? Grands-pères et grand-paternité. *In* B. Schneider, M.-C. Mietkiewicz et S. Bouyer (eds.), *Grands-parents et grand-parentalités* (p. 59-76). Toulouse : Erès.

Schneider, B., Mietkiewicz, M.-C. et Bouyer, S. (eds.) (2005). *Grands-parents et grand-parentalités*. Toulouse : Erès.

Schutter, N., Holwerda, T.J., Comijs, H.C., Stek, M.L., Peen, J. et Dekker, J.J.M. (2022). Loneliness, social network size and mortality in older adults : A meta-analysis. *European Journal of Ageing, 19*(4), 1057-1076.

Schwartz S.H. (2006). Les valeurs de base de la personne : théorie, mesures et applications. *Revue Française de Sociologie, 47*(4), 929-968.

Seligman, M.E.P. (2011). *Flourish : A Visionary New Understanding of Happiness and Well-Being*. Free Press.

SFP (2023). Statistiques pensions 2021. https://www.sfpd.fgov.be/fr/a-propos-de-nous/_rapport-annuel-2021/statistiques-pensions-2021

Shultz, K.S., Morton, K.R. et Weckerle, J.R. (1998). The influence of push and pull factors on voluntary and involuntary early retirees' retirement decision and adjustment. *Journal of Vocational Behavior, 53*, 45-57.

Shultz, K.S. et Wang, M. (2011). Psychological perspectives on the changing nature of retirement. *American Psychologist, 66*, 170-179.

Shumaker, D. et Manning, C. (2022). Existential implications of Internet Gaming Disorder (IGD). *The Humanistic Psychologist, 50*(4), 544-558.

Silverstein, M., Cong, Z. et Li, S. (2006). Intergenerational transfers and living arrangements of older people in rural China : Consequences for psychological well-being. *The Journals of Gerontology : Series B : Psychological Sciences and Social Sciences, 61*(5), S256-S266.

Simpère, F. (2020). *Le nouveau guide des amours plurielles*. Autres Mondes.

Simon H. (1955). A behavioral model of rational choice. *The Quarterly Journal of Economics, 69*(1), 99-118.

Simon, H. (1978). On how to decide what to do. *In* H.A. Simon (ed.), Models of Bounded Rationality, vol. 2. Cambridge : The MIT Press.

Singly, F. de (2000). *Libres ensemble. L'individualisme dans la vie commune*. Nathan.

Smith, D.B. et Moen, P. (2004). Retirement satisfaction for retirees and their spouses : Do gender and the retirement decision-making process matter ? *Journal of Family Issues, 25*(2), 262-285.

Smith, J.A., Flowers, P. et Larkin, M. (2009). *Interpretative phenomenological analysis : Theory, method and research*. Sage.

Snape, E. et Redman, T. (2003). Too old or too young ? The impact of perceived age discrimination. *Human Resource Management Journal, 13*(1), 78-89.

Soidet, I., Blanchard, S. et Olry-Louis, I. (2018). S'orienter tout au long de la vie : bilan et perspectives de recherches. *Savoirs, 48*, 13-51.

Solard, G. (dir.). (2017). Les retraités et les retraites, édition 2017 (p. 216-220). Paris, France : DREES.

Solem, P.E. (2020). The affective component of ageism needs attention. *International Journal of Manpower, 41*(5), 583-594.

Sovet, L., Arnoux-Nicolas, C. et Bernaud, J.-L. (2023). Introduction au numéro thématique : « Psychologie existentielle et accompagnement au sens ». *Pratiques Psychologiques, 29(3)*, 137-139.

Spector P.E. (1997). Job Satisfaction : Application, Assessment, Cause, and Consequences. Thousand Oaks, CA : Sage Publications.

Spinoglio, C. et Olry-Louis, I. (2023). Un éclairage de la transition de retraite par l'analyse interprétative phénoménologique (IPA). *Pratiques Psychologiques, 29*(3), 141-158.

Spinoglio, C. (2023). *La retraite, des représentations sociales d'une transition normée à une reconstruction identitaire*. Thèse de doctorat, Université de Nanterre.

Spinoglio, C. et Olry-Louis, I. (2021). Le passage à la retraite comme expérience de renouvellement et de reconstruction identitaire. In A.-M. Vonthron, M.-E. Bobillier Chaumon, B. Gangloff et P. Gilbert (eds.), *Transitions en vie de travail et en formation. Processus psychosociaux et pratiques d'accompagnement* (p. 109-121). L'Harmattan.

Spinoglio, C., Arnoux-Nicolas, C. et Olry-Louis, I. (2020). Interroger le sens donné à la retraite pour mieux l'accompagner. In I. Soidet, I. Olry-Louis et S. Blanchard (eds.), *Accompagner l'orientation tout au long de la vie : théories, publics et dispositifs*. Paris : L'Harmattan.

Staudinger, U.M. (2020). The positive plasticity of adult development : Potential for the 21st century. *American Psychologist, 75*(4), 540-553.

Steele, C.M. et Aronson, J. (1995). Stereotype threat and the intellectual test performance of African Americans. *Journal of Personality and Social Psychology, 69*(5), 797-811.

Steger, M.F. (2018). Meaning and well-being. In E. Diener, S. Oishi et L. Tay (eds.), *Handbook of Well-Being. UT*. DEF Publishers.

Steger, M.F., Oishi, S. et Kashdan, T.B. (2009). Meaning in life across the life span : Levels and correlates of meaning in life from emerging adulthood to older adulthood. *The Journal of Positive Psychology, 4*(1), 43-52

Steiner, J. et Amabile, T.M. (2022). What do I make of the rest of my life ? Global and quotidian life construal across the retirement transition. *Organizational Behavior and Human Decision Processes, 171*, Article 104137.

Stephan, Y., Sutin, A.R. et Terracciano, A. (2015). Subjective age and personality development : A 10 years study. *Journal of Personality, 83*(2), 142-154.

Surkalim, D.L., Luo, M., Eres, R., Gebel, K., van Buskirk, J., Bauman, A. et Ding, D. (2022). The prevalence of loneliness across 113 countries : Systematic review and meta-analysis. *BMJ : British Medical Journal, 376*, Article e067068.

Suzman, J. (2020). *Work. A History of How We Spend Our Time*. Bloomsbury Circus.

Szinovacz, M. E. et DeViney, S. (2000). Marital characteristics and retirement decisions, *Research on Aging, 22*(5), 470-479.

Szinovacz, M.E., DeViney, S. et Atkinson, M.P. (1999). Effects of surrogate parenting on grandparents' well-being. *The Journal of Gerontology*, SerB, 54B, 6, S376-S388.

Talpin, J.M. (2017). La retraite ou la négativité du travail. *Nouvelle Revue de Psychosociologie, 23*(1), 83-95.

Tavoillot, P.H. (2023, janvier). De la réforme des retraites au droit au répit. *Philosophie Magazine*, en ligne (philomag.com), consulté le 30 avril 2024.

Taylor, P., McLoughlin, C., Meyer, D. et Brooke, E. (2013). Everyday discrimination in the workplace, job satisfaction and psychological wellbeing : Age differences and moderating variables. *Ageing and Society, 33*(7), 1105-1138.

Tennenbaum, H. (2000). Y a-t-il un art d'être grand-père... ou grand-mère ? *In* B. Schneider, M.-C. Mietkiewicz et S. Bouyer (éds.). *Histoire(s) de grands-parents* (p. 19-28), Paris : L'Harmattan.

Théry, I. (2000). Le couple occidental et son évolution sociale : du couple « chaînon » au couple « duo », *Dialogue, 150*, 3-12.

Tran, L. (2018). Herbert Simon et la rationalité limitée. *Regards croisés sur l'économie, 22*, 54-57.

Tripon, S. (2024). *Âge subjectif et conduite de carrière chez l'adulte*. Thèse de doctorat, Cnam, HESAM Université, dir. Even Loarer.

Truxillo, D.M., Cadiz, D.M. et Brady, G.M. (2020). COVID-19 and its implications for research on work ability. *Work, Aging and Retirement, 6*(4), 242-245.

Truxillo, D.M., Fraccaroli, F., Yaldiz, L.M. et Zaniboni, S. (2017). Age discrimination at work. In *The Palgrave Handbook of Age Diversity and Work* (p. 447-472).

Truxillo, D.M., Finkelstein, L.M., Pytlovany, A.C. et Jenkins, J.S. (2015). Age discrimination at work : A review of the research and recommendations for the future. In A. J. Colella et E.B. King (eds.), *The Oxford Handbook of Workplace Discrimination* (p. 129-142). Oxford University Press.

Tsai, F.J., Motamed, S. et Rougemont, A. (2013). The protective effect of taking care of grandchildren on elders'mental health ? Associations between changing patterns of intergenerational exchanges and the reduction of elders' loneliness and depression between 1993 and 2007 in Taiwan. *BMC Public Health, 13*, 567.

Van Bavel, J. et De Winter, T. (2013). Becoming a grandparent and early retirement in Europe. *European Sociological Review, 29*(6), 1295-1308.

Van Gennep, A. (1909). *Les rites de passage. Étude systématique des rites de la porte et du seuil, de l'hospitalité, de l'adoption, de la grossesse et de l'accouchement, de la naissance, de l'enfance, de la puberté, de l'initiation, de l'ordination, du couronnement, des fiançailles et du mariage, des funérailles, des saisons, etc.* Picard (rééd. 2011).

Van Oorschot, W. et Jensen, P.H. (2009). Early retirement differences between Denmark and The Netherlands : A cross-national comparison of push and pull factors in two small European welfare states. *Journal of Aging Studies, 23*, 267-278.

Van Solinge, H., Damman, M. et Hershey, D.A. (2021). Adaptation or exploration ? Understanding older workers' plans for post-retirement paid and volunteer work. *Work, Aging and Retirement, 7*(2), 129 142.

Vinay, A. (2017). *La famille aux différents âges de la vie. Approche clinique et développementale*. Malakoff : Dunod.

Von Hippel, C., Kalokerinos, E.K., Haanterä, K. et Zacher, H. (2019). Age-based stereotype threat and work outcomes : Stress appraisals and rumination as mediators. *Psychology and Aging, 34*(1), 68-84.

Von Hippel, C., Kalokerinos, E.K. et Henry, J.D. (2013). Stereotype threat among older employees : Relationship with job attitude and turnover intentions. *Psychology and Aging, 28*(1), 17-27.

Vroom, V.H. (1964). *Work and Motivation*. New York : Wiley.

Vuori, J., Törnroos, K., Ruokolainen, M. et Wallin, M. (2019). Enhancing late-career management among aging employees – A randomized controlled trial. *Journal of Vocational Behavior, 115*(June 2018), 103327.

Wach, M. et Hammer, B. (2003). La structure des valeurs en France d'après le modèle de Schwartz. *Revue Internationale de Psychologie Sociale, 16*(4), 47-86.

Wallon, H. (1949). *Les origines du caractère chez l'enfant*. Paris : PUF.

Wang, M. et Shi, J. (2014). Psychological research on retirement. *Annual Review of Psychology, 65*, 209-233.

Wang, M. et Shultz, K.S. (2010). Employee retirement : A review and recommendations for future investigation. *Journal of Management, 36*, 172-206.

Wang, M. et Wanberg, C.R. (2017). 100 years of applied psychology research on individual careers : From career management to retirement. *Journal of Applied Psychology, 102*(3), 546-563.

Ward, R.A. (2013). Change in perceveid age in middle and later life. *International Journal of Aging and Human Development, 76*(3), 251-267

Weiss, D. et Lang, F.R. (2012). « They » are old but « I » feel younger : Age-group dissociation as a self-protective strategy in old age. *Psychology and Aging, 27*(1), 153-163.

Weiss, M., Weiss, D. et Zacher, H. (2022). All set in stone ? How essentialist beliefs about aging affect older workers' motivation to continue working beyond retirement age. *Journal of Organizational Behavior, 43*(8), 1446-1461.

Wiese, B.S., Burk, C.L. et Jaeckel, D. (2016). Transition to grandparenthood and jobrelated attitudes : Do grandparental sex and lineage matter ? *Journal of Marriage and Family 78*(3), 830-847.

Williamson, R.E., Courtney, E.P. et Goldenberg, J.L. (2022). Fetch the bolt cutters : The existential labor and liberation of #MeToo. *The Humanistic Psychologist, 50*(3), 443-459.

Xia, B., Xi, W., Bi, X. et Zhang, X. (2023). Retirement is not the end of the road : Essentialist beliefs about aging moderate the association between future time perspective and retirement adjustment. *Current Psychology : A Journal for Diverse Perspectives on Diverse Psychological Issues*. Advance online publication. https://doi.org/10.1007/s12144-023-04731-w

Xu, H. (2019). Physical and mental health of Chinese grandparents caring for grandchildren and great-grandparents. *Social Sciences & Medecine, 229*, 106-116.

Xu, L., Wu, B., Chi, I. et Hsiao, H.Y. (2012). Intensity of grandparent caregiving and life satisfaction among rural Chinese older adults : a longitudinal study using latent difference score analysis. *Family and Community Health, 35*, 287-299.

Yaghoobzadeh, A., Navab, E., Mirlashari, J., Nasrabadi, A. N., Goudarzian, A. H., Allen, K. A. et Pourmollamirza, A. (2020). Factors moderating the influence of intergenerational contact on ageism : A systematic review. *Journal of Psychosocial Nursing and Mental Health Services, 58*(8), 48-55.

Yalom, I. (2018). *Comment je suis devenu moi-même*. Paris : Albin Michel (trad.).

Yalom, I. (2017). *Thérapie existentielle*. Paris : Le Livre de poche (trad.).

Yemiscigil, A., Powdthavee, N. et Whillans, A.V. (2021). The effects of retirement on sense of purpose in life : Crisis or opportunity ? *Psychological Science, 32*(11), 1856-1864.

Yeung, D.Y., Zhou, X. et Chong, S. (2021). Perceived age discrimination in the workplace : the mediating roles of job resources and demands. *Journal of Managerial Psychology, 36*(6), 505-519.

Yu, S.M., Zhang, M.X., Wu, A.M.S. (2021). Retirement transition. *In* D. Gu, D., M.E. Dupre (eds)., *Encyclopedia of Gerontology and Population Aging*. Springer.

Zacher, H., Esser, L., Bohlmann, C. et Rudolph, C.W. (2019). Age, social identity and identification, and work outcomes : A conceptual model, literature review, and future research directions. *Work, Aging and Retirement, 5*, 24-43.

Zacher, H., Kooij, D.T.A.M. et Beier, M.E. (2018). Active aging at work : Contributing factors and implications for organizations. *Organizational Dynamics, 47*(1), 37-45.

Zacher, H. (2015). Successful aging at work. *Work, Aging and Retirement, 1*(1), 4-25.

Zaniboni, S., Bertolino, M. et Steiner, D. D. (2019). Relating subjective age to work and non-work outcomes. *Psicologia Sociale, 14*(1), 39-56.

Zaniboni, S., Kmicinska, M., Truxillo, D.M., Kahn, K., Paladino, M.P. et Fraccaroli, F. (2019). Will you still hire me when I am over 50 ? The effects of implicit and explicit age stereotyping on resume evaluations. *European Journal of Work and Organizational Psychology, 28*(4), 453-467.

Zhan, Y., Wang, M. et Shi, J. (2015). Retirees' motivational orientations and bridge employment : Testing the moderating role of gender. *Journal of Applied Psychology, 100*(5), 1319-1331.

Zimmerman, K.F. (1995). European migration : Push and pull. Protypes : The role of relative deprivation. *Proceedings of the World Bank Annual Conference on Development Economics 1994*, Supplement to The World Bank Economic Review and The World Bank Research Observer, p. 313-342.

Zupancic, M., Colnerič, B.,et Horvat, M. (2011). Subjective age over the adult lifespan. *Suvremena psihologija, 14*(2), 135-151.

# Glossaire

CNAM : Conservatoire National des Arts et Métiers.

CNAV : Caisse Nationale d'Assurance Vieillesse.

CNU : Conseil National des Universités.

COR : Conseil d'Orientation des Retraites.

CPF : Compte Personnel de Formation.

DGTPE : Direction Générale du Trésor et de la Politique Économique.

DREES : Direction de la Recherche, des Études, de l'Évaluation et des Statistiques.

EHPAD : Établissement d'Hébergement pour Personnes Âgées Dépendantes.

ELOA : *Education and Learning of Older Adults.*

EPP : École de Psychologues Praticiens.

ESREA : European Society for Research on the Education of Adults.

GVT : Glissement Vieillissement Technicité.

INETOP : Institut National d'Études du Travail et de l'Orientation Professionnelle.

INSEE : Institut National de Statistiques et d'Études Économiques

IPA : *Interpretative Phenomenological Analysis* (Analyse Interprétative Phénoménologique)

OCDE (OECD ): Organisation de Coopération et de Développement Économiques (*Organization for Economic Cooperation and Development*).

ORE : Orientation Réussite Étudiants.

PER : Plan Épargne Retraite.

PISA : Programme International pour le Suivi des Acquis des élèves.

PPAPAP : *Push Pull Anti Push Anti Pull.*

SCM : *Stereotype Content Model.*

SEF : Sciences de l'Éducation et de la Formation (Section 70 du CNU).

SHARE : *Survey of Health, Ageing and Retirement in Europe.*

SHS : Sciences Humaines et Sociales.

SIRCOM : Service de communication du Ministère de l'économie et des finances.

SOC : Sélection, Optimisation, Compensation.

UNESCO : United Nations Educational, Scientific and Cultural Organization.

VUCA : *Volatility, Uncertainty, Complexity and Ambiguity* (volatilité, incertitude, complexité et ambiguïté).

# Index des auteurs cités

# Index des concepts et notions

# Index des figures et des tableaux




85265 – (I) – OSB 80° – LUM – MGS

Achevé d'imprimer par
la Nouvelle Imprimerie Laballery
58500 Clamecy (Nièvre)
N° d'impression : 408434

Dépôt légal : septembre 2024

*Imprimé en France*